현용수의 고난교육신학 제4권

고난을 기억하는
유대인 절기교육의 파워

현용수의 고난교육신학시리즈 4/5

현용수 지음

2018

도서출판 쉐마

IQ·EQ 박사 현용수의 유대인의 자녀교육
《IQ는 아버지 EQ는 어머니 몫이다》 총서 ⑩ : 쉐마교육 시리즈 22

고난을 기억하는
유대인 절기교육의 파워 〈현용수의 고난교육신학 4〉

초판	1쇄 2018년 1월 3일
지은이	현용수
펴낸이	현용수
펴낸곳	도서출판 쉐마
등록	2004년 10월 27일
	제315-2006-000033호
주소	서울시 강서구 공항대로71길 54
	(염창동, 태진한솔아파트 상가동 3층)
전화	(02) 3662-6567
팩스	(02) 2659-6567
이메일	shemaiqeq@naver.com
홈페이지	http://www.shemaIQEQ.org
총판	한국출판협동조합(일반)

Copyright ⓒ 현용수(Yong Soo Hyun), 2018
본서에 실린 자료는 저자의 서면 허가 없이 복제를 금합니다.
Duplication of any forms can't be published without written permission.

ISBN 978-89-91663-80-0

값 23,000원

도서출판 쉐마 는 무너진 교육을 세우기 위한 대안으로
인성교육과 쉐마교육의 원리와 실제를 연구하여 보급합니다.

Biblical Jewish Shema Educational Theology Series 22

Zachor: How Jewish Observance Remembers the Past

- Hyun's Theology of Suffering Series -

Vol. Four
Part 4 Chapter 3

By
Yong Soo Hyun (Ph. D.)

Presenting
Modern Educational Problems
and It's Solution

2018

Shema Books
Seoul, Korea

유대인의 신년절기 순서는 신년 첫째 날 회당의 나팔 소리(sofar)를 들으며 시작된다. 사진은 서기관 랍비 크래프트가 미국 유대인 촌 쉐마목회자클리닉에서 수양의 뿔로 나팔 부는 모습을 재현하는 모습

유대인은 신년에 바다나 강가로 가서 자신의 죄를 상징하는 빵조각(누룩)을 뜯어 바다나 강물에 던지는 '타쉬릭 세레모니'를 한다. 하나님이 모든 죄를 깊은 바다에 던지기 위함이다(미가 7:19b).
유대인 교육은 말씀만 가르치지 않고 몸으로 실천하는 시청각교육을 강조한다.

유대인은 유월절에 3대가 가정에 함께 모여 절기를 지킨다. 사진은 저자(오른쪽 가운데)가 참석한 유대인의 유월절 지키는 모습

저자가 유대인의 유월절에 참석하여 유대인 가장과 함께 무교병을 자르는 모습

정통파 유대인 가장은 가족들에게 유월절에 고난의 떡인 무교병(맛짜)을 반으로 자르며 당시의 고난을 설명해 준다.

유대인은 유월절에 하나님이 애굽에 내렸던 열 가지 재앙을 하나하나 외우며 손가락으로 포도주를 적셔 접시에 찍어 열 가지 재앙을 기억한다. 매우 좋은 기억의 방법이다.

유대인은 자녀들이 사전에 유월절에 대하여 공부한 것을 발표하는 시간도 갖게 한다. 그리고 토론도 한다. 사진은 모든 가족 앞에서 두 아들이 자신이 공부한 것을 발표하는 모습. 매우 좋은 영재교육 방법이다.

정통파 유대인의 절기 교육은 한국의 옛날 설날이나 추석처럼 철저하며 정성을 다한다. 사진은 8시간 동안 진행된 유월절 절기 식사 시간에 졸음을 이기지 못해 식탁에서 잠을 자는 아이들, 그 날 유월절 잔치는 저녁 7시에 시작하여 새벽 3시에 끝났다.

접시에 담긴 음식들은 유대인이 유월절에 고난을 기억하는 것들이다. 양고기와 닭 정강이 뼈, 삶은 계란, 쓴나물, 하로셋, 야채 등이 보인다(좌). 유대인은 유월절에 하나님의 명령을 따라 누룩 없는 빵, 즉 맛짜(우)를 먹는다. 누룩은 죄악을 상징한다. 맛짜를 고난의 떡이라고도 한다.

유대인은 성전이 파괴된 고난의 날을 기억하는 티샤 바브 절기에 온 가족 3대가 예레미야애가서를 읽는다. 사진은 통곡의 벽에서 눈물로 애처롭게 간절히 기도하는 유대인 어머니의 모습

우리도 6.25와 같은 고난의 절기에 이처럼 해야 자녀들이 북한을 추종하는 종북 좌파 사상에 물들지 않는다.

유대인은 부림절에 랍비가 회당에서 에스더서 전체를 읽는다. 그날은 모두가 변장을 한다. 사진은 변장한 3대 가족들이 에스더서를 읽는 동안 '하만' 소리가 들릴 적마다 소리내는 장난감을 흔들며 '하만' '하만' '하만'을 외치며 야유한다. 하만을 악인으로 기억하기 위한 좋은 교육 방법이다.

예루살렘에서 정통파 유대인 공동체 남자들이 부림절에 변장을 하고 전통적으로 내려오는 가장 행렬을 하고 있다.
한국인에게도 이런 절기교육이 필요하다.

유대인은 초막절(수카 절기)을 지키기 위하여 온 가족이 함께 초막을 짓는다. 사진은 예루살렘에서 집 뒤에 초막절을 지키기 위하여 초막을 지은 후 함께 포즈를 취한 가족

한국도 일본에 나라를 빼앗긴 날(국치일)이 있다. 그 날은 유대인처럼 고난을 기억하기 위해 온 국민이 금식을 하며 눈물로 예레미야애가서를 읽는 것이 바른 절기교육이다.
사진은 나라를 빼앗긴 후 경복궁 근정전에 걸린 일장기 모습

차 례

칼라 화보 · 4
저자 서문: ≪고난교육신학서 제2-5권≫을 출간하면서 · 22
IQ-EQ 총서를 펴내며: 무너진 교육의 혁명적 대안을 찾아서 · 45

서 평

- '광야의 고난'을 교육신학적으로 예리하게 분석하고 정리한 책 · 55
  - 김의원 박사 (전 총신대 총장, 구약학)
- '고난 교육'의 성경신학적 의미를 광야교회에서 찾은 필독서 · 58
  - 김진섭 박사 (백석대 신학 부총장, 구약학)

제4부
유대인의 고난의 역사 교육 방법

제3장
고난의 역사교육을 위한
유대인의 절기 교육

<고난의 역사교육학적 입장에서 본 유대인의 절기 연구>

<절기 신학>

I. 서론

  1. 하나님이 '여호와의 절기'를 제정하신 두 가지 목적 · 66
  2. 절기의 교육학적 및 신앙적 유익 · 71
      A. 절기가 인성교육에 주는 유익:

　　　　유대인의 절기는 그들의 수직문화를 형성했다 · 71
　　　　B. 유대인의 절기는 구약의 지상명령을 실천하기 위한 필수 도구다 · 74
　　　　C. 유대인의 절기는 영성과 인성교육을 위한 훈련의 도구다 · 75
　　　　D. 유대인의 절기는 조상들의 고난의 역사를 기억하는 탁월한 도구다 · 78
　　3. 문제제기: 유대인 절기가 기독교에 필요한 이유 · 81
　　　　A. 왜 유익한 유대인 절기를 기독교가 배척했는가 · 81
　　　　B. 유대인 절기를 기독교가 그대로 모방하면 안 되는 이유 · 84
　　　　　(유대인 절기에 두 가지를 첨가해야 하는 이유)
　　4. 요약, 결론 및 앞으로의 과제 · 86

II. 안식일은 가장 기본 절기다 · 90

III. 로쉬하사나와 욤키푸어를 통한 고난의 역사교육 · 91
　　1. 로쉬하사나(신년 절기)의 목적: 서둘러 선을 행하고 악행을 떠나라 · 91
　　2. 로쉬하사나(신년 절기)의 시작 · 95
　　3. 욤키푸어(대속죄일) · 99
　　4. 신년 절기의 유익 · 102
　　5. 한국 기독교인에 적용 · 105

IV. 초막절을 통한 고난의 역사교육 · 107
　　1. 초막절의 의미 · 108
　　2. 초막절을 지키는 두 가지 이유 · 111
　　　　A. 광야 40년의 초막생활의 고난을 기억하라 · 111
　　　　　1) 유월절: 출애굽 사건을 기억하라 · 111
　　　　　2) 초막절: 광야 40년의 초막생활을 기억하라 · 114
　　　　　3) 유월절은 구원론, 초막절은 성화론을 상징하는 이유 · 118
　　　　B. 하나님을 위하여 추수감사절을 지키라 · 121
　　　　　1) 초막절에 추수감사절을 겸하는 이유 · 121
　　　　　2) 고난의 역사를 기억하는 것과 추수감사절의 차이 · 124

3. 수카(초막) 체험을 통한 고난의 역사교육 · 128
4. 초막절에 필요한 네 가지 식물들을 통한 교육 · 132
5. 결론: 유대인의 수카(초막) 체험교육의 유익 · 136
6. 한국인 기독교인에게 초막절 적용 · 140
   A. 서론 · 140
   B. 초막 짓기 · 141
   C. 초막절 교육의 내용 · 142
      1) 고난의 역사를 기억하는 영역 · 143
      2) 추수감사의 영역 · 144
   D. 한국인 추수감사절 적용 프로그램 · 145
      1) 추수감사절 준비 · 145
      2) 복장 및 음식 · 146
      3) 가정 예배 · 146
      4) 식탁에서 나눌 이야기와 덕담 · 146
      5) 3대 가족끼리 게임 · 147
      6) 그 주간에 3대가 함께 성묘 가기 · 147
      7) 3대가 함께 불우 이웃 돕기: EQ교육 · 148

V. 부림절을 통한 고난의 역사교육 · 149

1. 부림절의 유래 · 149
   A. 부림절의 기원 · 149
   B. 부림절을 지키는 이유 · 153
2. 부림절을 지키는 방법 · 156
   A. 회당에서 에스더를 낭독하고 듣는다 · 157
   B. 가정에서 부림절 파티 · 160
   C. 유대인 공동체에서 가장행렬 · 162
3. 한국인 기독교에 적용 · 162

A. 광복절의 역사적인 배경 · 164

　　　B. 성경 본문: 꿈꾸는 것 같았도다 · 165

　　　C. 광복절을 기억하는 방법 · 166

　　　　　1) 전 국민이 개인적으로 금식 · 166

　　　　　2) 교회에서 · 166

　　　　　3) 가정에서 · 168

　　　　　4) 공동체에서 · 168

VI. 유월절을 통한 고난의 역사교육 · 170

　　1. 유월절은 고난의 역사교육을 위한 대표 절기다 · 170

　　2. 유월절 음식을 통한 고난의 역사교육 · 173

　　　A. 양고기를 먹는 이유 · 173

　　　B. 맛짜(고난의 떡)를 먹는 이유 · 176

　　　C. 하로셋 · 쓴 나물 · 삶은 계란 · 야채를 먹는 이유 · 179

　　3. 아버지와 아들의 탈무딕 토론식 고난의 역사교육 방법 · 183

　　4. 유월절에 열 가지 재앙을 기억하는 방법 · 193

　　5. 한국인 기독교인에 적용: 한국형 유월절 가정식탁예배 방법 · 197

　　　A. 유대인의 유월절을 지키되 이렇게 변형하라 · 197

　　　B. 유대인의 유월절 방법에 기독교의 정체성을 첨가하라 · 198

　　　　　1) 유대인과 메시아닉 유대인의 유월절 방법 차이 · 198

　　　　　2) 기독교의 유월절 절기 적용의 고민:

　　　　　　　유대인의 해방 축제일 vs. 기독교인의 예수님 고난일 · 203

　　　C. 유대인의 유월절 방법에 한국인의 정체성을 첨가하라 · 207

VII. 오순절을 통한 고난의 역사교육 · 211

　　〈저자 주: 오순절에 대한 자세한 설명은 저자의 저서 '잃어버린 구약의 지상명령 쉐마 제3권 제4부 제3장 '쉐마와 오순절: 율법과 성령 받은 절기'에서 다루었기 때문에 중복을 피하기 위하여 여기에서는 그 제목만 열거한다.〉

I. 문제 제기

II. 구약의 오순절과 율법

  1. 유월절(Passover, פסח)

  2. 구약의 오순절(Shavouth, שׁבוּעוֹת)

    A. 율법 받은 날

    B. 유대인이 오순절을 지키는 방법

      1) 종이 카드 49개를 준비하는 이유

      2) 룻기를 읽는 네 가지 이유

III. 교회론적 입장에서 본 오순절

  1. 구약과 신약의 오순절의 공통점과 차이점

  2. 오순절: 구약교회와 신약교회의 탄생

  3. 신약교회의 예배: 말씀(율법)과 성령의 두 바퀴

  4. 룻기를 읽는 이유의 신약학적 해석

IV. 요약 및 결론

VIII. 티샤 바브를 통한 고난의 역사교육 · 212

1. '티샤 바브' 절기의 유래 · 212

2. '티샤 바브' 절기를 지키는 방법 · 215

3. 눈물로 부르는 '티샤 바브' 절기 노래 · 219

4. '티샤 바브'와 눈물의 선지자 예레미야 · 225

  A. 유대인이 회개했으면 유다의 멸망은 막을 수 있었나 · 225

  B. 예레미야가 '눈물의 선지자'인 이유 · 232

  C. 심리학적 입장에서 본 예레미야 · 237

    1) 원치 않아도 외쳐야 했던 예레미야의 고통 · 237

    2) 하나님은 왜 예레미야를 분노로 채우셨나 · 241

5. 목회자와 선지자의 차이 · 244

    A. 목회자와 선지자의 차이 · 244

    B. 목회자와 선지자의 차이가 주는 교훈 · 246

6. 한국인 기독교에 적용 · 250

    A. 국치일의 역사적인 배경 · 251

        1) 대한제국과 대한민국이란 어원의 유래 · 252

        2) 코리아(Korea)란 어원의 유래 · 254

        3) 1905년 을사늑약 체결 경위 · 254

        4) 조약의 내용 · 257

        5) 조약 체결 직후 · 257

        6) 윤치호의 무효(반대) 운동 · 258

    B. 대한제국이 침탈된 경술국치일 · 261

        1) 국치일의 개요 · 261

        2) 한일병합조약 전문 · 261

        3) 조약 체결 직후 · 263

        4) 국치를 통분하며 자결한 시인 황현 · 265

    C. 국치일 절기를 지키는 방법 · 269

        1) 성경 본문: 예레미야 애가서 · 269

        2) 한국인이 국치일을 기억하는 방법 · 271

          a. 전 국민: 90일 전부터 대한제국이 피탈된 날을 가슴 아파하기 · 271

          b. 가정에서: 조기 계양 및 전 국민이 개인적으로 금식하기 · 272

          c. 교회에서: 예레미야 애가서 일부와 을사늑약 체결 경위 낭독 · 272

    D. 현재는 한국의 공산화를 걱정하며 예레미야처럼 외치고 기도할 때다 · 276

IX. 제3장 요약, 결론 및 적용 · 280

    1. 제3장 요약, 및 결론 · 280

    2. 본 받아야 할 유대인 절기의 장점과 특징 · 287

        A. 절기들이 매우 많다 · 287

B. 탄탄한 논리와 사상이 있다 · 287

　　　C. 대부분 최고의 요리를 푸짐하게 먹는다 · 287

　　　D. 대부분 절기가 화기애애하다 · 288

　　　E. 절기 프로그램을 반복한다 · 288

　　　F. 정성을 다하여 절기를 지킨다 · 289

　　　G. 절기의 형식을 프로그램화 했다 · 289

　　　　　1) 한 가족 3세대 통합 프로그램이다 · 290

　　　　　2) 다양한 교육의 장(場)에 맞는 프로그램이 있다 · 290

　　　　　3) 전 세계에 흩어진 유대인을 위한 프로그램이다 · 292

　3. 한국인 절기 교육의 문제점과 해결 방안 · 294

　　　A. 한국인 절기 교육의 문제점 · 294

　　　　　1) 문제점 1: 절기 교육이 없어진 대한민국의 참혹한 현실 · 294

　　　　　2) 문제점 2: 한국인 개신교의 절기 교육의 문제점 · 296

　　　　　3) 문제점 3: 남북한 절기교육의 차이에서 오는 참혹한 국가관의 차이 · 296

　　　B. 한국의 바른 절기 교육의 방안 · 301

　　　　　1) 대한민국은 기독교 정신으로 건국되었다 · 301

　　　　　2) 절기를 만들 때 유의 사항 · 304

　　　　　3) 이상적인 한국인의 기독교식 절기 모형 · 306

부 록

부록1; 충효를 무시한 결과 얻은 인성교육의 재앙

효가 가정을 세우는 행복의 근원이라면,

충은 나라를 세우는 애국심의 근원이다

1. 효에 대한 칼럼; 인성교육에서 '효'를 빼면 무엇이 남는가 · 310

A. 진보 국회의원들이 인성교육서 충효를 빼자는 이유

  한국의 전통가치가 싫으면, 일본의 전통가치를 가져야 하는가 · 310
B. 효는 수직문화(인성교육)의 핵심 가치다 · 311
C. 효는 가정을 세우고 지켜주고 행복을 찾게 해주는 근원이다

  효가 없으면 예절도 없어지는 이유 · 314
D. 왜 효가 없으면 가정은 해체되나 · 315
E. 학생인권 높여주고 무상급식 했는데 왜 학생들은 행복해 하지 않는가 · 316

2. 충에 대한 칼럼; '헬 조선'이란 비아냥의 근본 원인 · 318

  A. 한복 입고 국악을 불렀던 여대생을

  학교에 고발했던 미국의 한국 유학생들, 왜? · 318
B. 내 부모를 공경하고 나라에 충성하라는 충효가 전통문화라서 싫다면,

  남의 부모를 공경하고 다른 나라에 충성해야 하는가 · 319
C. 왜 충효가 정체성의 기본인가

  효가 가정을 세우는 행복의 근원이라면, 충은 나라를 세우는

  애국심의 근원이다 · 320
D. 왜 한국인의 행복지수가 세계에서 가장 낮은데, 부탄은 1위인가 · 320
E. 왜 유대인은 아무리 힘들어도 '헬 이스라엘'이라고 하지 않는데,

  한국 청소년들은 '헬 조선'이라고 하는가? · 321
F. 이것이 근본 원인이다 · 321
G. 북한 주민들은 굶어 죽으면서도 김일성 3부자와 북한을 찬양하는데,

  왜 한국 청년들은 이승만을 대적하며 한국을 '헬 조선'이라고 하는가 · 322

부록 2; 쉐마지도자클리닉 참석자들의 증언

- 구약의 지상명령 발견은 다윈의 진화론보다 더 탁월하다 · 326
    - 윤용주 교수(Washington Reformed University, International Student Director)
- 남편의 기를 팍팍 죽였던 전형적인 IQ아내와 어머니였는데… · 330
    - 이정하 박사(김해대학교 교수)

- 미국식 홈스쿨링과 품성교육의 문제를 극복했습니다 · 335
    - 권창규 목사(좋은가족교회 목사)
- 유대인은 자신의 삶에 '왜?'를 설명했지만, 나는 못해 답답했는데… · 338
    - 조하은 자매(미국 NYU 유학생, 동상제일교회)
- 무엇을 할까 이전에 나의 바른 인성(정체성)을 세워야겠습니다 · 346
    - 백하림 학생(13세, 일산쉐마예시바학교)

부록 3; 사진으로 보는 쉐마교사대학 이모저모 · 351

부록 4; 쉐마 국악 찬양 · 364

참고 자료(References) · 371

랍비강의

- 눈물로 일생을 보내서는 안 된다
  그렇다고 웃고만 보내서도 안 된다 · 172
- 유대인은 박해를 당할수록 더 큰 것들을 이루어낸다 · 209

생각해 봅시다

- 유대인의 역사 인식과 '3.1절 골프' · 274

제1권의 목차

제1부 하나님의 인간교육(고난교육신학)

제1장 구원론적 입장에서 본 출애굽 사건

　I. 서론: 신명기가 말하는 하나님의 인간교육

　II. 구원론적 입장에서 본 출애굽 사건

　III. 결론 및 기독교에 적용

제2장 모세오경에 나타난 하나님의 고난교육과 전인교육

　I. 광야교회의 목적

　II. 심리교육: 1) 시험하셨다 2) 두려워하게(경외) 하셨다

　III. 육적 교육: 1) 주리게 하셨다 2) 광야를 걷게 하셨다

　IV. 인격교육: 낮추게 하셨다

　V. 영적 교육: 만나를 먹이셨다

　VI. 율법교육, 성막교육 및 절기교육: 하나님의 형상을 닮는 교육

　VII. 결과: 마침내 복을 받았다 - 가나안 정복

제3장 요약 및 결론

　I. 요약: 하나님의 인간 교육의 6단계

　II. 결론

제2권의 목차

제2부 이스라엘의 건국 과정과 국가관

제1장 이스라엘과 이방 나라는 건국 과정이 다르다

　I. 이스라엘이 건국되는 과정

　II. 이스라엘의 국가관과 이방 나라의 국가관의 차이

　III. 이스라엘은 하나님이 낳으신 국가

제2장 가나안에 대한 영적 해석

　I. 이스라엘의 국가관이 기독교인에게도 적용되는 이유

　II. 가나안 정복의 뜻: 유대인과 기독교인의 동일성

제3장 이스라엘 건국 과정과 건국 후 가나안에 관한 난해한 질문들과 답변
　Ⅰ. 하나님이 가나안 땅을 빼앗아 유대인에게 주신 것은 윤리적으로 옳은가?
　Ⅱ. 가나안 정복 이후 이스라엘 상황을 기독교인에게 적용: 성도의 몸을 가나안으로 비유

제3부 유대인의 고난의 역사신학
제1장 유대인의 신구약 시대 고난의 역사와 고난의 이유
　Ⅰ. 구약시대의 고난의 역사
　Ⅱ. 신약시대의 고난의 역사
　Ⅲ. 신약시대 유대인이 고난(미움)을 당한 이유
　Ⅳ. 유대인의 인사법과 한국인의 인사법 차이

제2장 유대인의 고난의 역사신학<신명기 32:7절을 중심으로>
　Ⅰ. 서론
　Ⅱ. 기억의 신학
　Ⅲ. 유대인의 역사와 이방인의 역사의 차이
　Ⅳ. 질문과 설명을 통한 기억의 방법
　Ⅴ. 과거를 가르치는 부모와 배우는 자녀의 유형
　Ⅵ. 요약 및 결론

제3-1장 용서와 기억의 신학 1(개인과 개인 사이)
　Ⅰ. 문제 제기
　Ⅱ. 용서의 유익
　Ⅲ. 기억의 유익
　Ⅳ. 예수님이 가르쳐 주신 '용서와 기억'의 신학
　Ⅴ. 용서의 심리학
　Ⅵ. 요약 및 결론

제3-2장 용서와 기억의 신학 2(국가와 국가 사이)
　Ⅰ. 세계화의 원리: 다문화권에서 동화의 원리
　Ⅱ. 국수주의의 위험성과 샐러드 볼 이론
　Ⅲ. 올바른 국가관: 이웃과 이웃 사이, 국가와 국가 사이의 차이점
　　(국가관의 시각에서 9·11 테러 후 미국의 대응은 옳았나)

제3권의 목차

제3부 유대인의 고난의 역사신학
제4-1장 고난의 역사교육, 왜 필요한가: 인성교육학적 입장
I. 고난의 역사교육은 정체성을 갖게 하는 수직문화다
II. 역사 속에서 살아남은 유대민족의 특성(인성 1권에서 옴)
III. 결론: 랍비의 증언, 유대인은 문화를 지니고 다녔다

제4-2장 고난의 역사교육, 왜 필요한가: 신학적 입장
I. 문제 제기
II. 유대인이 고난의 역사를 기억하는 이유
III. 요약 및 결론

제5장 고난을 이기는 유대인의 희망의 신학
I. 문제제기
II. 유대인의 희망 신학 형성 과정
III. 유대인의 희망 신학 내용
IV. 희망의 신학 실천의 결과: 유월절에 부르는 노래 '아니마민'(나는 믿는다)
V. 요약, 적용 및 결론

제4부 유대인의 고난의 역사 교육 방법
제1장 자녀들은 질문하고 아비는 설명하라
IV. 질문과 설명을 통한 기억의 방법
V. 과거를 가르치는 부모와 배우는 자녀의 유형
VI. 요약 및 결론

제2장 유대인은 끝까지 악을 물리쳐 정의를 구현한다
I. 문제 제기: 독일과 일본의 역사인식은 왜 다른가
II. 유대인의 독일 전범처리 방법의 정당성
III. 중국의 일제 전범 처리 방법의 부당성
IV. 미국의 일본 전범 처리 방법의 부당성
V. 중국과 미국의 오류로 인한 일본의 잘못된 역사인식
VI. 요약 및 결론
VII. 정의구현할 힘이 없을 때, 유대인의 키두쉬 하셈과 순교 정신

제5권의 목차

제4부 유대인의 고난의 역사 교육 방법

〈제4권에 포함됨〉
제3장 고난의 역사교육을 위한 유대인의 절기교육
　　　〈고난의 역사교육학적 입장에서 본 유대인의 절기 연구〉

〈아래 주제는 제5권에 포함됨〉
제4장 고난의 역사의 현장 교육
제5장 고난의 역사의 박물관 교육
제6장 고난의 역사를 기억하는 방법을 창안

제5부 고난이 주는 유익: 왜 인간에게 고난이 중요한가
제1장 고난의 본질과 목적
제2장 고난의 유익
제3장 인간과 하나님의 자녀를 출세시키는 방법 차이
제4장 욥기를 통한 고난 연구

제6부 마무리하며
제1장 한국인과 유대인의 공통점
제2장 요약 및 결론

저자 서문

《고난교육신학서 제2-5권》을 출간하면서
〈수정증보, 2018〉

〈저자 주: 제4권의 저자 서문은 제2-3권과 동일하되, '제3권 주제 요약'에 '제4권의 주제 요약'을 더하고 '제3권 내용 더 엿보기'는 '제4권 내용 더 엿보기'로 바뀌었다.〉

쉐마교육학 개척의 역사 요약

저자는 1990년에 학위 논문으로 2세종교교육의 방향을 제시하는 논문을 근거로 '문화와 종교교육'이라는 저서를 출간했다. 그리고 그 이론에 맞는 모델로 정통파 유대인을 연구하여 'IQ는 아버지 EQ는 어머니 몫이다'(전3권, 1996, 1999, 2009)를 출간했는데, 이 책이 스테디 베스트셀러가 되면서 세상에 알려지게 되었다.

그 후 2006년에는 하나님의 은혜로 세계 최초로 창세기 18장 19절을 연구하다가 구약의 지상명령을 발견하여 '잃어버린 구약의 지상명령 쉐마'(전3권, 2006, 2009)를 출간했다. 구약의 지상명령(창 18:19; 신 6:4-9)은 하나님이 아브라함에게 주신, 가정에서 자손대대로 하나님의 말씀을 전수하여 오실 예수님을 준비하라는 절대 명령이다. 신약의 지상명령이 복음을 만방에 전파하라는 수평선교라면, 구약의 지상명령은 하나님의 말씀을 자손대대로 전수하라는 수직선교다.

이것은 신약교회가 잃어버렸던 신구약 교육신학의 척추를 발견하는 놀라운 계기가 되었다. 그 동안 연구해왔던 유대인 자녀교육에 대한 단편적인 소주제들이 마치 흩어졌던 퍼즐들의 짝이 맞추어지듯 구약의 지상명령 쉐마를 중심으로 하나로 맞추어지기 시작했다. 이것이 '쉐마교육학'이라는 새로운 학문의 영역을 개척하게 된 계기가 되었다.

그동안 출간된 쉐마교육론 총서는 모두 성경을 근거로 구약의 지상명령 쉐마를 실천하는데 필요한 저서들이다. 가정신학(전2권), 자녀신학, 아버지 신학, 어머니 신학(전2권), 성신학, 효신학(전3권), 경제신학, 그리고 한국형 주일가정식탁예배 예식서 등이 있다. 현재는 고난의 역사교육신학서 전5권 중 제4권까지 출간한 상태다.

또한 '문화와 종교교육'의 이론에 기초하여 유대인을 모델로 한 '현용수의 인성교육 노하우'(전4권)를 출간함으로서 '인성교육학'이라는 새로운 학문의 영역을 개척하게 되었다. 이로써 인성교육에 대한 필요성이 무엇보다 높아졌음에도 불구하고 그저 단편적이고 일시적인 방안들만 제시하던 기존 이론들의 문제를 뛰어넘어 통합적 인성교육의 대안을 명쾌하게 제시할 수 있게 되었다.

그리고 'IQ는 아버지 EQ는 어머니 몫이다'라는 저서가 출간된지 4년만에 '부모여 자녀를 제자삼아라'(전2권)를 출간했다. 이것은 왜 기독교교육에 유대인 자녀교육이 필요한지에 대한 답변으로 쓴 책이다.

그 결과 약 25년 동안 총론(IQ-EQ서) 3권, 인성교육론 총서 8권과 쉐마교육론 총서 22권, 도합 33권을 출간하게 되었다. 여기에 유대인 랍비 토카이어와 랍비 솔로몬이 지은 탈무드서를 편역한 7권까지 포함하면 저서는 총 40권이 된다.

유대인의 고난의 역사교육 시리즈
제1권과 제2-5권의 내용 비교

제1권 주제 요약

이스라엘은 한국의 강원도(21,643km2, 한반도의 1/10)만한 지극히 작은 나라다. 비도 잘 오지 않는 지중해 습윤(연안과 고지 지역)과 건조 고원(브엘세바 중심한 네게브 지역), 사하라 사막(네게브 남방), 오하시스(사해 주변) 기후의 혼합형이다. 거기다 늘 팔레스타인과의 전쟁 때문에 불안정한 사회생활의 연속이다.

그 뿐인가? 이스라엘은 AD 70년에 로마에 멸망을 당한 후 세계로 흩어진 후 1948년 5월 14일에 독립 했다. 그 후 약 2000여 년 동안 유럽, 아프리카, 아시아, 아메리카 등 세계 102개 나라에 흩어져서 살았던 유대인이 계속 이스라엘로 귀환하여 구성된 나라다(The Christian World, USA, 2009, Nov. 16).

현대 이스라엘의 역사는 70년도 채 안 된다(2015년 기준). 인구도 건국 당시 60만이었는데 2008년 현재 7,018,000명으로 늘었을 뿐이다(The Christian World, USA, 2009, Nov. 16). 다양한 지역에서 이주하여 왔기 때문에 다양한 언어와 문화적 배경을 가지고 있는 이민자들을 흡수, 정착시키는 일도 힘든데, 주변엔 온통 이스라엘을 멸망시키려고 호시탐탐 기회를 노리는 13억의 거대한 아랍 나라들이 둘러싸고 있으니 얼마나 힘겨운 상황인가?

이러한 최악의 인적, 역사적, 지형적 열세에도 불구하고 유대인은 역사적으로 다음 네 가지 기적 같은 일들을 성취했다.

1) 4000년 동안 세대 차이 없는 하나님의 말씀전수에 성공

유대인은 어떻게 아브라함 때부터 현재까지 4000년 동안 자손 대대로 하나님의 말씀을 전수하는 데 성공했는가?

2) 4000년 동안 세대 차이 없는 자녀의 성결교육에 성공

유대인은 어떻게 전 세계를 유랑하면서도 자녀들을 거주하는 지역의 이방문화에 동화되지 않게 하고, 성결교육을 시키는 데 성공했는가?

3) 강한 국가 경쟁력 강화에 성공

이스라엘은 어떻게 700만 명의 인구로 13억의 아랍권을 이기는가?

4) 세상의 IQ교육에도 성공

그럼에도 불구하고 유대인은 어떻게 역사적으로 노벨상 32%를 받을 만큼 IQ교육에도 성공했는가?

저자는 유대인의 이 네 가지 기적 같은 성공의 비밀을 밝히기 위해 33권의 책을 저술했다. 특히 이스라엘이 700만 명이라는 적은 인구로 13억의 아랍권을 이기는 저력은 어디에서 나오는가? 강력한 정신세계가 있기 때문이다. 그 정신세계를 이루게 하는 유대인의 가장 중요한 교육들 중 하나가 고난의 역사교육이다.

〈물론 IQ교육은 '유대인 아버지의 4차원 영재교육', 그리고 1항과 2항은 '잃어버린 구약의 지상명령 쉐마'(전3권)와 '신앙명가 이렇게 세워라'(전2권)를 비롯한 다른 저서들 참고 바람〉

본서의 주제인 '고난교육신학'은 하나님이 하신 고난교육과 고난의 역사교육으로 형성되어 있다. 고난교육신학 시리즈 제1권 제1부가 2014년에 모세오경을 중심으로 쓴 '하나님의 독수리 자녀교육'이란 제목으로 출간되었다.

모세오경에 나타난 출애굽 사건과 광야 40년의 생활을 '구원론적 측면'과 '인성교육학적인 측면'에서 분석하고 정리한 책이다. 큰 틀에서 보면 하나님이 창조하신 인간을 어떻게 하나님이 원하시는 인간으로 교육하시고 훈련시키시는가 하는 '하나님의 인간교육'에 관한 내용이다.

하나님은 이스라엘 백성을 광야에서 여러 번 시험하셨고(평가

제1권 하나님의 독수리 자녀교육

모세오경에 나타난
하나님의 인간교육
=
구원론적 측면 + 인성교육학적인 측면에서 분석한 책

교육), 40년 동안 주리게 하셨고(육적 교육), 낮추셨고(인격 교육), 만나를 먹이셨다(영적 교육)(신 8:1-3). '하나님의 독수리 자녀교육'은 하나님이 가장 사랑하신다는 이스라엘 백성을 교육시키시는데 왜 그토록 험난한 고난을 주셨는지, 그 이유를 밝힌 책이다. 하나님의 교육은 여기에서 그치지 않으셨다. 그들을 자손대대로 강한 민족으로 만드시기 위하여 조직적이고 강력한 수직문화를 형성하게 하셨다.

그것을 무엇으로 증명할 수 있는가? 하나님은 이스라엘 백성의 인성교육에 반드시 필요한 수직문화를 형성하기 위한 효교육, 고난교육, 성막교육(종교교육), 율법 및 율례와 법도 교육 및 절기교육들을 창안하시고 실천하게 하셨다. 그리고 후일 고난의 역사교육을 첨가하셨다(신 32:7). 이런 수직문화의 중요한 요소들은 후일 유대인의 전통과 문화로 정착되어 자손대대로 지키며 전수되고 있다.

이것은 무엇을 뜻하나? 유대인이 탁월한 민족이 된 것은 성경공부만을 잘 해서 된 것이 아니고, 인성교육학적인 입장에서 그들의 탁월한 수직문화를 소유했기 때문이라는 점에 주목해야 한다(수직문화에 대해서는 저자의 저서 '현용수의 인성교육 노하우' 전4권 참조). 성경공부만 잘 할 경우에는 제사장 나라는 만들 수 있지만, 그 나라를 지킬만한 독수리 민족은 될 수 없다는 점을 명심해야 한다.

오늘날 교회에서 자녀들에게 성경을 열심히 가르친다. 이로써 영성이 높은 자녀들로 만드는 데는 성공했지만, 독수리 같은 큰 인물들로 만드는 데는 한계가 있었다. 오늘 날 모태신앙을 가진 자녀들 가운데, 부모 세대처럼 독수리 같은 큰 인물들이 많이 나오지 않는 이유가 여기에 있다.

하나님이 원하시는 이스라엘 나라와 민족

이스라엘에서 영적 측면

하나님의 거룩한
제사장 나라
(출19:5-6)
하나님만 섬기는 나라

방법: 예배(제사)·기도
성경공부

+

세계에서 힘의 측면

작지만 강한
독수리 민족(신32:11)
수많은 참새들(아랍)을 이기는 민족

방법: 쉐마교육
[**강한 수직문화**(효·고난·역사교육)
+ (성막·율법·절기교육=전통)
+ **말씀전수**(탈무딕 디베이트식 IQ교육)]

※ 따라서 하나님의 백성은 성경공부도 해야 하지만,
강한 수직문화도 가져야 한다.

독수리는 가장 빠르고 높이 나는 기민한 새(삼하 1:23; 욥 9:26, 39:27)로 세상에서 가장 강한 하늘의 제왕이다. 따라서 독수리는 이스라엘을 구할 지도자의 상징(출 19:4; 신 28:49)이며, 힘의 상징(사 40:31)이다. 하나님은 유대인을 독수리 민족으로 강하게 훈련시키셨다(신 32:11).

우리는 하나님이 이스라엘 민족에게 왜 율법(말씀)만 주시지 않으시고, 이와 함께 강한 수직문화를 형성하기 위해 앞에서 언급한 요소들을 주셨는지를 곰곰이 생각해야 한다.

그 이유는 하나님은 당시 세계에서 가장 천하고 무기력했던 노예 민족을 택하시어 광야에서 40년 만에 영적으로는 하나님의 소유인 거룩한 백성이 되어 제사장 나라(출 19:6)로 우뚝 서게 하고, 동시에 세상에서는 세계 열방 위에 뛰어난 독수리 민족(신 32:11)으로 우뚝 서게 하시기 위함이었다. 그 교육의 모델이 이스라엘 백성들이 가나안을 정복하게 하신 후 그 땅에 건국한 이스라엘이라는 신본주의 국가다.

따라서 이스라엘은 역사적으로 하나님과의 관계가 좋았을 때는, 즉 제사장 나라의 역할을 잘 했을 때에는 항상 적은 인구수와 작은 국토를 가졌음에도 불구하고(신 7:7), 주변의 수많은 거대한 아랍 나라들과 이방 나라들을 이겨왔었다.

이것은 작은 독수리 한 마리가 주변의 수많은 참새 떼를 이기는 것으로 비유할 수 있다. 창조주 하나님이 계획하시고 성취하신 쉐마교육의 파워가 여기에 있다. 제1권은 이 비밀을 모세오경을 근거로 성경신학적 입장과 인성교육학적인 입장에서 분석하고 정리한 책이다. 이것은 역사적으로 모세오경을 대부분 구속사적 입장에서 해석한 것과 확연히 다르다.

제2-5권 주제 요약

고난교육신학 시리즈 제2권은 '유대인의 고난의 역사교육'이다. 제2-3부가 포함된다. 제2부에서는 이스라엘의 정체성과 국가관을 다룬다. 현재와 같은 이스라엘의 국가관이 왜, 어떻게 형성되었는지를 성경신학적으로 설명한다. 하나님이 인류 구원을 위해 예정하신 최초의 신본주의 국가인 제사장 나라(출 19:5-6)를 건국하시는 과정을 자세하게 설명한다.

이스라엘과 이방 국가의 차이를 여러 각도에서 대조하고 이에 얽힌 난해한 질문들에 답변한다. 그리고 하나님께서 이스라엘이 수천 년 동안 강대한 아랍권과 적대적인 대치 관계를 형성하게 된 원인을 제공한 분이시라는 것을 밝힌다.

가장 큰 이유는 하나님께서 이스라엘이라는 국가를 만드실 때 그들이 점령한 가나안 땅 자체를 세상법과 거의 반대로 진행하셨다는 것이다. 그런 환경을 만들어 놓으시고 하나님은 이스라엘 백성이 하나님과의 관계가 좋을 때는 강대한 아랍권을 이기게 하시고, 그렇지 못했을 때에는 항상 아랍권에 의해 괴롭힘을 당하도록 하셨다. 따라서 제2부에서는 유대인이 왜 1) 하나님으로부터, 그리고 2) 이방인으로부터 많은 고난을 당했는지 그 이유를 설명한다.

제3부의 주제는 고난의 역사교육신학으로 바뀐다. 유대인이 가나안에 이스라엘이라는 나라를 건설한 이후 그 나라에 살면서 왜 고난을 당한 과거의 사건들을 기억해야 하는지를 설명한다. 이것은 신약시대의 기독교교육이 하나님께서는 우리의 과거 죄를 기억하시지 않으신다(사 43:25; 렘 31:34; 히 8:12, 10:17)는 이유로 우리가 지은 과거의 죄와 사건, 즉 고난의 역사를 기억하지 않게 교육시킨 것과 대치되는 대목이다.

이것은 대단히 중요한 주제다. 왜냐하면 자녀에게 고난의 역사를 기억시키는 것과 그렇지 못함에 따라 인성교육에 엄청난 긍정적인 영향과 부정적인 영향을 미치기 때문이다. 따라서 저자는 2000년 동안 잘못 가르쳐 왔던 '용서와 기억의 신학'을 왜 그것이 잘못되었는지 성경신학적으로 논증하여 바로잡는다.

제3권은 제3부 제4장과 제5장 그리고 제4부 제1, 2장이 포함된다. 제4-1장은 고난의 역사교육, 왜 필요한가에 대한 답을 인성교육학적 입장에서 설명한다. 그리고 제4-2장은 고난의 역사교육, 왜 필요한가에 대한 답을 성경신학적인 입장에서 아홉 가지 이유를 들어 설명한다. 아홉 가지 이유는 아홉 가지 유익이란 뜻도 포함된다.

제5장은 희망 신학이다. 한국은 자살률 세계 1등, 행복지수는 세계 꼴찌 수준이다(YTN, 2014년 9월 25일; 연합 뉴스, 2013년 5월 28일). 반면 정통파 유대인은 비종교인 유대인보다 자살율도 55% 낮고, 미국의 정통파 유대인은 다른 종교인들보다 행복지수가 가장 높다(Tobin; Rampel). 희망의 신학적 입장에서 가장 큰 이유는 한국인은 미래에 희망이 없다고 생각하는 경향이 많고, 반면 유대인은 미래에 희망이 있다고 생각하는 경향이 많기 때문이다. 저자는 제5장에서 유대인의 희망 신학은 어떻게 형성되었고, 희망 신학의 가치관, 즉 내용은 무엇인지, 그리고 그 희망 신학을 어떻게 실천하고 그 결과는 어떠한지를 설명한다.

제4부는 유대인의 고난의 역사 교육 방법이다. 전6장으로 구성되어 있다. 이 중 제1장 '자녀들은 질문하고 아비는 설명하라'(신명기 32:7절을 중심으로)와 제2장 '유대인은 끝까지 악을 물리쳐

정의를 구현한다'(독일과 일본의 역사인식이 다르게 형성된 원인 연구)가 제3권에 포함되어 있다.

독일과 일본의 역사인식은 왜 서로 다른가? 이에 대한 답을 찾기 위해 유대인의 나치 전범처리 방법을 중국과 미국의 일제 전범처리 방법과 비교 대조하면서, 유대인의 전범처리 방법이 중국과 미국의 방법에 비해 옳다는 것을 증명한다.

제4권은 제4부 '유대인의 고난의 역사 교육 방법' 중 제3장 '고난의 역사교육을 위한 유대인의 절기 교육, 즉 '절기 신학'이다. 하나님께서 왜 '여호와의 절기'를 제정하셨는가? 하나님께서 쓸데 없는 것을 만드시고 지키라고 명령하셨는가? 아니다. 그만큼 절기가 하나님의 백성들에게 중요하기 때문이다.

하나님께서 절기를 만드신 목적은 크게 두 가지가 있다. 1) 절기를 통하여 인류를 구속하시려는 하나님의 구속사적 의미와 스케줄을 알려주시기 위한 목적, 즉 구속사적 목적과, 2) 절기를 통한 하나님의 백성을 교육시키실 목적, 즉 교육학적 목적이다.

기독교는 1항에 관한 연구에는 충실했지만, 2항에 관해서는 구약의 절기는 지킬 필요가 없다고 하여 등한시했다. 이것은 무엇을 뜻하나? 구약의 절기를 구속사적 입장에서만 연구하고, 교육학적인 입장에서는 별 관심이 없었다는 것을 뜻한다. 따라서 본서는 고난교육신학적인 입장에서 주로 제2항에 초점을 맞추어 설명했다.

제3장에서 살펴본 유대인의 절기들은 안식일, 로쉬하샤나와 욤키푸어, 초막절, 부림절, 유월절, 오순절, 그리고 티샤 바브 등

이다. 각 절기마다 절기의 목적과 지키는 방법이 다르다.

먹고 마시고 노래를 부르고 춤을 추며 즐기는 절기가 있는가 하면(부림절), 두렵고 떨리는 마음으로 죄를 회개하는 절기도 있다(로쉬하사나와 욤키푸어). 그리고 일체의 육의 즐거움을 절제하며 처절했던 과거의 고난을 기억해야 하는 절기도 있다(티샤 비브). 집 밖에서 초막을 쳐 놓고 그 안에서 가족들끼리 일주일 동안 지키는 절기도 있다(초막절).

이것은 인간의 희로애락의 감성을 고루 이용하여 유대인 모두를 집단적으로 전인교육을 시키는 최고의 거대한 하나님이 만드신 교육 시스템이다. 따라서 본서를 읽으면 절기의 요소요소마다 하나님의 놀라운 지혜를 발견할 수 있을 것이다.

인성교육학적인 입장에서 왜 유대인에게 절기가 없으면 그들의 수직문화(정체성)가 형성될 수 없는가? 왜 다양한 절기는 다양한 소통의 도구이며, 다양한 훈련과 교육의 도구인가?

본서는 유대인의 절기들만 소개하는 것이 아니라, 각 절기들을 한국인 기독교식으로 어떻게 접목할 수 있는지 그 방법들도 자세히 소개했다. 그리고 접목할 때 필요한 원리와 공식도 소개했다.

또한 본서는 1) 무력한 자녀를 독수리처럼 강하게 키우는 법을 소개한다. 그리고 2) 오늘날 우리의 자녀들이 방자해져가는 이유도 우리 선조들의 고난을 유대인처럼 가르치지 않아 잊었기 때문임을 반성하게 한다. 〈저자 주: 제5권의 요약은 제5권 출간 시에 넣을 예정임〉

제1권과 제2-5권의 내용 비교

제1권은 모세오경을 기초로 한 '하나님의 독수리 자녀교육'이고, 제2-5권은 '유대인의 고난의 역사교육'이다. 주로 유대인의 고난의 역사교육의 필요성과 방법을 소개하는 '고난의 역사교육 노하우'이다. 제1권과 제2-5권의 차이를 교육학적인 입장에서 대조해 보자.

제1권이 하나님이 이스라엘 백성을 광야에 모아놓고 40년 동안 고난 속에서 훈련시키신 교육의 이론과 방법에 대한 고난교육신학서이라면, 제2-5권은 유대인이 요단강을 건너 가나안을 정복한 이후(신 6:1-2)에 하나님께서 그들에게 왜 고난의 역사를 기억하라고 하셨는지에 대한 고난의 역사신학과 기억의 방법을 설명하는 고난의 역사교육신학서이다.

전자가 공간적으로 시내광야였다면, 후자는 하나님이 주신 가나안과 그 외 이방인 땅에서 포로로 유랑했던 공간도 포함된다. 전자의 교사가 하나님 자신이라면(대리인은 모세), 후자의 교사는 둘인데, 첫째 교사는 하나님이시고, 두 번째 교사는 가정의 부모다(신 6:4-9). 학생은 전자나 후자나 모두 이스라엘 백성이다(신 32:7). 전자가 시간적으로 40년으로 제한되었다면, 후자는 모세 이후 현대까지 약 3200년 동안이다.

고난교육신학적인 입장에서 고난교육의 내용은 전자가 하나님께서 이스라엘 백성에게 광야의 길을 걷게 하시거나 주리게 하시는 고난을 주신 훈련이었다면, 후자는 이스라엘 백성이 애굽에서

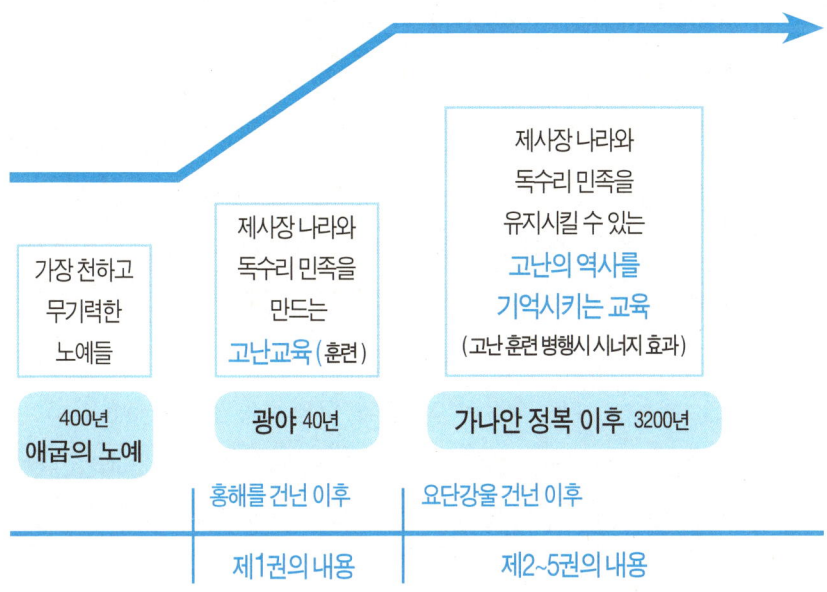

겪었던 고난과 하나님이 그들에게 광야에서 주셨던 고난과 그 이후에 겪은 고난의 역사들을 잊지 말고 기억시키라는 것이다.

고난교육의 형식적 입장에서 전자가 이스라엘 백성에게 생업을 중단하게 하고 집단적으로 훈련소에 모아놓고 가르친 인간교육의 모델(원형)이었다면, 후자는 실제적으로 생업에 전념하면서 그리고 거대한 이방 나라들과 접해 살면서 그들과 실전(實戰)에서 겪은 수많은 고난의 역사들을 교육시키는 것이다.

따라서 전자가 가장 천하고 무기력한 유대인을 영적으로는 제사장 나라(출 19:5-6), 그리고 세상적으로는 세계 최강의 독수리 민족으로 만들기 위한 '고난의 훈련'(신 32:11)이었다면, 후자는 가나안에 이스라엘을 건설한 이후 자손대대로 주변 강적들과 싸워 이길만 한 힘을 유지시키기 위한 '고난의 역사를 기억시키는 교육'이다.

이것은 인성교육을 위한 수직문화교육의 일부로써 고난의 훈련도 중요하지만, 고난의 역사를 기억시키는 교육 역시 그 만큼 중요하다는 것을 뜻한다. 물론 가장 효과적인 고난교육은 고난의 훈련과 고난의 역사를 기억시키는 교육을 함께 시키는 것이다. 그렇게 하면 복음적 토양을 옥토로 만드는 데 더 큰 시너지 효과를 볼 수 있다. 따라서 제1권의 고난교육과 제2-5권의 고난의 역사를 기억시키는 교육은 무기력해져가는 기독교를 다시 초대교회처럼 새 힘을 얻어 독수리의 날개 치며 올라가게(사 40:31) 만드는 비법이 될 것이다.

특별히 제3-5권에서는, 그렇다면 유대인은 조상들이 겪은 고난의 역사들을 어떤 방법들을 통하여 기억시키는지 그 노하우를 자세히 소개한다. 그리고 한국 민족에게 그것을 어떻게 가정과 교회 그리고 공동체에 적용할 수 있는지 그 노하우도 소개한다. 따라서 제1-2권이 고난의 역사교육의 이론서라면 제3-5권은 방법론이다.

여기에서 하나님의 위대하심을 다시 한 번 깨닫게 되는 것은 하나님이 3200년 전 이스라엘 백성에게 훈련시키셨던 교육의 내용(이론)과 방법이 아직도 세대 차이 없이 거의 동일하게 유지되고 있다는 사실이다. 이것은 21세기를 살아가는 정통파 유대인의 생활 방식에서 확인할 수 있다〈저자의 다른 저서들 참조 바람〉.

만약 하나님의 광야 훈련교육이 그곳에서만 성공하고, 이스라

고난교육신학, 제1권과 제2·5권의 차이

구분	고난교육신학 제1권 '하나님의 독수리 자녀교육'	고난교육신학 제2~5권 '유대인의 고난의 역사교육'
교육의 목표	하나님의 소유, 거룩한 백성 제사장 나라(출 19:6) 세계에 뛰어난 독수리 민족(신 32:11) 온 인류 구원의 모델이 됨	하나님의 소유, 거룩한 백성 제사장 나라(출 19:6) 세계에 뛰어난 독수리 민족(신 32:11) 온 인류 구원의 모델이 됨
고난 교육의 차이	가장 천하고 무기력한 노예 민족을 최강 민족으로 만들기 위한 고난훈련	가나안에 이스라엘을 건설한 이후 자손대대로 주변 강적들과 싸워 이길만 한 힘을 유지시키기 위한 '고난의 역사를 기억시키는 교육'
교육의 내용	하나님이 유대인을 시내 광야에서 훈련시키신 고난교육의 이론과 방법(신 8:1-4)	유대인이 가나안을 정복한 이후에 하나님이 고난의 역사를 기억하라(신 32:7) 고 하신 고난교육의 이론과 방법
교사	하나님 자신(대리인=모세)(신 8:1-4)	첫째 교사=하나님, 두 번째 교사=부모(신 6:4-9; 신 32:7)
학생	이스라엘 백성=유대인	이스라엘 백성=유대인
교육의 공간	광야 40년으로 제한	모세 이후 현대까지 약 3200년 동안
기억의 내용	없음(광야에서 직접 고난을 겪음)	애굽에서＋광야에서＋가나안 정착이 후에 겪었던 고난들
고난 교육의 형태	훈련소에서 가르친 인간교육의 모델 (원형)	거대한 이방 나라들과 실전에서 겪은 수많은 고난의 역사교육 (고난의 훈련도 병행)
하나님의 위대하심을 증명	- 하나님이 3200년 전 이스라엘 백성에게 훈련시키셨던 고난교육의 　내용과 방법이 21세기에 동일하게 적용되고 있음 - 세대차이 없음 - 현재 정통파 유대인의 생활 방식에서 확인할 수 있음	
결론	고난의 역사를 기억시키는 교육은 고난의 훈련만큼 중요하다. 이것이 유대인의 생존 비밀이다. 하나님이 창안하신 쉐마교육의 위력이다. 한국인도 이를 본받아야 한다.	

엘이라는 나라를 건설한 이후 주변 강대국들과의 실전에서 실패를 했다면 하나님의 쉐마교육은 실패한 죽은 교육이 되었을 것이다.

따라서 예수님을 믿는 영적 유대인인 기독교인(갈 3:6-9)은 이 쉐마교육을 통해 자녀들에게 신앙을 전수하여 하나님 나라(제사장 나라)를 확장시킬 뿐만 아니라, 세상에서도 우뚝 설 수 있는 리더로 키우는 교육의 대안으로 적용해야 한다.

제4권 내용 더 엿보기

하나님은 유대인에게 출애굽 이후에 그들이 가나안에 들어가서 반드시 지켜야 할 절기들을 정해주셨다(레 23장). 왜 절기를 정해주셨는가? 앞에서 두 가지 목적, 즉 1) 구속사적 목적과 2) 교육학적 목적이 있다고 언급했다.

제2항을 인성교육학적, 구약의 지상명령 학적 및 영성교육신학적인 입장에서 좀 더 자세히 요약하면 다음과 같다.

첫째, 인성교육학적인 입장에서 절기는 유대 민족의 성경적인 수직문화를 새롭게 형성하게 하기 위함이다. 따라서 절기가 없다는 것은 수직문화가 없다는 것과 동일하다. 설사 절기가 있다고 해도 유대인처럼 철저하게 지키지 않는다면 수직문화가 그만큼 상대적으로 약해질 수밖에 없다. 수직문화는 한 개인이나, 국가 혹은 민족의 정체성과 현저한 상관관계가 있다. 따라서 정체성의 강도는 수직문화에 비례한다.

〈자세한 것은 저자의 저서 '현용수의 인성교육 노하우'(쉐마, 2015), 제1권 제2부 '인

성교육의 본질, 수직문화와 수평문화' 참조)

따라서 유대인은 각 절기마다 지켜야 할 구체적인 율법이 있고, 그 율법에 따라 철저하게 절기를 지키는 것은 유대인의 정체성을 형성하는 데 절대적인 역할을 한다. 따라서 절기 없는 유대인의 수직문화와 정체성은 상상할 수가 없다.

둘째, 수직선교적 입장에서 유대인의 모든 절기는 부모가 자녀에게 말씀을 전수하라(창 18:19; 신 6:4-9)는 구약의 지상명령을 실천하기 위한 도구, 즉 그릇이다. 절기 자체가 부모가 구약의 지상명령을 실천하기 위한, 또한 조상들의 고난의 역사를 기억하기 위한 교육의 장(場)이며 형식이며 그릇으로 디자인되었기 때문이다.

셋째, 영성교육신학적인 입장에서 유대인의 절기는 하나님과 이스라엘 백성과의 관계를 더 단단하게 맺어주는 도구다. 즉 절기는 유대인에게 하나님과 소통의 도구이며, 훈련과 교육의 도구다. 뿐만 아니라 가족과 타인과의 관계를 단단하게 맺어주는 도구이기도 하다. 하나님은 각 절기를 통하여 유대인에게 매년 하시고자 하시는 말씀을 반복적으로 기억하게 해 주신다.

따라서 절기 없는 유대인의 영성교육은 상상할 수가 없다. 따라서 유대인은 절기를 지킬 때 하나님의 명령에 따라 두렵고 떨리는 마음으로 철저하게 준비하고 지킨다.

어떤 이는 이렇게 질문할 수 있다. "유대인도 매일 읽는 토라와 매일 세 번 드리는 기도로 하나님과 소통하지 않느냐?" 물론 맞는 말이다. 그러나 하나님께서는 이것만으로는 충분하지 않다

유대인 절기가 주는 다양한 유익

인성교육학 측면	- 유대인의 수직문화(정체성)를 형성했음 - 종교적 신념을 표현하는 삶의 틀 형성 - 인성교육을 위한 훈련의 도구 (전인교육의 도구) - 고난의 역사를 기억하는 탁월한 도구 - 조상들의 희로애락을 균형 있게 반복 경험 (EQ교육)
수직 선교 측면	- 구약의 지상명령을 실천하기 위한 도구 (그릇) - 말씀을 자손에게 전달하는 도구이며 수단(vehicles) 〈다음세대를 잇는 도구〉
영성 및 성화 측면	- 하나님과 수직 소통하고 가족 및 타인과 수평 소통하는 도구 - 하나님의 교훈을 일평생 반복적으로 받는 기능 - 매년 정기적으로 죄를 회개하고 하나님께 감사하는 성화의 도구
결 론	유대인은 절기를 통해 자녀의 인성교육을 시키고, 하나님의 말씀과 전통과 역사(수직문화)를 다음세대에 전수한다. 따라서 유대인의 절기는 영혼과 IQ계발을 위한 전인교육의 장이며 그들의 수직문화를 다음세대에 전수하는 도구다.

〈본 도표의 내용에 대한 자세한 설명은 본서 제4부 제3장 I. 2. '절기의 교육학적 및 신앙적 유익' D항 참조〉

고 생각하셨다. 그래서 하나님은 각종 절기를 만드시고 철저히 지키라고 명령하셨다.

 개신교의 종교교육이 유대인에 비하여 부실할 수밖에 없는 이유도 전자에만 충실하고, 후자에는 매우 부실하기 때문이다. 더구나 기독교인은 성령이 충만할 때는 그나마 전자만으로도 몇 세대만은 하나님과의 관계가 원활 할 수 있었지만, 성령이 충만하지 못했을 때는 하나님과의 관계를 유지하기가 힘들었다.

 신약시대에 유대인이 성령을 받지 않았어도 2000년 동안 토라

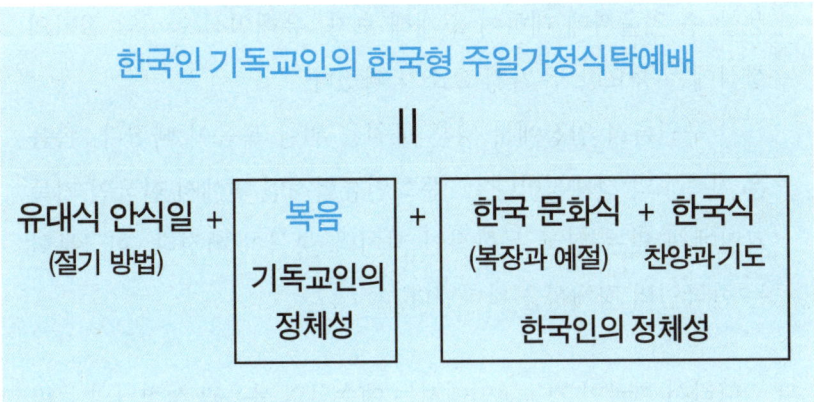

를 자손대대로 전수 할 수 있었던 것은 전자와 후자에 모두 충실했기 때문이다. 반면 기독교는 성령을 받았더라도 2000년 동안 세계 선교는 성공했을 지라도 자손대대로 신앙과 하나님의 말씀을 전수하는 데 실패했던 것은 후자가 결핍되어 있었기 때문이다.

따라서 앞으로 개신교도 성령의 능력을 힘입고 전자와 후자를 힘써 지킨다면 유대인보다 더 나은 신앙생활을 할 수 있을 것이다.

기독교인이 본받아야 할 유대인 절기에는 많은 장점과 특징들이 있다. 본서는 그것들을 자세히 열거하고 어떻게 한국인 기독교인들이 절기를 지켜야 할지에 대해 자세하게 설명했다.

〈본서 IX. 2. '유대인 절기의 신학적 및 교육학적 특징과 장점' 참조 그리고 각 절기에 대한 자세한 내용은 본서의 차례를 참조하기 바란다.〉

그리고 이상적인 한국인의 기독교식 절기 모형을 제시했다.

예를 들어 유대인의 안식일 절기를 어떻게 한국인 기독교에 적용할 수 있을까에 대하여 소개해 보자. 유대인식 안식일 절기의 형식에는 중요한 두 가지 요소가 빠졌다.

1) 구원론적 입장에서 영혼 구원을 위한 복음이 빠졌다. 복음은 기독교의 정체성이다. 2) 문화인류학적인 면에서 한국인 기독교인에게 맞는 한국 문화적인 가치와 형식이 빠졌다. 한국문화는 한국인의 정체성을 나타낸다.

따라서 한국인 기독교인에게는 예수님의 복음과 성령님의 능력을 더한 기독교식에 한국 문화를 첨가하여 한국인 기독교의 한국형 주일가정식탁예배로 드려야 한다. 이것이 바로 '신(新) 한국형 기독교인의 밥상머리교육'일 것이다. 그리고 마지막으로 부록1에서 왜 충효가 한국인의 인성교육의 근간이 되는지를 칼럼 형식으로 설명했다. 모두 수직문화라는 점에서 절기와 관계된 주제다.

요약하면, 유대인은 절기를 통해 자녀의 인성교육을 시키고, 하나님의 말씀과 전통과 역사(수직문화)를 다음세대에 전수한다. 따라서 유대인의 절기는 영혼과 IQ계발을 위한 전인교육의 장이며 그들의 강한 수직문화를 다음세대에 전수하는 도구다.

결론

결론적으로 한국인이 어려움을 겪고 있는 자녀들의 인성교육 문제들 중 하나는 수직문화를 형성하는 데 가장 중요한 요소들 중 하나인 조상들의 고난의 역사교육을 가정이나, 교회 혹은 학교에서 잘 가르치지 않기 때문이다.

고난의 역사교육은 하나님께서 유대인에게 가르쳐 주신 것이다. 때문에 이스라엘처럼 주변 강대국으로 둘러싸인 대한민국 국민들도 이를 당연히 본받아야 한다. 그래야 자신은 물론 가정과 교회 그리고 국가를 영원히 지켜나갈 수 있을 것이다. 이것이 본서를 집필하는 저자의 간절한 소망이다.

부족한 종에게 하늘 문을 여시고, 하나님의 지혜를 주셔서 구약의 지상명령을 발견하게 하시고 이를 성취하기 위한 고난의 역사교육신학의 비밀을 연구하여 정리하게 하신 우리 주 예수님에게 감사와 찬송과 영광을 돌린다.

그리고 바쁘신 중에도 서평을 써주신 김의원 박사님과 김진섭 박사님에게 감사드린다. 또한 늘 기도와 내조로 도와준 제 아내 황(현)복희와 네 아들; 승진(Stephen), 재진(Phillip), 상진(Peter), 호진(Andrew)이와 편집과 교정을 도와준 권혁재 목사, 황갑순 학제와 오규황 간사에게도 감사드린다.

2017년 12월 15일

예수님 오신 계절에

미국 West Los Angeles 쉐마교육연구실에서

저자 현용수

유대인은 절기를 통해 자녀의 인성교육을 시키고,
하나님의 말씀과 전통과 역사(수직문화)를
다음세대에 전수한다.
따라서 유대인의 절기는
영혼과 IQ계발을 위한 전인교육의 장이며
그들의 수직문화를 다음세대에 전수하는 도구다.

저자 서문 2: IQ-RQ 총서를 펴내며

무너진 교육의 혁명적 대안을 찾아서

왜 유대인의 IQ+EQ교육은
인성교육+쉐마교육인가

　현대인들은 교육의 문제점은 많이 지적하지만, 속 시원한 대안은 찾지 못하는 시대에 살고 있다. 저자는 오랜 연구 끝에 그 대안으로 온전한 인간교육을 위해 크게 두 가지가 필요하다는 사실을 깨달았다. 하나는 인성교육이고, 다른 하나는 종교교육이다. 기독교인을 예로 든다면, 인성교육을 바탕으로 한 성경적 쉐마교육(기독교교육)을 해야 한다는 것이다.

　따라서 전체 기독교교육은 예수님을 믿기 이전과 이후로 나뉘는데, 이전에는 인성교육을, 이후에는 쉐마교육을 시켜야 한다. 그래서 유대인 자녀교육《IQ는 아버지 EQ는 어머니 몫이다》총서는 유대인을 모델로 한 인성교육론 편과 쉐마교육신학론 편으로 나누어 정리했다. 물론 두 가지 주제는 하나님께서 저자에게 주신 지혜로 개척한 새로운 학문의 영역이다

인성교육론 편(인성교육 노하우 시리즈)
예수님을 믿기 이전: 왜 인성교육은 Pre-Evangelism인가?

'인성교육론 시리즈'는 전체 8권으로 출간 되었다. 1. 문화와 종교교육(저자의 박사 학위 논문), 2. 현용수의 인성교육 노하우(전 4권), 3. 현용수의 쉐마교육 개척기. 4. 가정 해체로 인한 인성교육 실종 대재앙을 막는 길. 5. 유대인이라면 박근혜의 위기 어떻게 극복할까, 등이다. 8권의 내용은 현대교육의 근본적인 문제점을 분석하고, 해결 방안을 제시한다. 즉 다음 네 가지 질문에 답을 준다.

Q 1. 일반 교육학적 질문: 가르치고 가르쳐도 왜 자녀가 달라지지 않는가? 왜 현대교육은 점점 발달하는데 인간은 점점 더 타락하는가?

그것은 IQ교육 위주의 현대교육은 인성교육에 꼭 필요한 세 가지를 놓치고 있기 때문이다.

- 어떻게 자녀들에게 깊이 생각하게 하는 교육을 시킬 수 있을까?
- 어떻게 자녀들이 바른 행동을 하게 할 수 있을까?
- 수직문화의 중요성과 수평문화의 위험성은 무엇인가?

Q 2. 문화인류학적 질문: 왜 한국인 자녀들이 서양 문화에 물들고 있는가?

한국의 젊은 세대는 거의가 한국인의 문화적 및 철학적 정체성의 빈곤에 처해 있다. 부모들이 인성교육의 본질이 수직문화인지를 모르고 가르치지 않았기 때문이다. 그 결과 세대 간의 가치관 차이가 너무나 다르다. 북미주 한인 2세 자녀들이 부모가 섬기는 교회를 떠난다.

Q 3: 기독교인의 인성 문제: 왜 예수님을 믿는다고 하면서 사

람의 근본은 잘 변하지 않는가?

많은 기독교인들이 예수님만 믿으면 모든 인성교육이 잘되는 줄 알고 있다. 그러나 모두 그런 건 아니다. 왜 유교교육을 받은 가정의 어린이들이 기독교교육을 받은 어린이들보다 더 예의 바르고 효자가 많을까? 예수님을 믿고 성령의 은사가 많았던 고린도교회는 왜 데살로니가교회보다 도덕적인 문제가 더 많았을까?

Q 4. 기독교의 복음주의적 질문: 왜 현대인들에게 전도하기가 힘든가?

왜 기독교 가정에서 2세들이 대학을 졸업하면 90% 이상 교회를 떠나는가? 교회학교 교육이 천문학적인 투자에도 불구하고 90% 이상 실패하는 이유는 무엇인가? 왜 현대(2000년대)에는 1970년대 이전보다 복음 전하기가 더 힘든가? 아마 생각 있는 교육자라면 모두가 이런 고민을 안고 살았을 것이다.

한 인간의 마음이 예수님을 믿기 이전 인성교육, 즉 복음적 토양교육이 잘못되었기 때문이다. 예수님의 '씨 뿌리는 자의 비유'에서 말씀하신 네 가지 종교성 토양(길가, 돌밭, 가시떨기, 옥토) (눅 8:4~15) 중 옥토이어야 복음을 영접하기도 쉽거니와 구원을 받은 후 예수님을 닮는 제자화도 되기 쉽다는 말이다. 이를 'Pre-Evangelism'(예수님을 믿기 이전의 복음적 토양 교육)이라 이름했다.

> 현용수의 인성교육론은
> **인성교육**의 **원리**와 **공식**을 제공한다

쉐마교육신학론 편(쉐마교육 시리즈)
예수님을 믿은 후: 왜 쉐마교육은 Post-Evangelism인가?

예수님을 영접한 사람에게는 하나님의 형상을 닮아가는 기독교교육을 시켜야 한다. 이를 '성화교육' 혹은 '예수님의 제자교육'이라고도 한다. '신의 성품'(벧후 1:4)에 참여하는 자(partakers of the divine nature)가 되는 과정이다. 이를 'Post-Evangelism'(예수님을 믿은 이후의 성화교육)이라 이름했다.

교육의 내용은 신·구약 하나님의 말씀이다. 예수님 믿기 이전의 좋은 인성교육이 마음의 옥토를 준비하는 과정이라면, 복음과 하나님의 말씀은 그 옥토에 심어야 하는 생명의 씨앗이며 기독교적 가치관이다〈물론 기독교 가정에서 태어난 자녀에게는 어려서부터 인성교육과 쉐마교육을 함께 시켜야 한다〉.

저자는 성경적 기독교교육의 본질과 원리를 유대인의 선민교육에서 찾았고 그 내용과 방법이 바로 구약의 '쉐마'에 있음을 발견했다. 즉 성경적 교육신학의 본질과 원리가 '쉐마'에 있다는 것이다.

'쉐마'는 한 마디로 부모가 자녀에게 말씀을 가르쳐, 자손 대대로 자녀를 말씀의 제자 삼으라는 '구약의 지상명령'이다〈저자의 저서 《잃어버린 구약의 지상명령 쉐마》(쉐마, 2006, 2009), 제1권 제1~2부 참조〉. 유대인이 아브라함 때부터 현재까지 4,000년 간 하나님의 말씀을 후대에게 전수하는 데 성공한 것은 자녀를 말씀의 제자 삼는 쉐마교육에 성공했기 때문이다〈물론 신약시대는 영적 성숙을 위해 신약성경도 필요함〉.

인성교육(Pre-Evangelism)이 부실하면 복음 받기와 제자교육(Post-Evangelism)이 힘들지만(상), 튼튼하면 복음 받기와 제자교육이 쉽다(하).

1항과 2항이 새로 개척한 학문의 영역이다. 자세한 것은 '현용수의 인성교육 노하우' 제2권 제2부 제4장 Ⅱ. 2 '기독교교육의 새로운 영역: 종교성 토양 교육' 참조.

여기에서 "왜 기독교교육에 유대인 선민교육이 필요한가?"란 질문이 대두 된다. 신약시대에 복음으로 구원받은 하나님의 선민인 기독교인은 영적 유대인(갈 3:6~9)으로 구약에 나타난 선진들(예; 모세, 다윗, 에스라)의 믿음생활과 쉐마교육을 본받아야 한다(히 11장).

예수님도 유대인으로 태어나셔서 유대인의 선민교육(쉐마교육)을 받고 자라셨으며 제자들에게도 그 교육을 시켰다(마 23:1~4).

〈더 자세한 내용은 저자의 저서 '부모여 자녀를 제자 삼아라' (쉐마, 2018), 제1권 제1부 '기독교교육에 유대인 자녀교육이 필요한 이유' 참조〉

기독교의 제자교육에는 교회에서 타인을 제자 삼는 수평적 제자교육과 가정에서 자녀를 제자 삼는 수직적 제자교육, 두 가지가 있다. 유대인의 쉐마교육에는 전도에 필요한 복음은 없지만, 자녀를 제자 삼는 교육의 원리와 방법이 있다. 이 원리와 방법은 타인을 제자로 삼는 데도 적용할 수 있다.

먼저 가정에서 자녀를 제자 삼은 후에 타인을 제자 삼는 지도자가 성경적 지도자의 모델이다(딤전 3:2-5). 즉 가정에서 쉐마를 실천하는 가장이어야 교회의 지도자가 될 수 있다는 말이다. 이것은 가정 목회에 실패한 사람은 교회 지도자가 될 수 없다는 말이다.

저자는 구약의 지상명령, 쉐마를 성취하기 위해 필요한 쉐마교육신학들을 다음과 같이 정리했다.

쉐마교육신학론 주제들 (쉐마교육 시리즈)

1. 왜 유대인의 선민교육이 기독교교육에 필요한가?
2. 구약의 지상명령 쉐마 (교육신학)
3. 자녀신학
4. 유대인의 가정교육 (가정신학)
5. 유대인의 아버지 교육 (아버지신학, 경제신학)
6. 유대인의 어머니 교육 (어머니신학)
7. 유대인의 결혼 및 성교육 (부부·성신학)
8. 유대인의 효도교육 (효신학)
9. 유대인의 고난의 역사교육 (고난의 역사신학)
10. 절기 교육 (절기 신학) 등

이것은 구약성경에 근거한 기독교교육의 새로운 패러다임이며 대안이다. 또한 개혁주의 입장에서 신약 교회가 적용할 수 있도록 정리했다.

왜 인성교육론이 'Know-Why'라면 유대인의 쉐마교육신학론은 'Know-How'인가?

유대인 자녀교육의 우수성은 이미 역사를 거듭하면서 증명되었다. 그러나 두 가지 의문이 아직까지 남아 있다. 첫째, 그것이 왜 우수한지에 대한 교육학적, 심리학적 및 철학적 이유를 설명하지는 못했다. 둘째, 왜 유대인 자녀교육이 기독교교육에 필요한지 그 이유를 설명할 수 있는 확실한 교육신학적 해답을 제공하는 데 미흡했다.

두 가지 의문 중 전자에 대한 답이 '인성교육 노하우 시리즈'라면, 후자에 대한 답은 '쉐마교육 시리즈'다. 왜 유대인 자녀교육이 한국인에게 필요한지를 설명한 '인성교육 노하우 시리즈'가 'Know-Why'라고 한다면, '쉐마교육 시리즈'는 'Know-How'가 될 것이다. 원인을 밝히고 당위성을 설명하는 'Know-Why'가 있기에 쉐마교육인 'Know-How'가 더 힘을 받아 자신과 자신의 가정, 그리고 교회에서 적용할 수 있다.

현재까지 천문학적 돈을 교육에 투자하고도 교육의 열매가 바람직하지 못한 것은 교육의 원리와 공식을 발견하지 못했기 때문이다. 물론 현대 기독교교육의 이론이 모두 필요 없다는 뜻은 아니다. 인간교육과 교회성장 위기의 근본 대안이 '인성교육 + 쉐마교육'이라는 뜻이다.

처음 국민일보에서 초판 2권(1996년, 23쇄), 조선일보에서 개정 2판 전3권(1999년, 19쇄)으로 출간됐던 유대인 자녀교육서 《IQ는 아버지 EQ는 어머니 몫이다》가 하나님의 은혜와 교계의 열화 같은 성원에 힘입어 지금까지도 스테디셀러인 것에 감사드린다.

그러나 소수이긴 하지만 목회자들과 신학자들께서 까다로운 질문도 했다. 그도 그럴 것이 구원론과 관계없는 인성교육에 관한 수직문화와 수평문화에 대해, 그리고 기독교가 2000년간 원수처럼 여겼던 복음도 없는 유대인의 교육을 이해하기란 쉽지 않았을 것이다. 덕분에 저자는 계속 연구에 연구를 거듭하는 계기가 되었다.

긴 학문의 순례를 마치는 기분이다. 처음 개척한 두 가지 학문의 영역이기에 더 많은 연구가 필요하다. 그리고 쉐마가 주님의 종말을 준비하는 세계선교까지 가려면 갈 길은 아직 멀었다. 이제 하나님의 은혜로 많은 오해도 풀렸다. 많은 쉐마 동역자들의 도움으로 쉐마교육이 파도처럼 번지고 있다.

이 책을 집필하는 데 많은 정통파 유대인 학자들이 특별한 도움을 주었다. LA 예시바대학교 학장이시며 사이먼 위센탈 센터 국제 본부장이신 랍비 마빈 하이어와 랍비 쿠퍼 부학장님, 그리고 탈무드 교수이며 로욜라대학교 법대 교수인 랍비 애들러스테인 부부와 그 가정, 서기관 랍비 크래프트 씨 부부와 그 가정에 심심한 사의를 표한다. 이들의 특별한 도움이 없었으면 저자의 연구는 완성될 수 없었다.

저자의 논문 지도교수이셨던 바이올라대학교 탈봇신학대학원의 윌슨 박사님과 풀러 선교신학대학원의 저자의 선교학(Ph.D.) 지도교수이자 유대교 교수였던 글래서 박사님에게 특별히 감사드린다. 그리고 저자를 물심양면으로 도와주신 이영덕 전 총리님과 김의환 총장님, 그리고 고용수 총장님 및 국내외 많은 교계 어른들과 쉐마교육연구원 동역자님들께 감사드린다.

저자를 키워주신, 고인이 된 어머님과 형님 내외분께도 감사드린다. 지금도 내조를 아끼지 않는 아내 황(현)복희, 그리고 내일의 희망인 네 아들 승진(Stephen), 재진(Phillip), 상진(Peter), 호진(Andrew)에게도 감사한다.

이 책들은 방향 없이 혼란스런 교육의 시대에 참교육을 갈구하는 독자들에게 뚜렷하고 확실한 대안을 제시할 수 있다고 확신한다. 이 연구는 분명히 하나님의 지혜로 하나님이 하셨다. 세세토록 영광 받으실 오직 우리 주 예수님께만 감사와 찬송과 영광을 드린다.

2017년 12월 15일

예수님 오신 계절에
미국 West Los Angeles 쉐마교육연구실에서

저자 현용수

Book Review

《유대인의 고난의 역사교육》을 읽고

- '광야의 고난'을 교육신학적으로 예리하게 분석하고 정리한 책
  - 김의원 박사 〈구약학, 전 총신대 총장〉

- '고난교육'의 성경신학적의미를 광야교회에서 찾은 필독서
  - 김진섭 박사 〈구약학, 백석대 백석정신아카데미 부총재〉

> 서평

'광야의 고난'을 교육신학적으로
예리하게 분석하고 정리한 책

김의원 박사 (전 총신대 총장, 구약학)

- **전** 총신대학교 총장
- 쉐마목회자클리닉 15기 수학
- 복음주의신학회 회장 역임
- 미국 뉴욕대학교(Ph.D., 히브리어, 유대학)
- 미국 웨스트민스터 신대원(Th.M., 구약)
- 미국 웨스트민스터 신대원(M.Div.)
- 총신대학교 신대원(M.Div.)

〈편집자 주: 고난의 역사교육신학 시리즈가 전5권이어서, 서평자가 일일이 서평을 쓰기가 번거로워, 첫째 권 서평으로 나머지 4권의 책 서평들을 대신한다. 따라서 본서의 내용과 상관 없는 내용이어도 양해를 구한다.〉

하나님은 어떻게 가장 천한 노예 출신 이스라엘을 열방 가운데서 '제사장 나라' 곧 제사장들처럼 성별된 나라로 만드셨는가? 그 답은 젖과 꿀이 흐르는 가나안 땅으로 인도하기 전에 '광야학교'에서 40년씩이나 반복하여 가르쳤던 인성교육에 있다.

그들은 40년 동안 광야를 지나면서 무엇을 보았는가? 모든 사람이 다 '눈'을 가지고 바라보지만, 문제는 무엇을 보았느냐에 있다. 광야와 같은 인생길을 걷노라면 축복도 누리지만 때로 원치 않는 고난도 겪기 마련이다. 왜냐하면 광야는 사통팔달, 곧 모든 방향으로 열려 있는 공간이기 때문이다. 넓은 광야는 무엇이나 해볼 수 있는 약속으로 꽉 찬 땅이다.

Book Review 55

그러나 동시에 광야는 모든 위험이 존재하고 개화되지 않은 거친 땅이기도 하다. 실제로 이스라엘 백성은 시내 광야 40년간 약속과 위험을 번갈아 경험한다. 기갈의 위험이 있는가 하면 바위에서 생수가 솟는 약속을 체험했고, 굶주림의 위험을 당했는가 하면 신비로운 양식인 만나라고 하는 약속을 체험하기도 하였다. 하나님을 반역하다가 불뱀의 위험을 맛보기도 하고 하나님의 구원과 은혜의 상징인 구리뱀의 약속도 경험한다. 그들이 체험한 약속과 위험의 예는 광야생활에서 수없이 반복되었다. 이처럼 광야는 위험과 약속의 교차하는 곳이다. 위험과 약속이 동시에 몰려 올 때 그것을 위기라고 부른다.

성경이 단순히 '위험'만을 말한다면 기독교는 '수호신의 종교' 밖에 안 된다. 한국의 택시 운전사들이 사무엘이 기도하는 성화를 걸어 놓으면 교통사고가 나지 않을 것을 믿는 것과 다를 바가 없다. 반면에 성경이 단순히 '약속'만을 말했다면 허다한 기복종교들 중의 하나가 되어 병과 사업 번창과 아들 딸 낳고 오래 사는 이기적인 목적만을 일삼게 된다.

그러나 성경은 위기의 상태, 즉 위험과 약속이 공존하는 장소인 광야를 말한다. 따라서 이 광야에서 배우는 것은 피난처와 안식처만을 찾아 헤매는 수호신의 종교도 극복하고 나의 욕심을 만족시키는 기복종교, '주세요. 주세요.'하는 종교도 극복하고 "하나님만을 신뢰하는 태도" 즉 신앙을 배우는 것이다. 사람이 빵으로 사는 것이 아니라 하나님의 말씀으로 산다는 진리는 광야가 아니고는 배울 수가 없다(신 8:3). 다시 말해서 위험과 약속,

시련과 은혜, 절망과 소망, 그리고 흑암과 빛이 교차되는 위기와 긴장의 장소, 광야에서만 진정한 신앙이 발생될 수 있다.

이처럼 광야학교는 장소, 과목, 그리고 선생이 정해진 정규학교가 아니다. 비정규 훈련학교이다. 정해진 과목도 없고 정해진 선생도 없다. 고난을 단지 누구나 겪게 되는 어려움 정도로만 여긴다면 배움의 기회를 상실하게 된다. 내가 만나는 사람, 내가 처한 환경, 내가 겪는 사건들 모두가 나의 교실이요 교과 과목이요 교사이다.

이런 환경에서 물어야 할 주된 질문은 한 가지이다. '주여, 이것을 통하여 저에게 무엇을 가르치기를 원하십니까?' 단순히 겪는 사건과 환경이 아니라 하나님이 나를 훈련시키기 위한해 교육방법이다. 성경의 아브라함, 요셉, 모세, 다니엘이 그리하였다. 그들은 고난을 탓하지 않고 그곳에서 하나님의 인도하심을 배웠다.

위기가 항존하는 광야와 같은 고난 속에서 무엇을 보는가? 하루 종일 일하는 일터에서, 사건과 고통으로 얼룩진 사회에서, 기쁨과 슬픔이 교차하는 가정에서 무엇을 배우는가? 이에 대한 좋은 지침으로 현용수 박사가 "*하나님의 독수리 자녀교육*(부제: *현용수의 고난교육신학*)"을 출간하였다. 그는 성경 속 광야에서 이스라엘 민족 뿐 아니라 현금의 유대인 교육에서 하나님이 주시는 '고난'의 목적과 의미, 방법, 그리고 마침내 축복을 교육신학적 입장에서 예리하게 분석하고 정리했다. 고난과 역경을 통해 배우는 하나님 말씀의 순종이 우리를 젖과 꿀이 흐르는 가나안으로 인도할 것이다.

서평

'고난 교육'의 성경신학적 의미를 광야교회에서 찾은 필독서

김진섭 박사 (Ph.D., 구약학)

- 백석대 백석정신아카데미 부총재
- 쉐마교육학회 회장
- 쉐마교사대학 9회 졸업
- 복음주의 구약학회 회장
- 미국 Dropsie 대학교 고대근동학(M.A., Ph.D.)
- 미국 Covenant 신학대학원 구약학(Th.M.)
- 고려신학대학원 목회학(M.Div.)
- 서울대학교 농화학과(BA)

〈편집자 주: 고난의 역사교육신학 시리즈가 전5권이어서, 서평자가 일일이 서평을 쓰기가 번거로워, 첫째 권 서평으로 나머지 4권의 책 서평들을 대신한다. 따라서 본서의 내용과 상관 없는 내용이어도 양해를 구한다.〉

현용수 목사님은 미주 동포 2세교육의 방향을 제시하는 연구 논문으로 박사학위를 받고(1990), 그 학위 논문을 개정하여 「문화와 종교교육」(1993)이란 저서를 펴냈다. 그리고 그 모델로 유대인 자녀교육을 연구하여 「IQ는 아버지 EQ는 어머니 몫이다」(1996)를 비롯하여 2014년 현재까지 '인성교육론' 시리즈 7권, '쉐마교육신학론' 시리즈 20권, 도합 27권의 책과 탈무드 시리즈 번역서 7권을 출간하였다.

가정 해체의 원인과 대책도 규명하지 못하는 국내외 현실 속에서, 현용수 박사는 지난 20년 동안 일관해 온 34권의 저술과 국내외에서 개최된 '쉐마지도자클리닉'에서 혼신의 힘을 다하는 강연들을 통하여, 교육 문제에 대한 성경적 해법, 유대인 교육법의 소개, 그리고 특별히 한국인의 문화와 종교에 적합한 제언들을 해 왔다. 그 동안 배출된 제자들을 통하여 이제 서서히 가정회복 운동이 일어나며 건강한 교회 성장의 열매를 국내외적으로 시위하게 되었으니, 그 동안의 노고에 감사의 박수를 보낸다.

현 박사님의 지난 20년간 집필과 교육은 "3대를 잇는 교회 같은 가정과 가정 같은 교회"를 만드는 데 크게 공헌했다. 여기 '3대'는 "아브라함과 이삭과 야곱의 하나님"(출 3:16; 행 3:13; 7:32), "너와 네 아들과 네 아들의 아들"(신 6:2), "너와 네 씨와 네 씨의 씨"(사 59:21)로 표현되는 동시대적이지만 세대차가 전혀 없기에 결국 '천 대'(출 20:6 = 신 7:9; 대상 16:15; 시 105:8) 내지 '대대로'(욜 3:20) 하나님께서 복음의 '모든 선한 일'을 위해 귀히 쓰시기에 온전히 '깨끗한 그릇'(딤후 2:21)을 준비하는 것이다.

지금까지 집필해 온 "구약의 지상명령, 신앙명가, 한국형 주일가정식탁예배, 부모의 자녀 인성과 쉐마교육, 자녀의 효도교육, 자녀를 제자삼기, 유대인 아버지의 4차원 영재교육과 유대인 어머니의 EQ교육, 결혼과 성" 등에서 명쾌한 이론과 구체적인 방법을 제시한 결과 이에 따른 가정과 교회의 임상적 실천이 가능했고, 그 열매들로 3대를 이어 하나님이 귀히 쓰시는 인물을 양육하게 하고 있다.

디도서 2장 11-14절을 주목하여 살펴보시기 바란다.

[11]모든 사람에게 구원을 주시는 하나님의 은혜가 나타나, [12]우리

> 를 양육하시되, 경건치 않은 것과 이 세상 정욕을 다 버리고, 신중함과 의로움과 경건함으로 이 세상에 살고, [13]복스러운 소망과 우리의 크신 하나님, 구주 예수 그리스도의 영광이 나타나심을 기다리게 하셨으니, [14]그가 우리를 대신하여 자신을 주심은 모든 불법에서 우리를 속량하시고 우리를 깨끗하게 하사, 선한 일을 열심히 하는 자기 백성이 되게 하려 하심이라.

하나님이 귀히 쓰시는 인물을 양육하심에는 반드시 공존할 수 없는 '아니요'(피하라)라고 해야 할 항목과 '예'(따르라)라고 해야 할 항목에 대한 인간 편에서의 자유의지와 그에 따른 선택과 책임을 요구한다. 왜냐하면 하나님은 이렇게 권면하고 계시기 때문이다. "누구든지 이런 것에서 자기를 깨끗하게 하면 귀히 쓰는 그릇이 되어 거룩하고 주인의 쓰심에 합당하며 모든 선한 일에 준비함이 되리라. 또한 너는 청년의 정욕을 '피하고', 주를 깨끗한 마음으로 부르는 자들과 함께 의와 믿음과 사랑과 화평을 '따르라'"(딤후 2:21-22).

모든 인간은 빛보다 어둠을 더 사랑하는 '죄성'을 가지고 태어난다. 따라서 정통파 유대인들은 모세오경에서 하나님의 형상을 닮게 하고, 죄를 짓지 않게 하기 위하여 '하라'는 248계명과 '하지 말라'는 365 계명의 목록을 만들었다. 그런데 인간은 '하라'하면 하지 않고(omission), '하지 말라'하면 해버리는(commission) 영적 청개구리 같은 '자범죄'를 지으며, 썩어져가는 '죄악의 습관'을 낳는다.

때문에 하나님은 온갖 형태의 이러한 불순물을 제거하고 온전히 하나님의 계명을 순종하도록 하나님의 백성에게는 먼저 성령님이 심령에 오시는 영적 출생인 '중생의 씻음'(딛 3:5)과 그 이후 "Help me; Tell me; Show me; Follow me!"라는 영적 성장을 위한 '성령님의 새롭게 하심'(딛 3:5)을 주셨다. 또한 성령님은 깨끗한 그릇으로서 귀히 사용되기에 필요한 은사와 능력을 풍성히 부어 주시고(딛 3:6), 양육 과정 속에 개인적이든 공동체적이든 '고난'이라는 실제적인 용광로를 통과하게 하신다(욥 23:10; 벧전 1:6-7).

본서는 바로 하나님이 양육하시는 인물과 민족에게는 필수 과목으로 흔히 "채찍, 가시, 올무, 그리고 덫"이라고 성경이 표현하는 다양한 형태의 '고난 교육'이 있음을 시리즈로 소개하는 첫 번째 책이다. 특별히 하나님이 구약의 이스라엘과 신약의 교회를 선택하여 "하나님의 보물(세굴라; '소유'라는 한글번역의 원어), 제사장 왕국, 그리고 거룩한 백성"(출 19:5-6; 벧전 2:9)을 만들어 가시는 과정을 모세오경이 밀하는 "출애굽과 시내광야 40년의 고난교육"을 중심으로 설득력 있게 고찰한다.

구약의 이스라엘(광야교회)과 신약의 교회는 그 실체에 있어 동일하다는 개혁주의 언약신학의 구원론-교회론적 입장에 서서, 왜 시내광야가 하나님이 거하시는 교회인지(제1부 제1장)와 신명기 8장 1-4절을 중심으로 광야교회의 목적, 방법, 결과를 성경신학적, 인성교육학적, 심리학적, 그리고 문화인류학적인 입장에서 분석하며(제2장), 하나님의 인물 양육을 위한 인간교육의 6단계를 소개하고 결론을 내린다(제3장).

특별히 본 저서의 공헌 점을 몇 가지 지적해 본다면, (1) 족장시대의 가정 중심의 고난교육과 이스라엘 민족 중심의 광야 고난교육이 왜, 어떻게 차별되고 있는지와, (2) "노예 민족에서 독수리 민족"이란 표제 아래 각 주제마다 그리스도인에게(혹은 비 그리스도인들의 인성교육에도) 어떻게 적용할 수 있는지를 설명한 것은 탁월한 통찰력으로 평가된다.

뿐만 아니라 (3) "믿음과 마음을 시험하고, 두렵게 하며, 주리게 하고 위험한 광야를 통과하게 하신" 하나님의 고난교육을 통해 형성된 인성교육의 핵심인 '겸손'과 (4) 하나님을 인격적으로 경험하고 순종하면서 형성된 '강인한 정신력', 그리고 (5) 하나님의 백성으로서의 독특한 신본주의적 수직문화를 형성하기 위한 신앙적인 인성교육(성막교육, 율법교육, 절기교육)에 대한 논의는 오늘에 이르도록 형성된 유대인의 특이성을 이해하게 해준다.

그리고 왜 그들이 살고 있는 지역의 공동체마다 고난의 역사교육 박물관을 만들었는지를 깨닫게 해준다. (6) 더 나아가 이런 하나님의 교육은 소위 '제2의 유대인'이라 불리는 세계 최다 180개 국가에 750만 디아스포라를 가진 한국인의 인물 양육론에 큰 도전과 제언을 제공한다.

앞으로 계속될 시리즈의 제2탄을 기대하면서, 모세오경의 출애굽과 광야여정을 통해 조명한 "고난 교육의 성경신학적 의미"가 그리스도인들에게 필독 지침서로 자리매김하게 될 것을 확신하면서 널리 추천하는 바이다. 그리고 고난교육은 세상의 유일한 소금과 빛인 그리스도인들에게 자신의 가정 3대를 성전으로 삼아 자손 대대로 교회와 사회와 국가와 세계를 품고 살려야 할 시대적 인물을 양육하는 데 필수과목으로 자리매김해야 할 것을 권한다.

제4부

유대인의 고난의 역사교육 방법

이전의 제3권 내용입니다
제1장 자녀들은 질문하고 아비는 설명하라
- 신명기 32:7절을 중심으로 -
제2장 유대인은 끝까지 악을 물리쳐 정의를 구현한다
〈독일과 일본의 역사인식이 다르게 형성된 원인 연구〉

본서 제4권의 내용입니다
제3장 절기를 통한 유대인의 고난의 역사교육 〈절기 신학〉
〈고난의 역사교육학적 입장에서 본 유대인의 절기 연구〉

이어질 제5권의 내용입니다
제4장 고난의 역사 현장 교육
제5장 고난의 역사 박물관 교육
제6장 고난의 역사를 기억하게 하는 교육 방법을 창안

제4부 일러두기

왜 신약교회는 2000년 동안 복음을 만방에 전파하는 세계선교에는 성공했는데, 자손 대대로 하나님의 말씀을 전수하는 데는 실패했는가? 그런데 유대인은 어떻게 아브라함 때부터 현재까지 4000년 동안 자손 대대로 하나님의 말씀을 전수하는 데 성공했는가?

신약교회는 구약의 지상명령을 잃어버렸고 유대인은 구약의 지상명령을 실천했기 때문이다.

- 구약의 지상명령을 실천하는 데 고난의 역사를 기억하는 교육이 왜 필요한가?
- 고난의 역사를 기억하는 교육에 왜 절기교육이 필요한가?

제3장 일러두기

유 대인에게는 3대 절기(유월절, 오순절, 초막절) 이외에도 매우 많다. 이스라엘의 절기는 크게 월력에 따른 절기, 특별한 사건에 따른 절기 그리고 농사와 관련된 절기 등으로 구분할 수 있다.

월력에 따른 절기는 안식일(출 16:22-30), 안식년(레 25:2-7), 희년(레 25:8-55), 초하루(월삭)(민 10:10), 나팔절(신년)(레 23:23-25), 속죄일(레 23:27-32) 등이 있다. 특별한 사건에 따른 절기는 유월절(출 12:1-28), 무교절(출 12:15-20), 수전절(하누카, 요 10:22-23), 부림절(에 9:17-32) 등이 있다. 그리고 농사와 관련된 절기는 초실절(레 23:9-14), 칠칠절(오순절)(레 23:15-21), 장막절(초막절, 수장절)(레 23:33-43), 거룩한 대회(Sacred Assembly, 레 23:36) 등이 있다.

이 외에도 신약시대에 유대인이 만든 절기도 있다. 이스라엘의 식목일(2월 11일), 현충일(5월 1일), 독립기념일(5월 14일), 욤 예루살라임(5월 24일, 6일 전쟁 기념일) 및 티샤베아브(본서 VIII항 참조) 등이다(http://blog.daum.net/_blog/BlogTypeView.do?blogid=0DCNU&articleno=5243&_bloghome_menu=recenttext).

이 많은 절기를 모두 다루는 것은 지면상 불가능하다. 따라서 여기에서는 주로 고난의 역사교육학적인 입장에서 안식일, 로쉬하샤나와 욤키푸어, 초막절, 부림절, 유월절, 오순절 그리고 티샤 바브 등만 다룬다.

제3장

절기를 통한 유대인의 고난의 역사교육 〈절기 신학〉
〈고난의 역사교육학적 입장에서 본 유대인의 절기 연구〉

I. 서론
II. 안식일은 가장 기본 절기다
III. 로쉬하샤나와 욤키푸어를 통한 고난의 역사교육
IV. 초막절을 통한 고난의 역사교육
V. 부림절을 통한 고난의 역사교육
VI. 유월절을 통한 고난의 역사교육
VII. 오순절을 통한 고난의 역사교육
VIII. 티샤 바브를 통한 고난의 역사교육

I 서론

1. 하나님이 '여호와의 절기'를 제정하신 두 가지 목적

저자는 현용수의 고난교육신학 시리즈 제2권에서 이방인의 역사와 유대인의 역사는 확연히 다르다고 했다. 그리고 왜, 얼마나 다른지를 설명했다(『유대인의 고난의 역사교육』(현용수, 쉐마, 2015) 제3부 제2장 III. '유대인의 역사와 이방인의 역사의 차이' 참조).

이방인의 역사는 그들만의 세상의 역사이지만, 유대인의 역사는 하나님이 선택하신 백성들의 역사다. 그들의 역사에는 하나님이 인간을 사랑하셔서 그들을 구속하시려는 의도가 모든 면에 배어 있다. 때문에 신약시대에 예수님을 주님으로 믿고 고백하는 모든 이방 기독교인들에게도 구약성경은 하나님의 감동으로 된 책(딤후

3:16; 히 4:12)으로 하나님의 영성이 동일하게 그대로 전해지고 있다.

이것은 무엇을 뜻하는가? 유대인의 절기 역시 이방인의 절기와 확연히 다르다는 것을 뜻한다. 성경에 근거한 유대인의 절기는 사람이 제정한 것이 아니라, 우주를 창조하신 여호와 하나님께서 직접 제정하셨다. 따라서 하나님은 그 절기들을 '여호와의 절기'라고 말씀하셨다.

> 여호와께서 모세에게 일러 가라사대 이스라엘 자손에게 고하여 이르라. 너희가 공포하여 성회를 삼을 여호와의 절기는 이러하니라. (레 23:1-2)

〈저자 주: 유대인의 절기들 중 성경에 근거하지 않은 것들도 있는데, 그것들은 유대인이 만든 것들이다〉

'성회를 삼을 여호와의 절기'(레 23:2b)는 어떤 절기를 말하는가? '성회'(holy convocations, KJV)는 히브리어로 '미크레이 코데쉬'(מקרא קדש)이다. '거룩한 부름(소집)'을 뜻한다. 하나님께서 백성을 부르시는 것이다. '절기'(the feasts, KJV)를 뜻하는 히브리어는 '모에드'(מועד)이다. '정기적인 만남(appointed time)'을 뜻한다〈이상근, 레위기-민수기(상) 주석, 1995〉. 따라서 여호와의 절기는 '하나님께서 이스라엘 백성들에게 지키라고 특별히 정해 놓은 시기에 불러 모은 거룩한 축제일(festival)'을 뜻한다.

따라서 유대인 절기의 가치가 절대적인 데 비해 이방인 절기의 가치는 상대적이다. 유대인이 그만큼 여호와의 절기를 철저하게 지키려는 이유가 여기에 있다.

하나님께서는 왜 절기들을 제정하셨는가? 하나님께서 쓸 데 없는 것을 만드시고 지키라고 명령하셨겠는가? 아니다. 하나님의 백성에게 반드시 필요한 목적이 있기 때문에 제정하셨다. 두 가지 중요한 목적이 있다.

첫째, 하나님은 절기를 인류를 구속하시려는 구속사적 목적으로 제정하셨다.

구약의 절기는 신약의 그림자(히 9:24, 10:1)로 하나님의 구속의 타임(때) 스케줄과 그 의미를 보여준다. 따라서 구약의 절기를 모르면 하나님의 인류 구원의 계획을 잘 설명할 수 없다.

절기장으로 부르는 레위기 23장에는 여호와의 절기들을 이렇게 소개한다. 안식일(3), 유월절과 무교절(4-8), 초실절(9-14), 칠칠절(오순절)(15-22), 나팔절(23-25), 대속죄일(26-32), 초막절(33-44) 등이다. 안식일을 제외한 나머지 일곱 절기는 예수님의 공생애 일정을 상징적으로 설명해주고 있다.

유월절은 그리스도의 죽음, 무교절은 그리스도의 고난에 동참, 초실절은 그리스도의 부활(고전 15:20), 칠칠절(오순절)은 성령 강림(그리스도의 다른 형태, 보혜사(요 14:16)), 나팔절은 그리스도의 강림, 대속죄일은 그리스도의 심판과 속죄, 초막절은 그리스도와 함께 거하는 안식을 상징한다. 〈자세한 설명은 본서에서 생략한다.〉

이것은 하나님의 주권 안에 속한 하나님의 인간 구원의 스케줄을 보여주는 것이다. 이 스케줄은 신약성경에서 그리스도의 초림과 재림을 설명할 때 가능하다.

유대인 절기와 그리스도와의 관계

구분	절기명	그리스도와의 관계
1	유월절 (Passover)	그리스도의 죽음
2	무교절 (Feast of Unleavened Bread)	그리스도의 고난에 동참
3	초실절 (Feast of First Fruits: barley)	그리스도의 부활
4	칠칠절 (오순절) (Shavuot)	성령 강림 그리스도의 다른 형태, 보혜사(요 14:16)
5	나팔절 (Rosh Hashana)	그리스도의 강림
6	대속죄일 (욤 키푸르, Yom Kippur)	그리스도의 심판과 속죄
7	초막절 (Sukkot)	그리스도와 함께 거하는 안식

둘째, 하나님은 절기를 통한 선민교육을 목적으로 제정하셨다.

하나님은 유대교를 믿는 유대인들에게 자신들의 신앙을 절기를 통해 표현하도록 하셨다.

따라서 그들의 신앙이 얼마나 깊은지를 재는 척도는 여호와의 절기를 얼마나 철저하게 지키는지를 보면 알 수 있다. 즉 얼마나 철저하게 절기를 지키느냐에 따라 신앙심이 아주 강한 정통파 유대인, 중도인 보수파 유대인 그리고 진보적인 개혁파 유대인 등으로 구분된다.

유대인은 우선적으로 매년 특별한 시간에 그 절기를 지킴으로 자신들의 정체성을 나타내고 있다. 왜냐하면, 유대교는 자신들의 신념(beliefs)보다는 행동의 문화(a cultures of actions)이기 때문이다. 유대교의 가장 중요한 가치들은 유대력에 따른 절기 전통을 통하여 삶(life)에 전달된다(Reuben, *Raising Jewish Children in a Contemporary World*, 1992, p. 77).

하나님께서 절기를 제정하신 두 가지의 목적, 즉 첫째 항목인 절기를 통한 구속사적 목적과 둘째 항목인 절기를 통한 선민교육의 목적은 큰 틀에서 구약성경 전체의 목적이기도 하다.

저자는 본서에서 둘째 목적에 초점을 맞추어 중점적으로 다루고자 한다.

하나님께서는
왜 절기를 제정하셨는가?
쓸데 없는 것을 만드시고 지키라고 하셨겠는가?

2. 절기의 교육학적 및 신앙적 유익

A. 절기가 인성교육에 주는 유익:
유대인의 절기는 그들의 수직문화를 형성했다

유대인은 애굽에서 4백 년 동안 혹독한 종살이를 했다. 그 후 하나님의 은혜로 모세를 지도자로 삼고 출애굽하여 광야에서 40년 동안 방랑생활을 했다. 마침내 여호수아에 의하여 가나안에 정착하게 된다. 이스라엘 민족의 출애굽 사건은 부족사회에서 신본주의 국가 이스라엘로 태동하는 역사적인 분기점이 된다.

〈저자의 고난교육신학 시리즈 제1권(하나님의 독수리 자녀교육) 제1부 제1장 '구원론적 입장에서 본 출애굽 사건' 참조〉

하나님은 유대인에게 출애굽 이후에 그들이 가나안에 들어가서 반드시 지켜야 할 절기들을 정해주셨다(레 23장). "너희가 공포하여 성회를 삼을 여호와의 절기는 이러하니라"(레 23:2).

유대인이 이 말씀을 받았던 장소는 광야였다. 광야는 유대인들이 임시로 거쳐 가는 곳이기 때문에 거기에서는 절기를 지키지 말고, 하나님이 그들에게 주신 영원한 안식처, 즉 가나안에 정착한 후 지키라는 것이다.

하나님이 유대인에게 주신 절기는 그들의 인성교육에 어떤 유익을 주었는가? 가장 큰 유익은 인성교육학적인 입장에서 인성교육의 본질인 그들의 수직문화를 형성하게 했다는 것이다. 수직문화의 가장 중요한 요소는 효(孝)이고, 둘째는 고난의 역사를 기억하는 것, 즉 역사의식이다. 유대인의 수직문화는 이 두 가지가 세계에서 가장 잘 되어 있는 명품 수직문화다. 수직문화는 독수리 자녀교육의 필수 문화다. 〈수직문화에 관한 것은 '현용수의 인성교육 노하우'(쉐마, 2015), 제1권 제2부 '인성교육의 본질과 원리: 수직문화와 수평문화' 참조〉

유대인의 고난의 역사를 기억하는 수직문화는 무엇으로 어떻게 형성되었는가? 하나님의 율법(말씀)으로 형성되었다. 유대인의 토라에는 613개의 율법이 있다. 대부분 율법들은 그 율법을 이렇게 실천하라는 구체적인 방법들이 있다. 그 중 대표적인 것이 바로 수직문화를 형성하는 절기에 관한 율법이다.

율법을 실천하는 방법들은 어디에 있는가? 장로의 유전을 기록한 탈무드에 있다. 유대인은 장로의 유전도 토라와 함께 하나님의 말씀으로 인정한다. 탈무드는 주로 율법을 설명하고 실천하는 방법을 서술한 책이다. 절기를 제정한 율법이 무엇(what, 내용)이라면 어떻게(how, 방법)는 절기의 방법이다. 전자가 토라의 내용이라면 후자는 탈무드의 내용이다.

〈탈무드에 대해서는 '유대인 아버지의 4차원 영재교육'(현용수, 쉐마, 2015), 제2부 제2장 '유대인은 자녀에게 무엇을 가르치나: 토라와 탈무드' 참조〉

앞에서 루벤이 "유대교의 가장 중요한 가치들은 유대력에 따른 절기 전통을 통하여 삶(life)에 전달된다. 유대교는 자신들의 신념(beliefs)보다는 행동의 문화"(a cultures of actions)(Reuben, 1992, p. 77)라고 말한 것을 소개했다.

그가 말하는 행동의 문화는 인성교육학적인 측면에서 어떤 문화를 뜻하는가? 수직문화다. 수직문화는 그 민족의 정신적 신념을 표현하는 대단히 중요한 전통적인 삶의 틀이다. 이것은 자신들이 누구인가를 알려주는, 즉 그들의 정체성의 가치들과 그 가치들을 표현한 문화다.

그들의 삶의 틀은 종교적 신념을 담는 교육의 형식, 즉 그릇을 말한다. 종교적 신념이 교육의 내용이라면, 삶의 틀은 교육의 형식이다. 전자가 학문적으로 신학의 영역에 속한다면, 후자는 교육학의 영역에 속한다. 유대인은 후자가 매우 강하다. 탈무드가 있기 때문이다.

왜 하나님은 유대인에게 절기를 주셨는가? 하나님이 사랑하시는 그분의 백성 유대인의 수직문화를 형성하게 하기 위함이다. 만약 하나님이 그들에게 절기를 주시지 않았다면 그들에게 수직문화가 없었을 것이고, 수직문화가 없었다면 그들의 정체성도 없었을 것이다.

그 결과 그들은 율법을 기본으로 한, 즉 성경적인 인성교육이 제대로 형성되지 못했을 것이다. 그렇다면 오늘날과 같은 유대인의 정체성을 가진 유대인은 벌써 사라졌을 것이다. 따라서 유대인의 모든 절기는 그들의 수직문화를 형성한 본질이다.

**수직문화의 가장 중요한 요소는
효와 고난의 역사를 기억하는 것이다.
유대인의 수직문화는
이 두 가지가 세계에서 가장 잘 된 명품 수직문화다.**

B. 유대인의 절기는 구약의 지상명령을 실천하기 위한 필수 도구다

유대인의 절기는 수직선교적 입장에서 하나님이 주신 말씀을 자손대대로 전수하라는 구약의 지상명령(창 18:19; 신 6:4-9)을 실천하기 위한 필수 도구, 즉 그릇에 비유할 수 있다. 그릇이 없으면 전달할 내용을 담을 수 없는 것처럼, 절기가 없었다면 하나님의 말씀을 담을 수 있는 그릇이 없었을 것이다. 그렇게 되면 구약의 지상명령이 실천될 수 없었을 것이다.

예를 들어 유대인은 안식일이나 유월절에 절기 식탁에서 아버지가 자녀들에게 하나님의 말씀을 가르쳐 전수한다. 이것은 무엇을 뜻하나? 그들의 절기 자체가 구약의 지상명령을 실천하기 위한 교육의 장(場)이며 형식이며 그릇이라는 뜻이다. 만약 이런 절기가 없었다면 어떻게 유대인이 자손 대대로 하나님의 말씀을 전수할 수 있었겠는가?

따라서 유대인의 모든 절기는 구약의 지상명령을 실천하기 위한 도구, 즉 그릇이다. 다른 말로 표현하면, 유대인의 절기는 하나님의 말씀을 자손 대대로 이동(전수)하는 수단(vehicles)이다. 즉 부모가 자녀에게 말씀을 전수하는 수직선교(수직전도)의 수단이다.

구약의 지상명령을 실천하기 위해서는 물론 부모의 역할이 가장 중요하지만, 유대인에게는 이 절기라는 수단이 워낙 질적이나 양적으로 잘 되어 있기 때문에 그것을 잘 실천할 수 있었다는 사실을 잊어서는 안 된다. 우리는 이 절기를 제정하신 분이 바로 하나님이란 사실도 기억해야 할 것이다.

〈저자 주: 한국인에게도 1960년대 이전에 강한 수직문화가 존재할 때에는 강한 절기교육이 있었다. 그 당시에는 한국인의 정체성이 강했으나 현대에 서양문화가 들어오면서 한국인의 수직문화가 사라지며 절기교육도 약화되었다. 그 결과 한국인의 정체성도 매우 약해졌다. 안타까운 일이다.〉

절기가 없었다면
말씀을 담을 수 있는 그릇이 없었을 것이다.
그렇다면 구약의 지상명령이
실천될 수 없었을 것이다.

C. 유대인의 절기는 영성과 인성교육을 위한 훈련의 도구다

절기는 영성과 성화교육신학적 입장에서 하나님과 이스라엘 백성과의 관계를 더 단단하게 맺어주는 도구다. 하나님과 이스라엘 백성 사이에 소통의 도구이며, 훈련과 교육의 도구다. 그리고 전반적인 영적, 도덕적 및 지적인 성화의 도구다.

하나님과의 관계뿐만 아니라 자녀들의 인성교육도 절기에서 이루어지기 때문이다. 조부모와 부모에 대한 효와 예절, 그리고 가족과 친척들과의 인간관계가 끈끈하게 형성된다. 구약의 지상명령을 반복하여 실천하는 자리가 된다. 즉 절기를 지키는 현장이 온 가족의 전인교육의 훈련장이다. 조부모와 부모는 후손들에게 성경을 가르치는 교사다. 그들은 가르치면서 영적 및 지적으로 매우 성숙하게 된다. 절기 식사를 통하여 하나님과 부모에게 감사를 드리고 아버지와 자녀들 사이에 탈무딕 디베이트식 성경공부를 통하여 IQ가 계발된다.

따라서 절기가 없으면 하나님과 이스라엘 백성 사이에 소통도 안 되고, 가족이나 공동체 형제자매끼리의 소통도 안 된다. 전자가 수직적인 소통이라면, 후자는 수평적인 소통이다. 그리고 인성교육도 안 되고 전인적인 성화도 안 된다.

그만큼 절기가 그들의 종교교육에 중요하다. 따라서 유대인은 절기를 대단히 중요하고 귀하게 여긴다. 하나님이 그들을 그렇게 교육시키셨다. 이것이 3200년 동안 유대인의 절기가 세대 차이 없이 그대로 다음세대에 전수되어 온 비밀이다.

유대력으로 서기 2016-2017년은 5777-5778년이다. 유대인의 달력을 보면 각 달마다 지켜야 할 절기 표시로 가득 차 있다. 율법에 따라 시간까지 정확하게 표시해 놓았다. 십계명 중 제4계명인 안식일 절기(출 20:8)는 매주 철저히 지켜야 하는 매우 중요한 절기다. 그리고 매달 드려야 하는 월삭이 있다. 유월절(태양력으로 대략 3-4월), 칠칠절(오순절 혹은 맥추절, 대략 5-6월), 그리고 초막절(장막절, 대략 9-10월)은 유대인이 지켜야 할 3대 절기다.

민족적으로 모든 국민이 가장 두려운 마음을 가지고 거룩하게 지켜야 할 절기로는 로쉬 하샤냐(신년절기, Rosh Hashanah, 대략 9월)와 욤키푸어(Yom Kippur; 대속죄일, 대략 9-10월)가 있다. 유대인은 특별히 이 두 절기를 큰 명절(The High Holidays or High Holy Days)이라고 부른다.

이외에도 하누카(Hanukkah, 대략 11-12월), 부림절(Purim, 대략 2-3월), 심핫 토라(Simchat Torah, 대략 10월) 및 티샤 바브(Tishah B'Av, 대략 7-8월) 등이 있다. 〈더 자세한 것은 제3장 서두에 일러두기 참조 바람〉

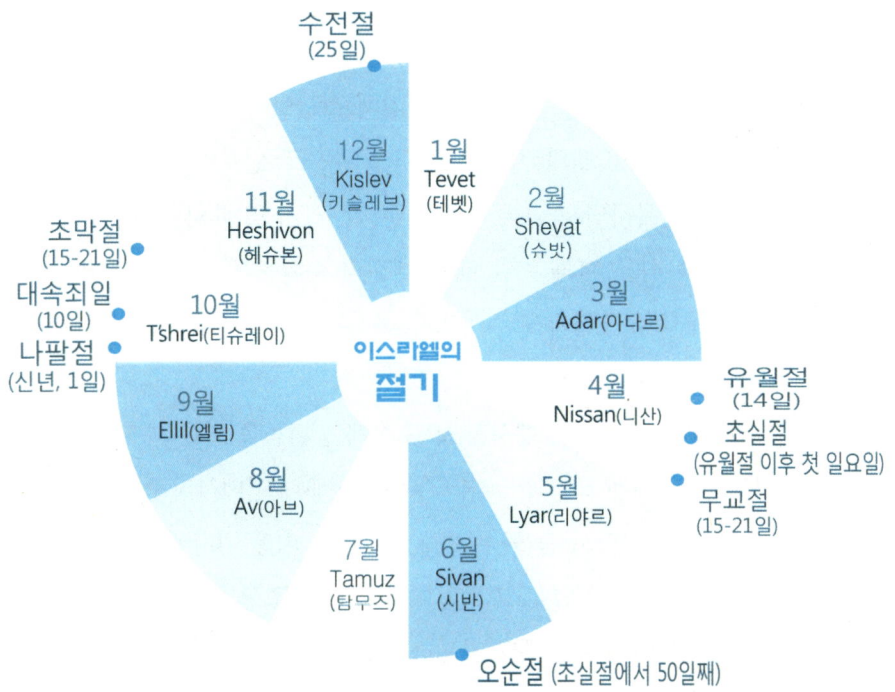

절기는 하나님과 이스라엘 백성과의 관계를
더 단단하게 맺어주는 도구다.
하나님과 이스라엘 백성 사이에 소통의 도구이며,
영성 훈련과 성화교육의 도구다.

D. 유대인의 절기는 조상들의 고난의 역사를 기억하는 탁월한 도구다

유대인의 쉐마교육은 매년 정기적으로 반복하는 반복 교육이다. 이스라엘의 절기는 1년을 기준으로 반복하여 순환한다. 1년 동안 반복하면서 이른 비와 늦은 비, 꽃이 필 때와 질 때, 그리고 곡식을 심을 때와 거둘 때의 계절의 순환을 체험한다. 그리고 하나님께서 유대인에게 주시고자 하시는 말씀들(교훈들)을 다양한 절기들을 통하여 주신다.

유월절에는 구원의 메시지, 오순절에는 말씀을 받은 메시지, 그리고 초막절에는 고난의 역사와 추수감사에 대한 메시지 등이다. 어떤 절기에는 기뻐서 춤을 추는 축제이지만, 어떤 절기에는 매우 두려워 떠는 절기도 있다. 그리고 어떤 절기는 조상들이 당했던 고난들을 생각하며 모든 기쁨을 자제하고 슬픔에 잠겨야 하는 절기도 있다. 물론 매주 반복적으로 지켜야 하는 안식일은 기본 사이클이다.

유대인은 절기들을 통하여 철에 따라 조상들이 겪었던 희로애락(喜怒哀樂)의 역사를 그대로 재현해서 정기적으로 반복하여 평생동안 경험하며 기억한다. 이때 조상들의 다양한 역사와 전통을 학습한다.

하나님은 사랑하시는 유대인이 그들의 감성이 기쁨이나 슬픔, 혹은 평안할 때와 두려워할 때 등, 한 곳에 치우치지 않게 하시기 위하여 철에 따라 희로애락을 표현하도록 균형을 맞추셨다. 즉 인간은 항상 기쁨에 취해서도 안 되고, 항상 슬픔에 취해서도 안 된다는 것이다. 균형을 맞추어야 한다는 뜻이다. 심리학적 입장에서

유대인 절기가 주는 다양한 유익

인성교육학 측면	- 유대인의 수직문화(정체성)를 형성했음 - 종교적 신념을 표현하는 삶의 틀 형성 - 인성교육을 위한 훈련의 도구 (전인교육의 도구) - 고난의 역사를 기억하는 탁월한 도구 - 조상들의 희로애락을 균형 있게 반복 경험 (EQ교육)
수직 선교 측면	- 구약의 지상명령을 실천하기 위한 도구 (그릇) - 말씀을 자손에게 전달하는 도구이며 수단(vehicles) 〈다음세대를 잇는 도구〉
영성 및 성화 측면	- 하나님과 수직 소통하고 가족 및 타인과 수평 소통하는 도구 - 하나님의 교훈을 일평생 반복적으로 받는 기능 - 매년 정기적으로 죄를 회개하고 하나님께 감사하는 성화의 도구
결론	유대인은 절기를 통해 자녀의 인성교육을 시키고, 하나님의 말씀과 전통과 역사(수직문화)를 다음세대에 전수한다. 따라서 유대인의 절기는 영혼과 IQ계발을 위한 전인교육의 장이며 그들의 수직문화를 다음세대에 전수하는 도구다.

얼마나 훌륭한 하나님의 전인교육 방법인가!

　유대인이 지키는 절기들은 하나님에게 제사(예배)를 드리고 찬양하는 것, 하나님의 말씀 받은 것을 기억하고 기뻐함, 하나님의 백성들이 기쁨을 나누는 축제(celebration), 그리고 죄를 회개하고 하나님의 은혜에 감사하는 도구다. 뿐만 아니라 유대인은 과거와 현재 그리고 미래의 다음세대를 잇기 위한 도구로 절기를 가장 많이 사용한다. 특히 대부분 절기들은 유대인이 겪었던 고난의 역사를 자녀들에게 기억하게 하는 교육의 도구로 사용되었다. 본서는 특히 유대인의 고난의 역사 교육 방법에 초점을 맞추어 설명하겠다.

　하나님은 고난의 역사를 추상적으로 기억하게 하시지 않으셨다. 구체적인 교육의 도구, 즉 교육의 내용과 형식을 통하여 기억하게 하셨다. 그 도구가 바로 절기라는 형식이다. 따라서 유대인의 절기는 조상들의 고난의 역사를 기억하는 탁월한 도구다. 이것은 주로 추상적인 언어를 많이 사용하는 기독교와 매우 다르다.

모든 절기는 반드시 할아버지와 할머니, 부모, 그리고 손자들, 즉 3대가 함께 참석하여 지키도록 명령하셨다. 물론 위의 어른들이 오래 살아있을 경우에는 4대 혹은 5대 이상도 온 가족이 함께 모여야 한다. 그래야 하나님의 말씀과, 전통, 그리고 역사가 다음 세대에 이어져 세대 차이가 없다.

결론적으로 유대인은 절기를 통해 자녀의 인성교육을 시키고, 하나님의 말씀과 전통과 역사(수직문화)를 다음세대에 전수한다. 따라서 유대인의 절기는 영혼과 IQ계발을 위한 전인교육의 장이며 그들의 수직문화를 다음세대에 전수하는 도구다. 실로 여호와의 절기는 유대인이 하나님으로부터 받은 너무나 값진 보물이다.

따라서 그들은 자손대대로 3200년 동안 하나님의 말씀을 다음세대에 전수하는 데 성공했다. 이것은 여호와의 절기가 구약의 지상명령을 지켜 행하는데 없어서는 안 될, 절대적으로 필요한 교육과 훈련의 도구라는 것을 증명한다.

**여호와의 절기는
유대인이 하나님으로부터 받은
너무나 값진 보물이다.**

3. 문제제기: 유대인 절기가 기독교에 필요한 이유

A. 왜 유익한 유대인의 절기를 기독교가 배척했는가

앞의 1항에서 하나님이 '여호와의 절기'를 제정하신 데는 두 가지 목적, 1) 구속사적 목적과 2) 선민교육을 위한 목적이 있다고 했다. 그리고 2항에서는 유대인이 지키는 절기 교육이 선민교육적인 입장에서 그들에게 얼마나 많은 유익을 주는지를 설명했다.

그런데 이렇게 유익한 여호와의 절기를 왜 신약시대 기독교인은 지키지 않는가? 신약의 기독교인도 당당히 하나님의 아들로 여호와 하나님을 '아바 아버지'라고 부를 수 있는 권세를 받지 않았는가! (롬 8:15; 갈 4:6)

더구나 하나님은 유대인이 지켜야 할 절기를 만드시고 이 절기는 너희가 지켜야 할 '영원한 규례'라고 누누이 강조하셨다(출 12:14, 17; 레 23:14, 21, 41). 따라서 이 절기들은 구약시대에 유대인에게만 국한 된 것이 아니라, 신약시대에 기독교인에게도 적용된다는 것을 뜻한다.

〈단 구약의 절기들 중 예수님이 오셔서 폐기된 속죄제 등은 지킬 필요가 없을 것이다.〉

기독교가 유대인의 절기를 배척한 가장 큰 원인은 왜 유대인의 선민교육, 즉 쉐마교육이 기독교교육에 필요한지 그 이유를 몰랐기 때문이다. 그래서 신약교회는 구약을 주로 신약의 그림자로만 보았다. 그 원인은 기독교인의 두 가지 필수 열쇠인 1) 구원을 위한 복음과 2) 구원을 받은 이후 하나님의 형상을 닮아가는 선민교육, 즉 쉐마교육을 구분하지 못했기 때문이다.

때문에 그들은 2000년 동안 구약의 절기들을 주로 예수님과 연관하여 구속사적 입장에서 어떤 신학적 의미가 있는지에만 연구를 거듭해왔다. 때문에 신약교회는 둘째 항목인 절기를 통한 선민교육의 목적에는 관심이 없었다. 그 결과 대부분 신약시대 성도들은 구약의 절기들은 모두 유대인만 지켜야 한다고 생각하고 자신들은 지키지 않아도 된다고 생각해 왔다.

유대인이 지키는 여호와의 절기는 쉐마교육의 가장 큰 장르 중 하나다. 저자는 하나님의 은혜로 후자의 중요성을 깨닫고 먼저 1) '왜 기독교교육에 유대인 자녀교육이 필요한가'에 대한 논리를 신학적(구원론적) 입장과 교육학적인 입장에서 설명했다. 그리고 2) 인성교육학적인 입장에서 왜 하나님이 만드신 율법들과 절기들이 수직문화에 중요한지에 대하여 설명했다. 여기에서는 중복을 피하기 위하여 자세한 설명은 생략한다.

〈저자 주: 1)항에 대한 자세한 것은 '부모여 자녀를 제자 삼아라'(현용수, 2005), 제1권 제1장 Ⅲ. '왜 기독교교육에 유대인 자녀교육이 필요한가'와 Ⅳ. 질문 1 '유대교와 기독교의 구원과 성화는 어떻게 다른가', 그리고 '잃어버린 구약의 지상명령 쉐마'(현용수, 2009), 제2권 제3부 제1장 '유대인과 이방 기독교인과의 관계: 유대인에게 접붙임 받은 이방 기독교인'을 참조하고, 2)항에 대해서는 현용수의 고난교육신학 시리즈 제1권 하나님의 독수리 자녀교육(2014), 제1부 제3장 Ⅰ. '요약: 하나님의 인간 교육의 6단계' 중 제4단계: '율법 실천의 단계 - 성결교육, 거룩(경건)한 삶, 수직문화 계발'과 제5단계: '성막과 절기의 실천 단계 - 수직문화 계발'과 제3권 '승리보다 패배를 더 기억하는 유대인'(현용수, 2015), 제3부 제4-1장 '고난의 역사교육, 왜 필요한가: 인성교육학적 입장' 참조. 그리고 수직문화와 수평문화에 관한 것은 '현용수의 인성교육 노하우'(쉐마, 2015), 제1권제2부 '인성교육의 본질과 원리: 수직문화와 수평문화' 참조〉

신약시대에 복음으로 구원받은 기독교인이 하나님의 형상을 닮아가는 데, 그리고 인성교육학적인 입장에서 강하고 조직적인 수직

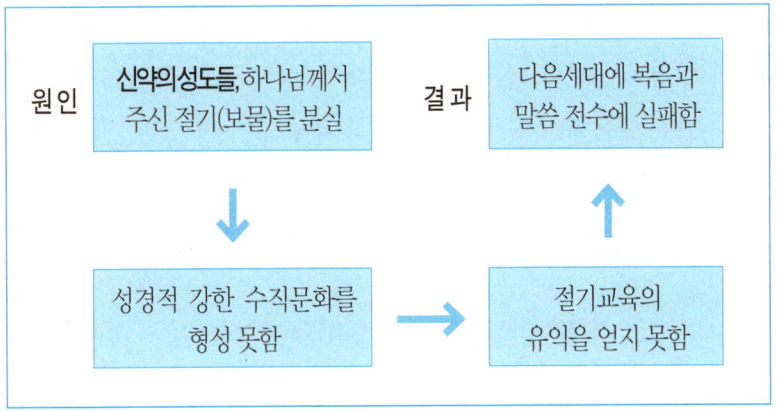

문화를 형성하는데 유대인의 선민교육(쉐마교육)이 필수적이다. 그래야 조직적이고 강한 성경적인 수직문화를 형성 할 수 있다. 왜냐하면 우리도 믿음으로 구원을 받은 동일한 아브라함의 자손, 즉 영적 유대인이기 때문이다(갈 3:6-9).

따라서 기독교인들도 유대인의 거의 모든 절기들을 지킬 권리와 의무가 있다. 예를 들면, 안식일, 유월절, 초막절, 티사바브 등이다.

이방 기독교인도 유대인과 동일한 구약성경을 정확무오한 하나님의 말씀으로 믿는다. 그런데 왜 유대인의 성경적인 생활 방식과 기독교인의 성경적인 생활 방식에 차이가 나는가? 그것은 유대인은 토라를 설명하는 탈무드를 가졌고, 이방 기독교인은 탈무드를 잃어버렸기 때문이다.

그 결과 신약의 성도들은 불행하게도 하나님께서 유대인에게 주신 귀한 보물인 쉐마교육과 쉐마교육의 일부인 절기교육을 잃어버렸다. 그 결과 기독교적인 선민교육을 시키는데 절대적으로 필요한 성경적인 수직문화를 형성하는데 실패했다.

그 결과 2항에서 언급한 절기교육의 유익을 모두 잃어버렸다. 그 결과 인성교육 뿐만 아니라 다음세대에 복음과 말씀을 전수하는데 실패했다. 다음세대와 세대 차이가 너무나 많이 나 있다. 말씀뿐만 아니라 조상들의 역사와 전통이 거의 사라져 가고 있다. 그 틈을 비집고 현대 수평문화의 사조가 만연하게 들어와 있다.

"성경적인 수직문화를 형성하는 데 실패했다"라는 말을 하면, 혹자는 기독교도 신약성경에 기초한 수직문화로 크리스마스나 부활절 같은 절기들이 있다고 반박할 수도 있을 것이다. 그러나 이것은 상대적인 면에서 그렇다는 것이다. 그런 절기들은 수적인 면과 질적인 면에서 유대인이 3200년 동안 지켜왔던 구약의 절기보다는 매우 약하다.

특별히 신약의 절기들이 더 약한 이유는 대부분 그 절기 프로그램들이 교회에서 지키는 절기에 초점이 맞추어졌기 때문이다. 가정에서 지켜야 할 절기의 내용과 형식이 거의 없는 상태다. 있다고 해도 각자 자기 소견대로 지키는 거의 추상적인 방법들이다. 이것은 다음세대에 신앙을 전수해야 할 구약의 지상명령적인 입장에서 매우 치명적인 약점이다.

B. 유대인 절기를 기독교가 그대로 모방하면 안 되는 이유
(유대인 절기에 두 가지를 첨가해야 하는 이유)

〈저자 주: 어떤 이들은 구약의 제사와 절기를 혼동하는 경우가 있다. 전자와 후자는 다르다. 신약 성도들은 구약의 제사들을 지킬 필요가 없다. 예수님께서 화목제물로 우

리를 위해 십자가에서 돌아가셨기 때문이다(롬 3:25; 요일 2:2)〉

앞에서 유대인의 절기를 기독교인도 지켜야 한다고 설명했다. 그렇다고 유대인의 절기들을 기독교인이 그대로 따라 모방하면 되겠는가? 아니다. 전제 조건이 있다. 그 안에 '기독교인'의 정체성을 첨가해야 한다. 뿐만 아니라 한국인 기독교인에게는 '한국인'이라는 한국 민족의 정체성도 첨가해야 한다. 그 이유는 무엇인가?

첫째, 우리가 믿는 신앙은 종교적인 면에서 구약성경만 믿는 유대교가 아니고 신구약 성경을 동시에 믿는 기독교인이기 때문이다. 즉 우리는 구약의 유대인이 아니고 신약의 기독교인이다. 따라서 유대인의 절기 방법에 기독교의 정체성을 첨가해야 한다.

〈저자 주: 유대인의 절기에 기독교의 정체성을 첨가하는 것은 각 절기마다 그 절기에 맞추어 적용해야 할 것이다. 예: 안식일 절기와 유월절 절기 참조〉

둘째, 인종적으로 우리는 유대인이 아니라 한국인이라는 점이기 때문이다. 따라서 한국인의 문화와 전통 그리고 역사는 유대인의 것과 다르기 때문에 성경에 어긋나지 않는 범위 안에서 유대인의 절기 방법에 꼭 한국인의 정체성을 첨가해야 한다.

요약하면, 한국인 기독교인에게는 유대교의 절기 내용과 형식에 두 가지, 1) 기독교의 정체성과 2) 한국인의 정체성을 첨가해야 한다. 이것이 저자가 유대교의 절기를 우리에게 적용할 때에 꼭 '한국인 기독교인'이란 용어를 사용하는 이유다.

〈저자 주: 자세한 것은 '한국형 주일가정식탁예배 예식서'(현용수, 2013), pp. 104-108, '유대인식 안식일 절기를 한국형 기독교식으로 바꾸는 이유' 참조〉

I. 서론 85

〈다른 민족 기독교인에게 적용할 경우〉:
만약 구약의 유대인 절기를 중국인 기독교인이나 멕시칸 기독교인이 지킬 경우에는 어떻게 해야 할까? 그들은 저자가 만들어 놓은 매뉴얼 중 1)항은 그들도 주님 안에서 동일한 기독교인 형제들이기 때문에 기독교의 정체성은 저자의 매뉴얼대로 따라도 되지만, 2항의 한국인의 정체성은 각각 중국인의 정체성과 멕시칸의 정체성으로 바꾸어야 한다.〉

한국인 기독교인에게는 왜 유대교의 절기에
1) 기독교의 정체성과
2) 한국인의 정체성을 첨가해야 하나?

4. 요약, 결론 및 앞으로의 과제

앞에서 하나님께서는 "왜 유대 민족에게 절기들을 만들어 주시고 꼭 지키라고 명령하셨나?"에 대하여 설명했다. 이에 대한 답으로 "하나님이 '여호와의 절기'를 제정하신 두 가지 목적"과 "절기 교육의 유익: 절기는 성화와 고난의 역사교육 도구다"에 대하여 설명했다. 그리고 왜 유대인의 절기가 기독교에 필요한지, 그 이유와 기독교가 유대인 절기를 지킬 때 유의 할 점에 대해 설명했다.

이스라엘 백성들은 하나님의 말씀에 순종하여 절기를 그대로 열심히 실천했더니 그들 자신들뿐만 아니라 다음세대 교육에 탁월한 효과를 얻었다는 것이 역사적으로 증명되었다. 즉 구약의 지상명령을 성취할 수 있었다.

결론은 하나님은 그 분에게 뿐만 아니라 그분이 그토록 사랑하시는 이스라엘 민족의 유익을 위하여 절기를 그렇게 만드셨다는 것이다. 따라서 이 좋은 절기를 이제 기독교인도 지켜 행해야 한다고 했다.

유대인의 생활과 절기들이 얼마나 성경적으로 탁월한지는 직접 그들의 생활과 절기를 경험해 보지 않고는 모른다. 쉐마목회자클리닉 제3차 학기(미국 정통파 유대인 현장 학습)는 인성교육(제1차 학기)과 쉐마교육(제2차 학기)을 수료한 분들만 참여한다. 제3차 학기에 미국 정통파 유대인의 현장을 살펴본 목회자들은 이구동성으로 놀라움을 금치 못한다. 그 중 몇 분들의 고백을 소개한다.

현재(2017년) 경기도 동탄시에서 쉐마대안학교를 성공리에 운영하고 있는 국진호 목사는 자신이 느꼈던 소감을 이렇게 말했다.

> "제가 미국 신학교에 유학을 했을 때 클래스에 있던 학생들이 지니고 있었던 미국 문화가 기독교적이라고 생각했었는데, 유대인 촌을 둘러보니 유대인 문화가 더 기독교적임을 발견했습니다. 더 성경적이란 말입니다."
> (국진호, 2013년 7월 4일, 쉐마목회자클리닉 사례 발표에서)

전 고신총회 총회장을 지낸 주준태 목사는 자신이 보고 느꼈던 소감을 이렇게 표현했다.

> 쉐마목회자클리닉 3학기의 미국 LA Field Trip은 기독교의 종가, 사도 바울의 본가를 둘러보는 귀중한 기

회였다. 과연 종가는 달랐다. 깊이가 있었고 품위가 있었다. 말씀 교육의 수준이 달랐고, 여성 교육의 질이 달랐으며, 가정교육에 거룩한 위엄이 있었다. 21세기가 되도록 기독교교육의 온전한 틀을 유지하게 하신 하나님의 지혜가 놀라웠고, 기독교인의 한 사람으로서 자랑스러움을 느꼈다. (주준태, 쉐마교육을 아십니까?, 2016, p. 66)

이외에도 2017년 현재 쉐마교육학회 회장인 김진섭 교수(백석대 신학 부총장)는 "쉐마교육학회 창립으로 쉐마교육은 두 날개로 Korean Diaspora를 향해 높이 비상할 것이다"(2016, p. 42). 하버드대학원에서 구약학을 전공했던 윤사무엘 교수는 "하버드에서 배운 구약학보다 정통파 유대인의 쉐마교육에 더 흥분했다"(2016, p. 44). 그리고 미국 국제신대원 김선중 교수는 "유대인 촌을 보니 타임머신을 타고 모세시대를 방문한 것 같아서 기이하기까지 했다"(김선중, 2012, p. 44)고 소감을 피력했다.

저자가 약 25년 전에 유대인 공동체 현장을 보았을 때도 똑같은 느낌이었다. 모세의 때부터 현재까지 3200년 동안 세대 차이 없이 잘 보존된 하나님의 교육 방법들을 볼 수 있다는 것은 신약시대 성도들에게 큰 축복이며 값진 선물이다.

이제 남은 과제가 있다. 한국인 기독교인들에게 유대인의 절기를 적용하는 문제다. 이를 위해 유대인은 절기를 통하여 어떻게 다음세대들이 고난의 역사를 잊지 않도록 교육하는지에 대해 몇 가지 절기들을 예로 들며 설명해 보자. 그리고 유대인의 절기 지키는 방법을 지식적으로만 아는 것이 아니라, 그 방법들을 한국인 기독교인에게 적용해보자.

뿐만 아니라 이것을 기점으로 앞으로 기독교의 절기들, 즉 크리스마스, 부활절, 그리고 추수감사절 등의 절기들도 유대인의 형식을 모방하여 가정에서, 교회에서, 그리고 공동체에서 어떻게 지켜야 할지를 다시 연구하여 조직적이고 논리적으로 더 꼼꼼하게 정리할 수 있기를 바란다. 유대인이 누렸던 그 혜택(benefits)을 신약의 성도들도 동일하게 누리기 위함이다.

이것이 가정과 교회와 민족을 살리는 데 공헌하는 길이다. 그래서 한국인 교회가 주님 오실 때까지 살아남아 세계선교도 함께 할 수 있기를 기대해 본다. 이것이 진정 하나님이 원하시는 것이다.

〈저자 주: 다음 항목에서 소개하는 절기들에 대하여 지면상 매 절기의 순서 등 모든 것들을 너무 자세하게 설명하지 못하는 점을 양해 바란다. 또한 절기에 관한 자세한 신학적 고찰은 다음으로 미룬다〉

"현 교수님, 미국 문화가 기독교적이라고 생각했는데,
유대인 촌을 둘러보니 유대인 문화가 더 성경적이네요."
(국진호 목사)

Ⅱ 안식일은 가장 기본 절기다

안식일은 하나님이 유대인에게 주신 하나님의 선물이다. 매주 6일 동안 일하고 하루는 하나님에게 예배드리며 기도하며 토라를 공부하며 안식하는 날이다.

〈유대인의 안식일 절기에 대한 설명과 이를 한국인 기독교인에 적용한 '한국형 주일 가정식탁예배'는 '신앙명가 이렇게 세워라'(현용수, 2011), 제2권, 제6장 '가정 성전과 안식일', 제7장 '셀교회, 유대인의 안식일 가정 셀에서 배워라'와 '한국형 주일가정식탁예배 예식서'(현용수, 2013), pp. 104-108, '유대인식 안식일 절기를 한국형 기독교식으로 바꾸는 이유'에서 충분히 설명했기 때문에 여기에서는 생략한다.〉

한국인 기독교인에게는 앞에서 설명한대로 유대교의 절기 내용과 형식에 두 가지, 1) 기독교의 정체성과 2) 한국인의 정체성을 첨가해야 한다.

〈자세한 것은 본서 후미 Ⅸ. 요약 결론 및 적용 부분을 참조하기 바란다.〉

III
로쉬하사나와 욤키푸어를 통한 고난의 역사교육

1. 로쉬하사나(신년 절기)의 목적: 서둘러 선을 행하고 악행을 떠나라
2. 로쉬하사나(신년 절기)의 시작
3. 욤키푸어(대속죄일)
4. 신년 절기의 유익
5. 한국기독교인에 적용

〈저자 주: 유대인의 절기 교육의 순서는 유대인이 지키는 절기의 순서대로 한다. 그리고 그들의 역사를 기억하는 절기에 초점을 맞추어 설명한다.〉

1. 로쉬하사나(신년 절기)의 목적:
   서둘러 선을 행하고 악행을 떠나라

저자가 유대인에 관한 글을 쓰기 시작한 후 독자들의 반응 중 하나는 자신들이 유대인들을 너무 오해하고 있었다는 것이었다. 유대인!

그들은 4000년간의 방랑생활 속에서도 자신들을 핍박한 수많은

강대국들이 역사의 뒤안길로 사라졌는데도 아직도 어떻게 살아남 았는가? 그들의 천재 교육의 비밀은 무엇인가?

인간의 우수성은 마음에서부터 시작된다. 눈에 보이지 않는 마음이 타락하면 눈에 보이는 생활과 문화가 타락한다. 그렇기 때문에 자기 마음을 지키는 자는 참 지혜자다. 따라서 성경은 "무릇 지킬 만한 것보다 더욱 네 마음을 지키라. 생명의 근원이 이에서 남이니라"(잠 4:23)고 했다.

유대인은 자기 마음을 어떻게 지키고 타락을 막는가? 어떻게 자녀에게 깨끗한 마음, 화해의 마음을 갖도록 교육하는가? 그들은 죄를 너무 미워하고 악행을 멀리하고자 몸부림치며 살고 있다. 매일 하루에 3번 기도를 드린다. 새벽에 40-60분, 해지기 전에 30-40분, 해진 후 30-40분 드린다. 그때마다 자신의 잘못을 회개한다.

아예 '죄의 회개'를 주제로 하는 절기가 있다. 신년절기인 로쉬하사나(Rosh ha-Shanah, 설날)와 욤키푸어(Yom Kippur, the Day of Atonement, 대속죄일)이다. 성경에는 '로쉬하사나'라는 단어가 없다. 성경은 욤하지카론(Yom Ha-Zikkaron, the day of remembrance), 혹은 욤테루아(Yom Teruah, the day of the sounding of the shofar)라고 되어 있다(레 23:23-25) (https://en.wikipedia.org/wiki/Rosh_Hashanah).

로쉬하사나는 그들 달력으로 티쉬리 달 첫째 혹은 둘째 날에 시작된다. 첫째 날이 안식일이면 둘째 날부터 시작된다. 보통 양력 9-10월 중에 시작된다. 그들의 신년절기는 10일간 중요한 거룩한 날들로 지켜진다. 이 날들을 두려움의 날(the Days of Awe), 심판의 날(the Day of Judgment)이라고도 한다. 특별히 마지막 날을 구약에 나타난 대속죄일(the Day of Atonement; 레 16:1-34, 23:26-32; 민 29:7-11)로 지킨다.

> 이스라엘 자손에게 말하여 이르라 일곱째 달 그 첫 날은 너희에게 쉬는 날이 될지니 이는 나팔을 불어 기념할 날이요 성회라. (레 23:24)

유대인의 신년절기는 그들이 지키고 있는 여러 역사적 기념 절기들, 즉 유월절 오순절 및 장막절 등과 다르다. 앞으로 일 년 동안 살아가기 위한 일종의 영적 재무장 혹은 영적 충만을 위한 절기다. 그 방법은 이 기간 동안에 지난 한 해 동안의 모든 일들을 되돌아보면서 잘못한 죄를 회개하며 인생의 의미를 다시 생각해 본다.

유대인은 가족 단위로 송구영신을 준비한다. 그들이 특히 강조하는 부분은 두 가지 일이다. 첫째, 그동안 지었던 죄를 회개하는 일이고, 둘째, 일 년간 원수 맺은 사람이 있으면 새해를 맞이하기 전에 서로 찾아가 용서하고 화해하는 일이다. 맺혔던 모든 미움의 사슬을 끊는 절기다. 물론 마음의 부채를 청산함은 물론 물질의 부채도 청산한다.

'회개'라는 히브리말은 '티슈바(teshuvah)'다. '돌려주다(return)' '계산해주다'는 의미를 갖고 있다. 과거 일 년 동안의 마음과 행동으로 지은 죄를 회개로 청산하고 다시 되풀이 하지 않게 하기 위하여 철저한 자기 점검을 한다.

저자가 겪었던 체험담 하나를 소개한다.

유대인 자매가 저자로부터 저자의 학위논문을 빌려간 적이 있었다. 그런데 이틀 만에 그 책을 반환하러 왔다. 의아해서 물었다.

"논문을 다 읽었나요?"
"아니요."
"그런데 왜 돌려줍니까?"
"내일이 유대인의 신년(New Year)입니다."

그녀는 내일이 자신들의 신년절기이기 때문에 그 이전에 마음의 부채나 물질의 부채나 혹은 남에게 빌린 것들이 있으면 돌려주어야 한다고 설명했다. 마음으로 막힌 것이 있으면 회개하며 소통해야 하고, 물질을 빚졌으면 갚아야 한다는 것이다.

이것은 대부분 이방인들이 송구영신을 타락한 육을 자극하는 물질문화의 파티에 참석하여 죄를 짓는 것과 너무 대조적이다.

**유대인의 신년절기는
일 년 동안 살아가기 위한 일종의 영적 재무장 혹은
영적 충만을 위한 절기다. 그 방법은?**

2. 로쉬하사나(신년 절기)의 시작

유대인의 신년의 기원은 첫째 인간 아담 창조의 날을 기점으로 한다. 따라서 그들의 연대는 2016-2017년 2016년 현재 5777년이다. 즉 인간이 창조된 지 5777년이 지났다는 의미다.

이것은 신약성경 누가복음 3장 20절부터 시작하는 예수님의 족보에서도 확인된다. 예수님의 법적 아버지 요셉부터 시작하여 마지막에는 아담까지 올라간다(눅 3:20-35).

> 그 위는 에노스요 그 위는 셋이요 그 위는 아담이요 그 위는 하나님이시니라. (눅 3:35)

유대인의 신년절기는 신년 첫째 날 회당의 나팔소리(sofar)를 들으며 이틀간 시작된다. 그 나팔은 지금도 수양의 뿔로 만들었다(en.wikipedia.org/wiki/Rosh_Hashanah). 왜 수양의 뿔인가? 창세기 22장에 보면 유대인의 조상 아브라함이 하나님의 명령에 따라 이삭을 모리아의 한 산에 가서 제사 지내는 장면이 나온다.

아브라함이 자신의 독자 이삭을 칼로 치려는 순간 하나님은 아브라함이 자신의 독자 이삭보다 하나님을 더 경외하는 줄을 아셨다(창 22:12). 그리고 하나님은 이삭 대신 제사에 사용할 수양을 준비하셨다(창 22:12-13). 수양의 뿔로 나팔을 만드는 이유는 그 당시 자신들의 조상 아브라함의 믿음을 상기시키기 위함이다.

랍비와 캔터〈성경을 곡조를 붙여 읽는 성악가〉는 하얀 복장을 한다. 이것은 이사야 1장 1절 "너희 죄가 주홍같이 붉을지라도 눈같이 희어

지리라"에 대한 상징이다(www.jhom.com/calendar/tishrei/rh_basics.html). 그들이 첫째 날 읽는 성경은 미가서 7장 19절이다.

> 다시 우리를 긍휼이 여기셔서 우리의 죄악을 발로 밟으시고 우리의 모든 죄를 깊은 바다에 던지시리이다. (미가 7:19)

이는 유대인이 죄를 회개하면 하나님이 그들을 긍휼히 여기시어 그들의 마음 주머니에 있는 모든 죄를 꺼내어 깊은 바다에, 즉 죄악 세상에 던져 버린다(cast into)는 뜻이다.

이것을 실천하는 유대인의 절기 행사가 있다. 타쉬릭 세레모니(Tashlikh Ceremony)라고 한다. '타쉬릭'은 '버림받음'(cast away)이란 뜻이다. 유대인은 바다나 강가로 가서 미가 7:19을 입술로 암송하며 자신의 죄를 상징하는 빵부스러기들〈빵은 죄를 상징하는 누룩〉을 주머니에서 꺼내어 강물에 던진다.

그러면 물고기들이 몰려와 그것들을 깊은 곳으로 물고 가 먹어 치운다. 이것은 "하나님이 그들의 모든 죄를 깊은 바다에 던진다"(미가 7:19b)는 것을 상징한다.

다음날 유대인은 회당에서 하루를 보낸다. 회당의 성경 예배(Torah Service) 시간에는 요나서를 그들의 음악(Chanting)으로 읊는다〈http://www.jhom.com/calendar/tishrei/rh_basics.html〉.

왜 요나서인가? 불순종의 요나가 죄를 회개했을 때 사랑의 하나님이 그를 용서해 주셨다. 그리고 요나는 하나님의 말씀을 느니웨 성에 선포 했다. 하나님의 말씀을 들은 느니웨 사람들이 회개했을

유대인의 신년절기 순서는 신년 첫째 날 회당의 나팔 소리(sofar)를 들으며 시작된다. 사진은 서기관 랍비 크래프트가 미국 유대인 촌 쉐마목회자클리닉에서 수양의 뿔로 나팔 부는 모습을 재현하는 모습

유대인은 신년에 바다나 강가로 가서 자신의 죄를 상징하는 빵조각(누룩)을 뜯어 바다나 강물에 던지는 '타쉬릭 세레모니'를 한다. 하나님이 모든 죄를 깊은 바다에 던지기 위함이다(미가 7:19b).
유대인 교육은 말씀만 가르치지 않고 몸으로 실천하는 시청각교육을 강조한다.

III. 로쉬하사나와 욤키푸어를 통한 고난의 역사교육

때 사랑의 하나님은 그들도 용서해 주셨다. 이는 모든 피조물, 즉 유대인이나 이방인이나 하나님께 죄를 회개하고 돌아올 때에 하나님은 크신 관심과 사랑을 배푸신다는 것을 뜻한다.

유대인의 신년절기는
일 년 동안 살아가기 위한 일종의 영적 재무장
혹은 영적 충만을 위한 절기다.
그 방법은 이방인과 무엇이 다른가?

---

3. 욤키푸어(대속죄일)

신년 10일째 되는 날은 '욤키푸어'(Yom Kippur) 절기로 지킨다. 욤키푸어는 '대속죄일'(the Day of Atonement)이라고 한다. '속죄하다(atone)'라는 단어는 '하나님과 하나됨(at one)'이라는 말에서 기원한다. 죄를 온전히 회개할 때 하나님의 용서함을 받고 하나님과 하나가 될 수 있다. 하나님과 인간과의 사이에 막혔던 죄의 담이 허물어졌기 때문이다. 이는 구약의 속죄일에 이스라엘 민족이 죄를 회개했던 규례(레 16:1-34, 23:26-32, 민 29:7-11)에서 유래한다.

욤키푸어 절기는 숫양의 뿔 나팔 소리로써 막을 연다.

> 일곱째 달 열흘날은 속죄일이니 너는 뿔나팔 소리를 내되 전국에서 뿔나팔을 크게 불지며…. (레 25:9)

죄는 56종류로 나누어져 있는데, 그 대표적인 것에 "하나님이여, 우리(we)를 용서해 주시옵소서."라고 하나님에게 용서를 비는 대목이 나온다. 이때 절대로 "나를 용서해 주십시오."라고 말하지는 않는다. 그것은 유대인들은 서로 죄에 대해 공동 책임을 진다고 하는 생각이 있기 때문이다. 또 인류의 죄와 그 죄의 책임을 분담한다는 의미도 있다(Tokayer, 탈무드 3: 유대인의 처세술, 2017, p. 217).

따라서 유대인은 죄를 회개할 때에 "내(I)가 죄를 지었다"의 단수로 시작하여 복수인 "우리(We)가 죄를 지었다"로 끝난다. 이것은 유대인의 한 신앙 공동체(the One Community of Faith)개념을 의미한다. 그들의 신앙공동체 의식은 모든 민족성 및 국민의식 수준의 평균치를 크게 높여주는 효과가 있다.

성경적으로 이스라엘의 한 개인이 죄를 졌더라도 그 죄가 온 이스라엘 민족에 영향을 미친다는 개념이다. 그 예를 성경에서 찾아보자. 여호수아가 아이 성을 공격할 때 패했던 원인이 바로 아간이란 한 사람의 죄 때문이었다. 그 아간을 처리했을 때에 온 이스라엘 국민이 승리했다(여호수아 7-8장).

또한 다시스로 가는 배가 요나 한 사람 때문에 풍랑을 만나 파산 직전에 처하는 장면이 나온다. 요나 한 사람의 죄 때문에 배에 탄 모두가 풍랑을 만났다. 그 때에 배에 탄 모든 사람들이 죄인인 요나 한 사람을 끌어내어 바다에 던진 후 온 배가 잠잠해 졌다. 그리고 그 속에 있었던 모든 사람들이 다시 평화를 되찾게 되었다.

인간은 배부르고 등 따뜻할 때에 하나님을 배반하기 쉽다. 따라서 욤키푸어 절기에는 평소에 육신이 평안하여 지었던 모든 죄들을 금식을 하며 종일토록 참회의 기도를 드린다. 금식을 하는 성경적 근거는 무엇인가? 하나님께서 그날에는 "스스로 괴롭게 하라"(레 16:29, 31)고 명령하셨기 때문이다. 그들은 자신을 괴롭게 하는 방법으로 24시간 금식을 하는 것이다. 집안에는 24시간 촛불을 켜둔다. 이것은 어두운 마음에 빛을 밝히기 위한 상징이다.

> 너희는 영원히 이 규례를 지킬지니라 칠월 곧 그 달 십일에 너희는 스스로 괴롭게 하고 아무 일도 하지 말되 본토인이든지 너희 중에 우거하는 객이든지 그리하라. 이 날에 너희를 위하

여 속죄하여 너희를 정결하게 하리니 너희의 모든 죄에서 너희가 여호와 앞에 정결하리라 이는 너희에게 안식일 중의 안식일인즉 너희는 스스로 괴롭게 할지니 영원히 지킬 규례라. (레 16:29-31)

여기에서 대속죄일은 '안식일 중의 안식일', 즉 '큰 안식일'(30절)이라고 했다. 이것은 유대인이 회개하며 죄악을 떠나는 날이며 하나님의 백성이 속죄를 받으므로 하나님과 화목하게 되는 날이다. 그리고 각자의 이름이 생명책에 인봉되는 심판의 날이기도 하다.

유대인은 욤키푸어 절기를 매년 지킴으로 자신의 도덕성을 자가 측정하여 주행 기록을 다시 제로로 되돌려놓는다. 죄사함을 받고 하나님의 영성으로 충만해 새해를 다시 시작할 수 있다. 무거운 죄의식이나 수치감에서 벗어날 수 있다. 도덕적 자제력도 회복된다 〈Lapin, *Thou Shall Prosper*, 2002, p. 21〉. 마음을 깨끗하게 하는 이런 교육은 하나님이 가르쳐주신 교육 방법이다.

**욤키푸어 절기에
유대인은 금식하며 종일토록 참회의 기도를 드린다.
심판의 날에
자신의 이름이 생명책에 인봉되기 위함이다.**

4. 신년 절기의 유익

신년절기는 유대인의 일상과 경제생활에 어떤 유익이 있는가? 이방인은 죄를 지어도 계속 그 속에 파묻혀 더 많은 죄의 유혹에 이끌려 부패할 수 있지만, 유대인은 이런 절기를 통하여 매년 새롭게 시작할 수 있다. 이것이 얼마나 큰 장점인가!

유대인의 '미쉬나'에 '선조의 말씀들(Sayings of the Fathers)'이 나온다. "벤 아자이가 말하기를, 매 선행은 곧 또 다른 선행을 만나게 하지만, 매 악행은 다음 악행으로 쉽게 가게 한다. 따라서 서둘러 선을 행하고 악행으로부터 도망쳐 나와야 한다"〈Sayings of Fathers, chap.4, mishna 2.〉.

인간은 누구나 연약하다. 개인생활이나 회사생활 혹은 비즈니스에서 죄의 탐욕이 늘 마음을 건드리고 있다. 처음에는 자그만 한 것으로 시작하지만 나중에는 큰 것으로 발전하게 된다. 한국 속담에 "바늘 도둑이 소도둑 된다"는 말이다. 처음에는 힘들지 않고 큰 이익을 낼 수 있지만, 이를 독약처럼 생각하고 부정한 짓을 절제해야 한다. 이것은 처음에는 손해 보는 것 같지만 세월이 지나면 지혜로웠다는 생각이 들 것이다.

유대인이 열심히 회개했고 눈물을 흘렸는지 어떻게 아는가? 이스라엘 국가는 물이 풍부하지 않다. 하나님이 이른 비와 늦은 비를 주시지 않으면 농사를 지을 수가 없다(신 11:14; 렘 5:24). 그런데 이스라엘에서는 신년절기부터 초막절을 거쳐 10월이나 11월경에 겨울에 비가 내린다.

이 기간에 강수량은 유대인이 얼마나 열심히 회개를 했고 눈물을 흘렸는지에 따라 하나님께서 비의 량을 조절하신다는 것이다. 즉 하나님의 육적 심판은 강수량의 많고 적음으로 하신다는 것이다. 따라서 유대인은 자신들이 풍요롭게 살기 위해서라도 신년절기에 충분한 회개를 해야 한다는 것이다.

금년 신년에도 유대인들은 대속죄일을 포함하여 이틀을 그들의 공휴일로 쉬었다. LA 공립학교의 경우 초중고등학교 학생 중 유대인은 5%미만이다. 그러나 LA 공립학교(LAUSD) 대부분이 다른 이유 〈unassigned day 등〉를 붙여 휴교조치를 했다. 유대인 교사와 학생의 힘이 그만큼 세다는 증거다. 유대인이 서울 88올림픽 때에 그들의 대속죄일을 맞이하여 온 선수가 경기에 출전치 않은 사건은 더 유명하다.

유대인은 어떻게 현재까지 역사 속에 존재할 수 있었나? 유대인은 왜 우수한가? 그들의 마음이 부패하지 않게 하기 위한 끊임없는 종교교육의 실천에 있다. 이는 그들의 철저한 성경적 종교 교육방법으로 되어진다.

이방인의 송구영신은 각 나라마다 민족마다 다르다. 그러나 이방인은 대체적으로 송구영신을 타락한 물질문화의 파티에서 지낸다. 설사 죄를 짓지 않는다고 해도 설날은 배부르게 마음껏 먹고 마시는 날이다. 금식하며 회개하는 유대인의 송구영신 방법과 너무나 대조적이다.

한 인간이 질적 자질을 높이는 길은 자신의 마음을 늘 깨끗하게 하며 하나님 사상으로 재무장해야하는 하는 것이다. 그리고 위로부터 성령 충만함을 받아야 한다. 그래야 이 세상의 사악한 악의 유혹과 대결하여 이길 수 있다.

금년도 저물어 간다. 이번 송구영신에는 지난 일 년 동안 우리 생활에서 있었던 미움의 담을 헐고 용서와 화해가 먼저 있어야겠다. 땅에서 매이면 하늘에서도 메이고, 땅에서 풀면 하늘에서도 풀리기 때문이다(마 18:18).

그리고 나 자신의 죄만 회개할 뿐만 아니라 우리민족의 죄까지 회개하는 시간을 가졌으면 한다. 우리를 아프게 했던 흑인들과 김정은의 죄까지도 말이다. 그리고 성령 충만 함을 받아 축복된 새해를 힘차게 시작하자.

"서둘러 선을 행하고 악행으로부터 도망쳐 나와라"
- 선조의 말씀들 -

5. 한국 기독교인에 적용

기독교인들이 "한번 구원이면 영원히 구원을 받는다"는 논리로 예수님을 믿어 구원을 받은 후 평상시에 행동을 함부로 하는 경우가 많다. 따라서 값싼 구원이라는 비판을 많이 받아왔다. 이것을 해결하는 방법으로 유대인의 신년 절기인 로쉬하사나와 욤 키푸어는 기독교인에게도 매우 좋은 교육 방법이라고 생각한다. 왜냐하면 기독교인에게 죄가 얼마나 무서운지, 그리고 그 결과가 얼마나 처참한지를 일깨워주는 역할을 하기 때문이다.

> 혹 네가 하나님의 인자하심이 너를 인도하여 회개케 하심을 알지 못하여 그의 인자하심과 용납하심과 길이 참으심의 풍성함을 멸시하느뇨 다만 네 고집과 회개치 아니한 마음을 따라 진노의 날 곧 하나님의 의로우신 판단이 나타나는 그 날에 임할 진노를 네게 쌓는도다. (롬 24-5)

특히 그 교육의 내용이나 교육의 방법은 이방인 기독교인이 지키기에 전혀 거리낌이 없다. 즉 교육신학적으로 매우 성경적이라는 점이라는 데 주목해야 한다. 한국에도 순복음교단에 속한 대부분 교회에서는 매년 송구영신에 6일 동안〈신년 전에 3일, 후에 3일〉전 교인이 금식을 하게하며 신년부흥회를 개최하는데〈평택순복음교회 강헌식 목사 증언, 2017.8.23.〉,

이것은 매우 좋은 방법이라고 생각한다. 다만 부흥회의 주제를 죄를 회개하는 것으로 정하면 더 좋을 것이다. 물론 여기에 유대인의 내용과 방법을 더 첨가해서 발전시키면 좋을 것이라고 생각한다.

다만 한국인 기독교인은 하나님에 대한 예의를 지키기 위하여 한복을 입는 것이 좋을 것이다. 그러나 '두려움의 날'(the Days of Awe) 혹은 '심판의 날'(the Day of Judgment)이기 때문에 화려한 한복보다는 깨끗하고 단정한 한복이 좋을 것이다.

> 유대인의 신년 절기는
> 기독교인에게 죄가 얼마나 무서운지,
> 그리고 그 결과가 얼마나 처참한지를
> 일깨워주는 역할을 하기 때문에 꼭 필요하다.

Ⅳ
초막절을 통한 고난의 역사교육

1. 초막절의 의미
2. 초막절을 지키는 두 가지 이유
3. 수카(초막) 체험을 통한 고난의 역사교육
4. 초막절에 필요한 네 가지 물품들을 통한 교육
5. 결론: 유대인의 수카(초막) 체험교육의 유익
6. 한국인 기독교인에게 초막절 적용

〈저자 주: 초막절을 종말론적 입장에서 해석하는 학자들이 많지만, 여기에서는 교육학적인 입장에서 해석한다.〉

1. 초막절의 의미

이스라엘 민족은 출애굽을 한 후 바로 가나안 땅으로 가지 못했다. 사람이 살기 힘든 시내광야에서 40년간 유랑하며 천막생활을 했다. 시내광야는 먹고 살만한 식물도 없었고 물도 귀한 사막이었다. 그런데도 유대인이 생존에 성공한 것은 하나님의 보호와 인도하심이 있었기 때문이었다.

하나님은 유대인에게 출애굽부터 가나안에 들어가기 전까지와 관련하여 세 가지 절기를 영구히 지키라고 명령하셨다. 유월절, 오순절 그리고 초막절이다(출 23:14-17, 34:18-23; 신 17:16). 유월절은 출애굽에 관한 것을 기억하는 절기이고, 오순절은 출애굽 이후 시내산에서 율법을 받은 날을 기념하는 절기다. 그리고 초막절(레 23:33-43)은 조상들이 시내광야에서 초막생활을 한 40년의 고난을 되돌아보는 절기다. 초막절은 유대인이 출애굽을 한 이후 광야에서 순례자의 길을 걸은 것을 기억하는 마지막 절기다.

> 너희는 이레 동안 초막에 거주하되 이스라엘에서 난 자는 다 초막에 거주할지니 이는 내가 이스라엘 자손을 애굽 땅에서 인도하여 내던 때에 초막에 거주하게 한 줄을 너희 대대로 알게 함이니라 나는 너희의 하나님 여호와이니라. (레 23:42-43)

초막을 히브리말로 '수카'(סֻכָּה Sukkah, 복수는 סוכות, Sukkot, a temporary hut or shelter)라고 부른다. 쉽게 표현하면 한국의 오두막 같은 것인데, 유대인식 텐트(장막) 같은 것이다. 그래서 초막절을 장막절(the Feast of Tabernacles)이라고 한다. 또한 칠월 추수기에 추수한 것에 대해 하나님에게 감사드리는 절기라고 하여 '칠월 절기'(왕상 8:2; 대하 5:3; 느 8:14)라고도 한다.

유대인은 종교력으로 티쉬리(Tishri)월 15일에 시작하여 7일 동안 지킨다(레 23:34). 시작하는 15일은 욤키푸어(대속죄일)가 지난 후 5일째 날이다. 로쉬하사나(신년절기)부터 욤키푸어(대속죄일)까지 10일 동안은 구원을 위해 모든 유대인이 1년 동안 지은 죄를 철저하게 회개하며 심각하고 긴장된 날들을 보낸다.

따라서 그 후 5일째 시작하는 초막절은 추수를 감사하는 축제를 겸하기 때문에 긴장을 풀고 매우 편안한 마음으로 기쁘게 드리는 축제다. 따라서 기쁨의 계절(the Season of our Rejoicing)이라고도 한다. 〈저자 주: 초막절을 편의상 '추수감사제' 혹은 '추수감사절'로 표기한다.〉

초막절의 영적 의미는 무엇인가? 초막은 나그네들이 잠시 머무는 임시 처소다. 따라서 유대인의 초막생활은 그들이 영구히 거할 가나안에 들어가지 전에 잠시 나그네처럼 머물 때의 생활이다.

이것은 신약시대에 구원받은 백성이 영원한 영적 가나안, 즉 천국에 대한 소망을 가진 성도들이 이 세상에서 잠시 머물며 겪는 순례자의 삶을 상징한다(히 11:13-16, 13:14; 벧전 1:17).

> 이 사람들은 다 믿음을 따라 죽었으며 약속을 받지 못하였으되 그것들을 멀리서 보고 환영하며 또 땅에서는 외국인과 나그네 임을 증언하였으니 그들이 이같이 말하는 것은 자기들이 본향 찾는 자임을 나타냄이라 그들이 나온 바 본향을 생각하였더라

> 면 돌아갈 기회가 있었으려니와 그들이 이제는 더 나은 본향을 사모하니 곧 하늘에 있는 것이라 이러므로 하나님이 그들의 하나님이라 일컬음 받으심을 부끄러워하지 아니하시고 그들을 위하여 한 성을 예비하셨느니라. (히 11:13-16)

또한 종말론적 영적 의미는 주님이 재림하신 이후 성도들이 그리스도와 영원히 안식하는 것을 뜻하기도한다.

하나님께서는 유대인에게 왜 초막절을 지키라고 명령하셨는가? 왜 초막절은 유대인의 3대 절기에 속할 만큼 중요한 절기인가? 하나님은 유대인에게 초막절에 크게 두 가지를 지켜 행하라고 하셨다. 1) 광야 40년의 초막생활의 고난을 기억하라. 2) 하나님께 추수감사제를 드려라. 두 가지를 행하라고 하신 데는 어떤 깊은 뜻이 있는지 교육학적으로 자세히 살펴보자.

**초막을 히브리말로 '수카'라고 한다.
한국의 오두막 같은 것이다.**

2. 초막절을 지키는 두 가지 이유

A. 광야 40년 초막생활의 고난을 기억하라

1) 유월절: 출애굽 사건을 기억하라

하나님은 왜 유대인에게 초막절을 지키라고 명령하셨는가? 첫째는 하나님이 "이스라엘 자손을 애굽 땅에서 인도하여 내던 때에 초막에 거주하게 한 줄을 알게 하기 위함이다"(레 23:43).

이 말씀을 해석하기 위해서는 먼저 하나님이 유대인에게 무엇을 원하시는지, 하나님이 이 말씀을 하시게 된 기본 동기를 알아야 한다. 이것은 하나님의 기본 교육철학을 이해하기 위해 대단히 중요하다.

하나님은 유대인의 후손들이 고단한 광야생활을 끝내고 젖과 꿀이 흐르는 가나안 복지에 들어가면 갑자기 엄청난 환경의 변화를 맞게 될 것을 미리 아셨다. 하나님은 그들에게 "네가 채우지 아니한 아름다운 물건이 가득한 집을 얻게 하시며 네가 파지 아니한 우물을 얻게 하시며 네가 심지 아니한 포도원과 감람나무를 얻게 하시고"(신 6:11), "또 네 소와 양이 번성하며 네 은금이 증식되며 네 소유가 다 풍부하게"(신 8:12-13) 해 주신다고 약속하셨기 때문이다. 하나님께서는 그들이 배불리 먹고 등 따뜻하게 될 때에 그들이 교만하여 여호와 하나님을 잊어버릴까 걱정하셨다(신 6:11-12, 8:12-14).

> 네가 채우지 아니한 아름다운 물건이 가득한 집을 얻게 하시며 네가 파지 아니한 우물을 얻게 하시며 네가 심지 아니한 포도원과 감람나무를 얻게 하사 너로 배불리 먹게 하실 때에 너는 조심하여 너를 애굽 땅 종 되었던 집에서 인도하여 내신 여호와를 잊지 말고…. (신 6:11-12)

> 네가 먹어서 배부르고 아름다운 집을 짓고 거주하게 되며 또 네 소와 양이 번성하며 네 은금이 증식되며 네 소유가 다 풍부하게 될 때에 네 마음이 교만하여 네 하나님 여호와를 잊어버릴까 염려하노라. (신 8:12-14)

이것은 그들이 가나안에 도착한 이후 하나님이 주신 땅에서 아름다운 집에 거주하며 온갖 풍요를 누릴 때에도 1) 옛날 조상들이 애굽에서 겪었던 노예생활의 고난과 2) 조상들을 애굽 땅 종 되었던 집에서 인도해 내신 여호와를 잊지 말라는 것이다.

이 말씀을 우리에게 적용한다면, 아무리 이 세상에서 크게 성공하여 권력과 부와 명예를 얻어 누린다고 해도, 결코 1) 옛날 자기 조상들이 겪었던 고난과 2) 그 고난에서 구원해 내신 여호와를 잊지 말라는 뜻이다.

만약 교만하여 두 가지를 잊어버리면 그들의 인생은 패망(잠 16:18)이라는 것이다. 이것은 하나님이 그들을 광야 40년 동안은 고난 속에서 지내게 하셨기 때문에 교만하기가 힘들었지만, 가나안에 들어간 이후에 풍요를 맛보면 얼마든지 교만할 수가 있다는 것을 미리 아셨기 때문이다. 하나님은 인간의 창조자이시므로 인간의 속성을 너무나 잘 알고 계셨다.

여기에서 이런 질문을 할 수 있다. 유대인의 교만을 방지하기 위해 앞의 두 가지 고난을 기억하는 것은 유월절 절기를 지키는 것만으로도 충분했다. 그런데 하나님은 왜 또 초막절을 지키라고 명령하셨는가?

그 이유는 하나님 보시기에는 유월절 절기만으로는 충분하지 않다는 것이다. 유대인이 출애굽을 한 이후 시내광야에서 40년 동안 초막생활을 하며 겪은 고난도 기억해야 한다는 것이다(레 23:42-43). 하나님께서는 그만큼 과거 고난의 역사를 기억하는 것이 인성교육학적인 입장에서 중요하다는 것을 강조하신 것이다.

이 출애굽의 고난을 기억하는 것은
유월절 절기로도 충분했다.
그런데 하나님은 왜 또 초막절을 지키라고 하셨는가?

2) 초막절: 광야 40년의 초막생활을 기억하라

초막절의 중요성을 알기 위해서는 유월절과 초막절의 차이를 알아야 한다. 그 차이를 아는 것은 고난의 역사교육신학적인 입장에서 대단히 중요하다. 그 차이에서 하나님이 원하시는 교육의 의도를 발견할 수 있기 때문이다.

그 차이를 설명하기 위하여 신명기 6:11-12, 8:12-14절 말씀과 레위기 23:42-43절 말씀에 나타난 유대인이 기억해야 할 사건들을 순서대로 정리하면 다음과 같다.

첫째, 애굽에서 400년 동안 바로의 노예 생활을 했던 고난을 기억하라.

둘째, 홍해를 건너는 출애굽 사건, 즉 그들을 애굽 땅 바로의 종 되었던 집에서 인도해 내신 하나님을 기억하라. 〈애굽에 10가지 재앙을 내리시고 홍해를 가르시어 건너게 하셨던 하나님을 기억하라〉

셋째, 시내광야에서 40년 동안 초막생활을 했던 고난을 기억하라.

넷째, 시내광야에서 40년 동안 유대인과 함께 하셨던 하나님을 기억하라.

〈하나님은 사람이 거주하기 힘든 사막에서 그들에게 토라를 주셨고, 위험에서 보호해 주셨고, 매일 일용할 만나(양식)를 공급해 주셨고, 마침내 가나안으로 인도해 주셨다.〉

유월절에 기억해야 할 것과 초막절에 기억해야 할 것은 무엇이 다른가? 하나님은 유대인에게 1-2)항은 유월절에 기억하라고 하셨고, 3-4)항은 초막절에 기억하라고 하셨다.

　따라서 유월절이 1) 애굽에서 400년 동안 바로의 노예 생활의 고난과 2) 홍해를 건너는 출애굽 사건, 즉 애굽 땅 바로의 종 되었던 집에서 인도해 내신 하나님을 기억하는 절기라면, 초막절은 1) 시내광야에서 40년 동안 초막생활의 고난과 2) 시내광야 40년 동안 유대인과 함께 하셨던 하나님을 기억하는 절기다.

　고난의 역사를 기억시키는 방법적인 면에서 유월절은 온 가족이 주택 안 식탁에서 당시 상황을 이론적으로 가르쳐 기억시키는 방법이라면, 초막절은 주택 밖에 있는 초막에서 이론 교육과 함께 초막 생활을 체험하며 과거 조상들의 광야 40년의 초막생활을 기

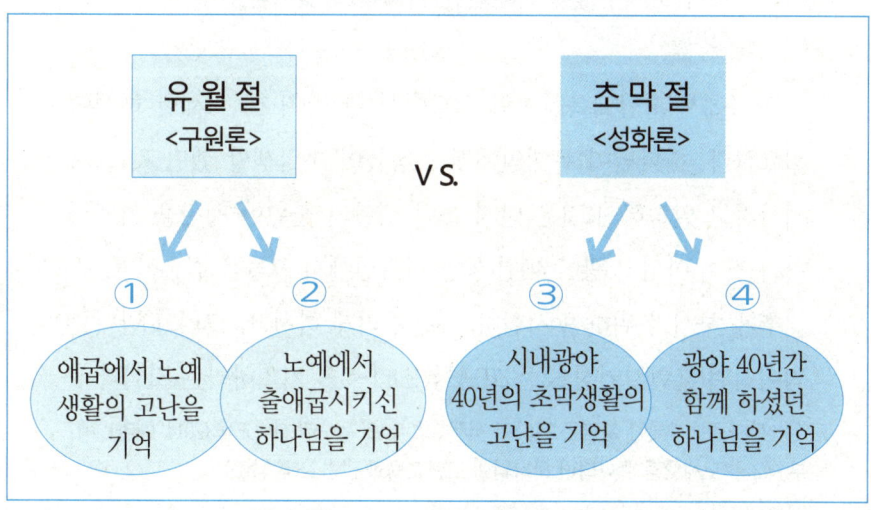

억시키는 체험학습 방법이다. 큰 틀에서 이것이 유월절과 초막절의 차이다.

좀 더 구체적으로 유월절에 기억해야 할 것들과 초막절에 기억해야 할 것들을 대조하며 그 차이를 분석해 보자. 전자가 기억해야 할 고난의 장소가 악(죄)의 땅 애굽이라면, 후자는 하나님이 계시는 시내광야다. 따라서 시내광야는 교회의 상징이다(행 7:38). 전자가 기억해야 할 고난의 기간이 400년 동안이라면, 후자는 40년이다.

전자의 고난의 내용이 바로의 노예생활이었다면, 후자는 시내광야에서 초막생활을 한 것이다. 하나님의 은총적 측면에서는 전자는 하나님이 유대인을 애굽 땅 바로의 종 되었던 집에서 인도해 내어 홍해를 건너게 한 출애굽 사건을 기억하는 것이라면, 후자는 사람이 거주하기 힘든 곳에서 그들에게 토라를 주셨고, 매일 일용할 만나(양식)를 공급해 주셨고, 위험에서 보호해주셨고, 마침내 가나안으로 인도해주셨던 하나님을 기억하는 것이다.

여기에서 고난교육학적인 입장에서 한 가지 더 자세한 해석이 필요하다. 하나님이 유대인에게 조상들이 초막생활 했던 것을 기억하라고 말씀하신 것은 단지 초막 생활의 불편한 것만을 기억하라는 것이 아니고 광야 40년 동안 하나님께서 그들을 겸손하게, 즉 낮추게 하시기 위하여 시험하시고, 주리게 하시고, 그리고 만나를 먹이시며 훈련시키신 모든 고난들(신 8:1-4)을 기억하라는 것이다.

〈저자 주: 자세한 설명은 저자의 저서 '하나님의 독수리 자녀교육'(2014, 쉐마), 제1부 제2장 '모세오경에 나타난 하나님의 고난교육과 전인교육' 참조〉

이것은 오늘을 사는 유대인은 그것을 기억하는데 그치지 말고, 아무리 부유한 위치에 있더라도 하나님이 원하시는 그런 겸손한 마음을 가지고 살아가라는 것을 뜻한다.

마지막으로 한 가지 질문이 또 있다. 하나님은 초막절을 왜 로쉬 하사나(신년절기)부터 욤키푸어(대속죄일)까지 10일을 지키게 한 이후 5일째에 초막절을 시작하라고 하셨는가?

10일간은 유대인이 자신들이 지은 모든 죄를 철저하게 회개하는 기간이다. 하나님은 이어서 초막절에 유대인에게 또 하나의 불행한 역사를 기억하며 과거의 죄를 기억하게 하셨다. 그것은 자신들의 조상들이 광야 40년의 초막생활을 하게 원인을 알고 그 죄를 기억하라는 것이다.

그 원인은 과거 출애굽을 한 후 광야에서 자기 조상들이 가나안에 대한 10정탐꾼들의 부정적인 보고를 듣고 심히 낙심한 데서 찾을 수 있다(민 13:32-33; 신 1:28). 이것은 하나님에 대한 불신앙의 죄에 해당한다(신 1:30).

하나님께서는 그들의 불신앙에 매우 진노하셨다. 그리고 그 땅을 정탐한 날 수인 40일의 하루를 1년으로 쳐서 그 40년간 그들의 죄악을 시내 광야에서 방랑하게 하며 담당하게 하셨다(민 14:34; 32:13).

하나님은 초막절에 조상들의 이런 불신앙의 죄도 기억하라는 것이다. 다시는 불신앙의 죄를 짓지 않게 하기 위함이다. 죄에 대한 회개는 지난 10일 동안 모두 했기 때문에 초막절에는 그 죄를 기억만 하면 된다.

유월절에 기억해야 할 것과
초막절에 기억해야 할 것은 무엇이 다른가?

3) 유월절은 구원론, 초막절은 성화론을 상징하는 이유

앞의 내용을 신약신학적인 측면에서 해석해보자. 구약은 신약의 그림자다(히 9:24, 10:1). 전자는 우리의 영혼이 구원받기 이전에 죄의 노예였을 때와 죄의 노예에서 구원해 주신 하나님을 기억하는 것이라면(요 8:34; 롬 6:16-23), 후자는 구원 받은 하나님의 백성이 영원한 가나안, 즉 천국에 가기 전(요단강 건너기 전)에 이 세상에서 성화의 과정에서 겪는 고난과 그 고난 중에서도 우리와 함께 하셨던 하나님의 은혜(신 31:6; 사 43:2; 요 14:23; 고전 15:10, 16:23; 살후 3:16)를 기억하는 절기다(자세한 설명은 저자의 저서 '하나님의 독수리 자녀교육'(2014, 쉐마), 제1부 제2장 '모세오경에 나타난 하나님의 고난교육과 전인교육' 참조). 전자가 구원론에 관계된 복음이라면, 후자는 성화론에 관계된 쉐마교육이다.

결론적으로 하나님의 입장에서 사랑하시는 백성들에게 두 가지를 기억시키는 것이 대단히 중요하다는 것을 알 수 있다. 1) 구원론과 관계된 출애굽 사건도 매우 중요하지만, 구원 받은 이후 성화론에 관계된 광야 40년의 고난교육도 아울러 중요하다는 것이다. 전자가 영혼을 구원시키는 복음이라면, 후자는 하나님의 형상을 닮

고난의 역사교육신학적인 입장에서 유월절과 초막절의 차이

구분	유월절	초막절
고난의 장소와 내용	애굽에서 노예 생활한 것을 기억	시내광야에서 1) 40년간 초막생활을 하게 된 원인, 즉 조상들의 불신앙을 기억하고, 2) 초막 생활한 것을 기억
고난의 기간	애굽에서 400년 동안	시내광야에서 40년 동안 가나안 가기 전(요단강 건너기 전)
하나님 하신 일들	출애굽 사건; 애굽에 내린 10가지 재앙과 홍해를 갈라 구원해 주신 하나님을 기억	시내광야에서 함께 하셨던 하나님: 사람이 거주하기 힘든 곳에서 유대인에게 토라를 주셨고, 만나(양식)를 공급해 주셨고 위험에서 보호해 주셨고, 가나안으로 인도하셨던 하나님을 기억
기억의 방법	주택에서 당시 사건을 논리적으로 설명	주택 밖 초막을 체험하며 논리적으로 당시 사건을 설명(이론+체험학습 방법)
신학적 구분	구원론	성화론
신학적 설명1	죄의 노예에서 예수님의 십자가 보혈로 구원해 주신 하나님을 기억 (롬5:9; 엡1:7, 2:13)	1) 구원 받은 후 초신자 시절 불신앙의 죄를 기억, 2) 구원받은 백성이 천국(가나안)가기 전(요단강 건너기 전)의 고단한 세상 생활을 기억: 낮추기 위해(겸손) 시험하시고 주리게 하시고, 만나를 먹이시며 훈련시키신 모든 고난들(신 8:1-4)을 기억하고, 그런 겸손한 마음으로 살아라. 3) 성도에게 하나님의 말씀을 주시고, 일용할 양식을 주시고, 위험에서 보호하시고, 영원한 천국(가나안)으로 인도해 주신 하나님을 기억
신학적 설명2	구원을 위한 복음 (구원론)	성화를 위한, 즉 하나님의 형상을 닮기 위한 쉐마교육 (성화론)
구체적 설명	단회적인 영혼 구원 (롬 8:33-39; 히 9:12)	온전한 사람을 이루기 위해 일생에 걸쳐 성장해야 한다(엡4:13)

아가게 하는 쉐마교육이다.

이것은 무엇을 뜻하나? 하나님에게는 물론 구원을 위한 복음도 중요하지만, 성화를 위한 쉐마교육도 그만큼 중요하다는 것을 뜻한다. 구원은 단회적으로 끝나지만(롬 8:33-34, 38-39; 히 9:12), 성화는 온전한 사람을 이루기 위해 일생에 걸쳐 성장해야 한다(엡 4:13). 따라서 기독교인에게는 구원론과 성화론 모두가 중요하다.

이것은 기독교에서 복음만 너무 강조한 나머지 성화를 위한 쉐마교육을 소홀히 한 것과 매우 대조된다.

특히 하나님이 유월절을 자신이 거주하는 주택 안에서 애굽에서의 노예생활과 출애굽 과정을 자세히 기억시키는 절기로 지키게 하셨다면, 초막절에는 편안한 주택을 떠나 초막 안에서 조상들의 광야 40년 동안의 초막생활과 온갖 고생한 것들을 기억하게 하신 것은 너무나 탁월한 교육 방법이다. 오직 하나님만이 창안해 낼 수 있는 위대한 교육방법이다.

따라서 기독교인도 이 두 가지 절기 방법을 적용하여 새로운 절기 프로그램을 만들어야 한다. 이 방법대로 절기를 지켜야 한다.

**왜
유월절은 구원론,
초막절은 성화론을 상징하는가?**

B. 하나님을 위하여 추수감사절을 지키라

1) 초막절에 추수감사절을 겸하는 이유

하나님은 왜 유대인에게 초막절을 지키라고 명령하셨는가? 둘째 이유는 이스라엘 백성들이 한 해의 각종 곡물과 과일 등의 수확을 끝내고 하나님께 추수한 것을 감사하게 하기 위함이다(출 23:16, 34:22; 민 29:13-33). 따라서 초막절을 '거두어들이는 절기(축제)'(the Festival of Ingathering), 혹은 수장절(출 23:16)이라고도 한다.

우리는 초막절과 관련하여 교육학적인 입장에서 두 가지 질문을 할 수 있다. 1) 하나님께서는 초막절에 왜 조상들이 광야에서 겪은 고난만 기억하라고 하시지 않고, 추수감사절도 겸하라고 명령하셨는가? 그리고 2) 왜 초막절을 시기적으로 유월절(태양력으로 주로 4월)과 오순절(유월절 후 50일째 날)에 이어 지키라고 하시지 않으시고, 오순절 이후 약 4개월이 지난 후 대속죄일 다음(태양력으로 주로 10월)에 지키라고 하셨는가?

그 이유는 그 때가 이스라엘에서 추수를 마치는 기간(레 23:39)이기 때문이다. 그렇다면 하나님은 광야 40년의 초막생활의 고난을 기억하는 초막절을 왜 하필 추수를 마친 후에 추수감사절을 겸하여 지키라고 하셨는가? 고난의 역사를 기억하는 것과 추수감사절은 어떤 상관관계가 있는가?

이것을 설명하기 위해서는 인간에게 고난의 역사를 기억하는 것이 가장 필요한 시기가 어느 때인지를 알아야 한다. 가장 교만하기 쉬운 시기다. 가장 교만하기 쉬운 시기는 언제인가? 가장 모든 면에서 성공적이고 풍요로울 때다. 농경기 시대에는 언제가 가장 풍요로운가? 일 년 중 추수기다. 따라서 추수기는 풍요의 상징이다. 풍요는 인간에게 교만을 주기 쉽고 육의 유혹에 끌려 타락하기 쉽다.

옛날 농경시대의 남자들이 언제 가장 타락했는가? 가을에 추수한 곡식을 시장에 갔다 판 후 목돈이 생겼을 때와 바다의 어부들이 고기를 많이 잡아 모처럼 목돈이 생겼을 때였다. 그들은 모처럼 만지는 큰돈에 취하여 교만해져서 술이나 도박 및 여자한테 흥청망청 낭비하며 타락하게 하는 경우가 많았다. 하나님은 이를 너무나 잘 아셨다.

따라서 하나님은 유대인이 가장 교만하기 쉬운 추수기에 추수만 하도록 놓아두지 않으셨다. 그들의 교만과 타락을 막기 위하여 두 가지 고난을 기억하게 하시며, 동시에 하나님에게 추수감사절을 지키도록 명령하셨다. 여호와 하나님의 은혜를 잊지 않게 하기 위함이었다.

유대인은 추수감사절을 지키는 기간에 추수감사절 프로그램을 통해 금년의 풍년이 자신들이 똑똑하고 열심히 일해서 얻은 것, 즉 자신의 능력으로 얻은 것이 아니고, 근본적으로 하나님께서 이른 비와 늦은 비를 적당히 주셔서 오늘의 풍요를 누릴 수 있다는 것을 알게 하신다. 즉 자신의 주제 파악을 하게 하셨다.

그렇다고 해서 유대인이 농사를 짓는 일에 최선의 노력을 다하지 말라는 것은 아니다. 이보다 농산물 수확에 더 절대적인 영향을 주시는 분은 하나님이라는 것을 기억하라는 것이다. 실제로 이스라엘은 사막 기후이기 때문에 하나님께서 비와 이슬을 충분히 주시지 않으면 농사를 지을 수 없는 지형적인 특성이 있다.

 이것이 유대인은 어쩔 수 없이 하나님에게만 매달릴 수밖에 없는 이유다. 이것은 지형적으로 항상 농사를 지을 수 있는 나일강물이 풍부한 애굽과 대비되는 조건이다.

〈자세한 설명은 저자의 저서 '하나님의 독수리 자녀교육' (2014, 쉐마), 제1부 제2장 III. 2. B. '사람의 길과 하나님의 길의 차이' 참조〉

인간에게 고난의 역사를 기억하는 것이
가장 필요한 시기가 어느 때인가?
즉 가장 교만하기 쉬운 시기는 언제인가?

2) 고난의 역사를 기억하는 것과 추수감사절의 차이

앞에서 하나님은 유대인이 가나안에서 가장 교만하기 쉬운 추수기에 과거 고난을 기억하게 하셨다고 설명했다. 이것을 더 구체적으로 설명해보자. 고난의 역사를 기억하는 것과 추수감사절의 상관관계를 알기 위하여 각각의 특성(차이)을 대조해 보자. 그리고 서로 다른 두 가지 주제가 교육학적으로 어떻게 상호 보완작용을 할 수 있는지 알아보자.

시제적인 입장에서 고난의 역사는 과거에 속한 것이고, 추수감사절은 현재에 속한 것이다. 인간이 과거에만 머물러 있다면 현재에 발전이 없다. 현재의 발전에만 집중한다면 과거 정신적인 뿌리를 잃게 된다. 따라서 바른 신앙생활이란 전자와 후자의 균형과 조화를 이루어야 한다. 그래야 서로의 약점은 보완되고 장점은 극대화된다.

학문의 영역적인 면에서 전자가 역사학에 관한 것이라면, 후자는 자신의 생업, 즉 직업에 관한 것이다. 물질적 측면에서 전자가 극심한 고난에 관한 것이라면, 후자는 최고의 풍요에 관한 것이다. 인성교육학적인 입장에서 전자가 정신적인 수직문화에 속한 것이라면, 후자는 부패하기 쉬운 부유한 물질, 즉 수평문화에 속한 것이다. 감성적인 측면에서 과거의 고난의 역사를 기억하는 것은 유쾌하지 않은 것이지만, 추수감사절은 유쾌한 것이다.

하나님은 왜 이렇게 상반된 개념을 가진 두 주제를 한 절기에 지키라고 명령하셨는가? 그것은 과거 고난의 역사를 되돌아보면 오늘의 나를 살피어 겸손한 마음을 가질 수 있고, 겸손한 마음을 가질 때 오늘의 풍요에 교만하기 보다는 그 동안 하나님의 축복과 보호하심 그리고 인도하심에 더 감사하고 기뻐할 수 있기 때문이다. 인간은 과거 고난의 역사를 기억하며 추수감사절을 지킬 때 과거의 처절한 고난과 대조하여 현재 추수에 대한 감사와 기쁨은 더 극대화 된다. 이런 면에서 전자와 후자가 결합할 때 엄청난 교육학적인 시너지 효과를 얻을 수 있다.

인성교육학적인 입장에서 과거 고난의 역사를 기억하는 것은 나의 정신적인 수직문화, 즉 뿌리문화인 정체성을 바르게 세워주는 것이고, 이것을 바탕으로 겸손한 마음으로 추수감사절에 하나님에게 감사와 찬송과 영광을 돌리며 기뻐해야 한다.

또한 초막절이 하나님의 백성에게 주는 의미는 이 세상을 살아가는 데 고난도 있지만, 하나님의 은혜로 농사를 잘 지어 풍성한 곡식과 과일을 거두는 기쁨도 있다(신 11:14)는 것을 알게 하신다. 이것은 하나님이 성도들에게 이 세상을 살아가면서 고생만 할 것이 아니라 풍요도 누려야한다(전 3:13, 5:18)는 것을 가르쳐준다.

> 사람마다 먹고 마시는 것과 수고함으로 낙을 누리는 것이 하나님의 선물인 줄 또한 알았도다. (전 3:13)

요약하면, 유대인이 초막절에 해야 할 두 가지가 의무가 있다. 첫 번째는 조상들이 광야에서 40년 동안 고생했던 초막생활을 재현하며 그 당시의 고난을 기억하는 것이고, 두 번째는 곡식과 과일을 추수한 것에 대해 하나님께 추수감사제를 드리는 것이다.

고난의 역사를 기억하는 것과 추수감사절의 차이

구 분	고난의 역사	추수감사절
시제	과거에 속한 것	현재에 속한 것
학문의 영역	역사학	자신의 생업, 즉 직업
물질적 측면	극심한 고난을 기억	최고의 풍요를 누림
인성교육	정신적인 수직문화에 속함	부패하기 쉬운 부유한 물질, 즉 수평문화에 속함
감성적 측면	유쾌하지 않은 것	유쾌한 축제
	인간은 과거 고난의 역사를 기억하며 추수감사절을 지킬 때 과거의 처절한 고난과 대조하여 현재 추수에 대한 감사와 기쁨은 더 극대화 된다. 따라서 서로 다른 두 가지 주제가 결합할 때 엄청난 교육학적인 시너지 효과를 얻을 수 있다.	

전자는 하나님 앞에서 교만을 막고 겸손하게 살기 위함이고, 후자는 이것을 바탕으로 추수에 대한 감사와 기쁨을 나타내기 위함이다. 하나님 앞에서 1) 겸손, 2) 감사, 그리고 3) 기쁨을 표시하는 것은 기독교인의 기본자세다.

〈저자 주: 유대인은 이렇게 극단적인 두 가지 개념을 한 예식에서 실천하게 하는 경우가 종종 있다. 기쁜 결혼식 예식에서 성전이 파괴된 고난의 날을 기념하기 위하여 포도주잔을 깨는 것이 그 중 하나다. 제4부 제6장 '고난의 역사를 기억하게 하는 교

육 방법을 창안' 참조)

1) 하나님은 초막절에 왜
광야의 고난만 기억하라고 하시지 않고,
추수감사절도 겸하라고 명령하셨는가?
2) 왜 초막절을 시기적으로
유월절과 오순절에 이어서가 아니고,
4개월이 지난 후 추수기에 지키라고 하셨는가?

3. 수카(초막) 체험을 통한 고난의 역사교육

앞에서 초막절을 지켜야 하는 두 가지 이유에 대해 설명했다. 따라서 유대인은 현재도 초막절이 되면 자신들의 풍요로운 주택을 잠시 떠나 조상들이 살았던 것과 같은 초막을 짓고 그곳에서 3대가 7일 동안 함께 생활한다. 그 기간에 자신들의 조상들이 광야에서 40년 동안 초막생활을 하며 고생했던 역사적인 사실과 고난의 때에 함께 하셨던 하나님의 구속의 은총을 기억한다(레 23:43).

유대인은 초막절을 통하여 자녀들에게 고난의 역사를 어떻게 교육시키는가? 일단 그들은 현재도 자신의 집 뒷마당에 초라한 임시 초막을 짓는다. 때로는 주차장이나 마당, 그리고 아파트에 사는 사람들은 옥상이나 거실 앞 베란다에 초막을 짓는다. 전 세계에 흩어진 유대인이 동일하게 행동한다. 물론 이스라엘의 군대에도 군인들이 초막을 짓는다. 모든 이들에게 민족적 혹은 국가적으로 역사와 전통에 세대 차이가 없다.

초막을 지을 때에는 온 가족 3대가 힘을 모아 함께 짓는다. 내 가족이 광야에 머물 보금자리이며 거룩한 성전이란 개념을 심어주기 위함이다. 여기에서 가족의 소중함을 다시 깨닫는다. 유대인은 힘든 광야 생활 속에서도 가족이 있어 힘이 생겼고 희망이 있었다.

부모는 합판(plywoods)과 천으로 초막을 짓고 자녀들은 부모를 돕는다. 초막 안에는 커다란 식탁과 가족 수대로 의자들을 놓는다. 조상들(열두 지파)이 광야에서 진 쳤던 모습과 성막에서 제사를 지냈

유대인은 초막절(수카 절기)을 지키기 위하여 온 가족이 함께 초막을 짓는다. 사진은 예루살렘에서 집 뒤에 초막절을 지키기 위하여 초막을 지은 후 함께 포즈를 취한 가족

유대인 가족이 초막에서 식사하는 모습(오른쪽은 저자). 초막의 내부 장식은 어린이들이 한다. 광야 생활 40년 동안 조상들이 겪은 고난의 역사를 기억하고 하나님의 은혜를 가르치기 위한 자료들이 보인다. 추수감사 절기도 겸하여 지킨다.

Ⅳ. 초막절을 통한 고난의 역사교육

던 모습들을 그림이나 만화 등으로 치장해 놓는다.

수카는 벽만 있고 지붕은 하늘의 별을 볼 수 있게 듬성듬성 서까래를 얹어 놓았다. 서까래 위에는 종려나무 나뭇잎 같은 것을 얹어 놓는다. 왜냐하면 유대인의 조상들이 광야 40년 동안 하늘에 있는 낮에는 구름기둥, 밤에는 불기둥을 보기 위해 수카 위를 열어놓았던 것처럼, 자신들도 밤낮으로 하늘을 볼 수 있게 하기 위함이다. 물론 비가 올 때는 비가 새지 않도록 여러 가지 조치를 한다. 초막 바깥의 벽은 주렁주렁한 과일이나 채소로 장식되어 있다. 추수감사절도 함께 겸하여 지키기 위함이다.

유대인은 초막을 지을 때 값싼 재료로 멋이 없이 초라하게 짓는다. 겸손을 보이기 위함이다. 미국 LA 지역의 베벌리 힐스 같은 부자 동네의 저택이라 하여도 예외가 없다. 저자는 좀 근사한 초막을 사진에 담기 위하여 여러 집의 초막을 살펴보았다.

그러나 아무리 돈이 많은 부잣집이라 하더라도 하나같이 합판과 나뭇잎으로 지은 초라한 움막뿐이었다. 그 이유를 물은즉 그들은 모세의 시대에 자신들의 조상들은 이보다도 못한 천막에서 고생을 했는데, 어떻게 우리가 호화로운 초막을 지을 수 있느냐고 반문했다.

유대인은 초막을 마친 다음에는 이런 축복기도를 드린다.

찬송받기에 합당하신 이여, 우리의 하나님, 우주의

왕이시여. 우리를 그 분의 계명으로 성결케 하시고 초막에 거하게 명령하신 분이시여.
⟨Blessed are You, LORD, our God, King of the universe, who has sanctified us with His commandments and commanded us to dwell in the sukkah.⟩

세상에서 가장 많은 권력과 명예, 그리고 부를 얻었다고 해도, 초막절 7일 동안은 모든 세상의 지위를 내려놓고 전 세계 모든 유대인과 동일하게 3200여 년 전 조상들이 광야에서 겪었던 초막생활을 한다는 것을 상상해 보라. 얼마나 감격적인 장면인가!

유대인은 초막절을 통하여 자녀들에게 고난의 역사를 어떻게 교육시키는가?

4. 초막절에 필요한 네 가지 식물들을 통한 교육

초막절을 지키는데 꼭 필요한 네 가지 식물들(The Four Species)이 있다. 하나님께서는 유대인에게 이 식물들을 들고 하나님 여호와 앞에서 이레 동안 즐거워하라고 하셨다(레 23:40).

> 첫 날에는 너희가 아름다운 나무 실과와 종려나무 가지와 무성한 나무 가지와 시내 버들을 취하여 너희의 하나님 여호와 앞에서 이레 동안 즐거워할 것이라. (레 23:40)

네 가지 식물들을 정리하면 다음과 같다. 〈저자 주: 다음 중 **첫째**와 **셋째**는 한국말로 번역하기 힘든 단어라 영어 그대로 사용한다.〉

1) 아름다운 나무 실과〈Etrog(citron, 시트론)〉
2) 야자나무 가지〈Lulav(palm branch, 종려나무 가지)〉
3) 무성한 나무 가지〈Hadas(myrtle, 머틀)〉
4) 시내 버들〈Aravah(willow, 버드나무)〉

유대인은 이 네 가지 식물들을 들고 매우 까다로운 예식을 치르는데, 지면상 자세한 것은 생략하고 이 네 가지 식물들의 특징과 이것들이 주는 교훈이 무엇인지 알아보자〈Scherman, Nosson & Zlotowitz, The Chumash. 1994, p. 689, www.jewfaq.org/holiday5.htm〉.

첫째 해석

야자나무 가지는 척추를 상징하고, 작은 타원형 모습의 머틀나무 잎은 눈을 상징하고, 긴 타원형의 버들잎은 입을 상징하고, 시트론 과일은 심장(마음)을 상징한다. 이 네 가지는 모두 인간이 죄를 짓는데 사용할 수도 있지만, 넷이 협력하여 율법(mitzvot, commandments)을 실천하는데 사용해야 한다는 뜻이다.

둘째 해석

1) 시트론(citron, Etrog): 시트론이란 과일은 노란색인데 귤과 비슷하다. 맛도 있고 기분 좋게 하는 향도 있다. 맛은 토라의 지식(knowledge of Torah, 성경 지식)을 뜻하고, 향은 율법의 실천(performance of mitzvot)을 뜻한다. 시트론이란 과일은 두 가지, 토라의 지식도 있고, 율법도 실천하는 유대인을 상징한다. 제일 바람직한 유대인이다.

유대인은 왜 맛을 토라의 지식에 비유했는가? 토라의 지식은 하나님의 말씀에 대한 지식을 말한다. 그 말씀은 송이 꿀처럼 맛이 있는 것이기 때문이다(시 19:9-10, 119:103, 잠 24:13). 그리고 왜 향을 율법의 실천에 비유했는가? 기독교인은 하나님 앞에서 그리스도의 향기다(고후 2:14-15). 그리스도의 향기는 그리스도께서 우리를 사랑하신 것같이 우리도 사랑 가운데서 행하는 것이기 때문이다(엡 5:2).

4가지 종류의 유대인

〈맛은 토라의 지식(성경 지식)을 뜻하고, 향은 율법의 실천을 뜻한다〉

구분	시트론	야자대추	머틀	버드나무 잎
맛	O	O	X	X
향	O	X	O	X
뜻	토라의 지식도 있고, 율법도 실천하는 유대인	토라의 지식은 있으나 율법의 실천이 약한 유대인	토라의 지식은 없지만, 율법의 실천이 있는 유대인	토라의 지식과 율법의 실천 모두 없는 유대인
평가	가장 좋은 유대인	한쪽에 치우친 유대인	한쪽에 치우친 유대인	가장 안 좋은 유대인
교훈	초막절에는 이 네 종류의 유대인 각자가 매우 중요하고, 모두가 연합해야 한다는 것을 강조한다.			

    2) 야자나무 가지(종려나무 가지)(palm branch, Lulav): 이 나무는 맛은 있는데 향이 없는 야자대추를 생산한다. 따라서 이것은 토라의 지식은 있으나 율법의 실천이 약한 유대인을 상징한다.

    3) 머틀(myrtle, Hadas): 머틀나무 잎은 맛은 없는데 향은 있다. 이것은 토라의 지식은 없지만, 율법의 실천이 있는 유대인을 상징한다.

    4) 버드나무(willow, Aravah): 버드나무 잎은 맛도 없고 향도 없다. 이것은 토라의 지식도 없고, 율법의 실천도 없는 유대인을 상징한다. 가장 바람직하지 않은 유대인이다.

    초막절에는 이 네 종류의 유대인 모두를 불러 모아야 한다. 그리고 모든 유대인에게는 이 네 종류의 유대인 각자가 매우 중요하고, 모두가 연합해야(united) 한다는 것을 상기시켜야(remind) 한다. 이것은 하나님께서 선택하신 유대인 하나하나는 하나님에게 대단히 중요한 사람이라는 것을 뜻한다.

그래서 유대인은 이방인에게는 전도하지 않지만, 자신의 동족이면서 신앙이 없는 유대인을 보면 그들을 전도하려고 매우 노력한다. 예수님도 신앙이 없는 유대인에게 전도하시려고 노력을 많이 하셨다(마 10:5-6).

〈저자 주: 자세한 것은 저자의 저서 신앙명가 이렇게 세워라, 제2권 제7장 I. 2. '실례: 안식일에 유대인은 가정이 가정을 전도한다' 참조〉

유대인이 네 가지 식물들을 들고
예식을 치르는 두 가지 이유는 무엇인가?

5. 결론: 유대인의 수카(초막) 체험교육의 유익

실제로 유대인의 초막들을 방문해보면 매우 불편하다. 캠핑 생활이나 피난민 생활에 비유할 수 있다. 편안하고 안락한 주택을 떠나 고생을 사서 하는 것이다. 집집마다 자녀들이 거의 10명 정도가 되는데, 그 중에는 갓난아기도 있다. 주택 밖이라 화장실과 샤워실도 멀다. 주부는 부엌도 불편하다. 밤에는 전기도 없고 잠자리가 침대가 아닌 땅 바닥이라 추운 것도 문제다. 물론 바닥에 메트리스 같은 것을 깔기도 하지만 불편하다.

그런데도 유대인은 7일 간의 절기 동안 불평하지 않고 즐거운 마음으로 그 안에서 3대가 함께 자고, 그 안에 있는 식탁에서 온 가족 3대가 규례에 따라 하루 세끼 절기 식사를 함께 한다. 전기가 없기 때문에 밤에는 촛불을 켠다. 초막절 절기 식사에는 빵에 달콤한 꿀을 발라먹는다. 추수에 대한 감사와 기쁨의 표시다.

절기 식사 시간에는 온 가족이 어머니가 만든 절기 음식을 먹으며 감사와 찬양의 노래를 부르며 많은 대화를 나눈다. 자녀들은 부모에게 초막절에 관한 질문을 많이 한다. 어른들은 자녀들에게 조상들이 가나안에 들어가기 전에 광야에서 겪었던 불편함과 고난을 이야기해 준다. 고난 중에 함께 하셨던 하나님의 은혜를 상기시킨다. 그리고 자녀들에게 자신들은 유대인이라는 선민의 정체성을 새롭게 심어 준다〈Donin, 1972, 1977, 1980; Kling, 1987; Leri & Kaplan, 1978〉.

네 가지 식물들을 가지고 예식을 치르며 두 가지 교훈을 배운

다. 1) 죄를 짓기 쉬운 인간의 신체 기관들을 하나님의 율법을 지키는 데 사용하도록 노력해야 한다. 2) 서로 수준이 다른 네 가지 종류의 유대인이 서로를 용납하고 사랑하며 하나 되는 모습을 보이도록 노력해야 한다.

공간이 좁으니 자연히 식구끼리 스킨십이 많다. 때문에 가족을 서로 잘 알고 가족끼리의 결속이 단단해진다. 이것은 한국인이 과거 6.25 전쟁 후에 피난을 가서 온 가족이 좁은 공간에서 몇 년을 함께 살고 나면 자연스럽게 가족끼리 끈끈한 정이 들었던 것과 같다.

초막절의 마지막 날(제8일)에는 '심핫 토라'(Simhat Torah)라는 절기로 지킨다. '심핫 토라'는 '토라 속의 기쁨'이라는 뜻이다. 유대인은 1년에 토라 전체를 모두 읽어야 할 의무가 있는데, 전체를 읽은 마지막 날이 바로 이 날이다.

회당에서는 랍비가 두루마리 성경을 꺼내 회당 전체를 돈다. 이 때 주변 사람들은 모두 그 토라에 손을 갖다 대고 그 손을 자기 입에 키스를 한다. 가까이 있는 사람은 토라를 껴안고 직접 키스를 한다. 여호와의 말씀이 꿀보다 더 달다는 것(시 119:103)을 표현하는 것이다.

왜 끝날 모든 유대인이 회당에 모이는가? 초막이 가족을 위한 곳이라면, 회당은 유대인의 신앙공동체가 모이는 곳이다. 유대인의 대부분 절기들은 프로그램을 만들 때 1) 가정, 2) 회당, 그리고 3) 사회 공동체별로 나누어 진행하도록 만드는 것이 특징이다. 나에서 시작하여 유대인 공동체 그리고 이스라엘 국가로 연결하게 한다. 전 세계 '모든 유대인은 하나'란 개념을 가지고 있기 때문이다.

요약하면, 초막절은 크게 네 가지 부분으로 구성되어 있다. 앞에서 설명한 1) 광야 40년 초막생활에 관한 고난을 기억하고, 2) 당시 사람이 살기 힘든 광야에서 도와주신 하나님의 은혜를 잊지 않으며, 3) 오늘의 풍성한 곡식과 과일을 가져다주신 하나님께 감사를 드리고, 마지막으로 4) 토라를 주신 하나님께 감사와 기쁨을 드리는 것으로 마감한다. 마지막을 물질적인 풍요가 아니라 영적 풍요의 기본이 되는 하나님의 말씀으로 끝나게 하신 여호와 하나님에게 감사와 찬양을 드린다.

유대인의 이런 체험교육은 어떤 교육의 효과를 얻을 수 있을까?
1) 그 당시 조상들이 겪었던 집 떠난 나그네의 고단한 삶을 자녀들에게 느끼게 해준다.
2) 하나님에게 추수한 곡식과 과일에 대한 감사를 드린다.
3) 고난의 역사를 매년 반복 재현함으로 성경의 내용을 영과 혼과 육에 새기게 된다.
4) 하나님의 율법(말씀) 속에서 하나님의 임재를 체험함으로 하나님과의 관계를 더 굳건히 회복하게 된다.
5) 3대가 함께 하는 절기를 통해 유대인의 수직문화와 정체성에 세대 차이가 없다.
6) 하나님의 말씀과 더불어 자신들의 역사와 전통 그리고 문화

를 자손 대대로 전수할 수 있다.

7) 전 세계의 유대인은 신앙이 깊은 자나 그렇지 못한 자나 하나라는 연합 의식을 고취시킨다.

말로만 배우는 것과 옛 조상들이 겪었던 고생들을 실제로 재현하여 경험해 보는 것은 사뭇 다르다. 이 교육 방법은 바로 하나님이 유대인에게 명하신 교육 방법(레 23:43)임을 잊지 말아야 한다. 따라서 기독교인도 자녀들에게 이런 체험교육을 잘 시켜야 한다.

수카는 벽만 있고 지붕은 하늘의 별을 볼 수 있게
듬성듬성 서까래를 얹어 놓았다.
그 이유는?

6. 한국인 기독교인에게 초막절 적용

A. 서론

앞에서 초막절에 대해 자세히 설명했다. 유대인이 지키는 초막절은 성경에 나타난 초막절이다(레 23:42-43). 이 절기의 첫째 목적은 조상들이 시내광야에서 40년 동안 초막생활을 했던 고난의 경험을 기억하기 위함이다. 둘째 목적은 하나님께서 곡식과 과일을 거두게 하신 추수에 감사하는 기쁨의 축제다. 즉 기쁨의 계절이다.

유대인의 초막절을 한국인 기독교인에게 어떻게 적용할 것인가? 이 절기를 적용할 때에도 유월절에서 설명한 것(제5항 적용 부분 참조)처럼 1) 기독교의 정체성과 2) 한국인의 정체성을 첨가해야 한다.

〈저자 주: 제사한 것은 '한국형 주일가정식탁예배 예식서' (현용수, 쉐마, 2013), pp. 104-108, '유대인식 안식일 절기를 한국형 기독교식으로 바꾸는 이유' 참조〉

먼저 유대인의 초막절에 비교되는 한국인의 절기를 찾아보자. 한국인은 역사적으로 유월절을 지나 홍해를 건너 시내광야 같은 곳에서 40년 동안 한시적으로 지냈던 사실이 없다. 때문에 이에 비교되는 절기는 없다.

그러나 초막절을 지키는 두 번째 목적이 되는 추수감사절에 비교되는 한국인의 절기는 있다. 추석이다. 기독교 용어로는 추수감사절이다. 다행인 것은 유대인의 초막절은 시기적으로 한국의

9-10월, 즉 추수기에 해당한다. 예를 들면, 2016년을 기준 한다면 양력 10월 17일부터 이레 동안이다. 한국의 추석이 지난 후 한 달 정도 지난 때다.

이제 유대인의 초막절을 한국인 기독교인에게 적용한 절기는 어떤 것이어야 하는지를 상상하면서 그 방법을 소개해 보자. 용어는 추수감사절보다 유대인처럼 초막절이 좋을 것이다. 왜냐하면 성경적인 초막절의 키워드는 '초막'(수카)이 되기 때문이다.

B. 초막 짓기

먼저 유대인처럼 3대가 함께 초막을 짓는다. 이것은 유대인의 것을 그대로 따라도 무방할 것이다. 다만 현대 한국인은 대부분 아파트에 거주하기 때문에 초막을 지을 공터가 없다. 따라서 각 교회의 형편에 따라 단체로 산야에 가족별로 초막을 짓는 것이 좋을 것이다. 그 기간을 초막절 수련회로 지켜도 좋을 것이다.

〈참고: 미국 대도시 아파트에 거주하는 유대인들은 초막을 베란다에 짓기도 한다. 충분하지는 않지만 궁여지책이다.〉

모처럼 야외에서 온 가족이 전기나 수도가 없는 불편한 곳에서 생활하는 것과, 밤낮으로 풍성한 나무와 숲이 우거진 자연과 함께 생활하는 경험은 인성교육학적으로 매우 유익하다. 오감에 영향을 주어 EQ가 발달하고, 깊이 생각하게 하기 때문이다.

〈저자 주: 자세한 것은 저자의 저서 '현용수의 인성교육 노하우'(쉐마), 제3권 제4부 제2장 EQ의 양을 늘리는 4가지 방법 중 Ⅲ. '자연(Motherland)과 친해져라' 참조〉

물론 농촌 교회는 각 가정별로 자신의 가옥 가까이에 있는 공터에 초막을 지으면 더 좋을 것이다.

그러나 유대인식 초막절에 필요한 네 가지 식물들〈시트론, 야자나무 가지(종려나무 가지), 머틀, 버드나무〉을 통한 교육은 하기가 힘들 것이다. 왜냐하면, 대부분 식물들은 한국에서 재배가 안 되어 구하기가 쉽지 않기 때문이다.

참고로 이 식물들이 없는 나라에 거주하는 유대인은 초막절을 준비하는 기간에만 이스라엘에서 수입하여 유대인 공동체의 상점에서 판매를 한다. 따라서 더 성경에 정확한 초막절을 지키고 싶은 한국인 기독교인들은 이스라엘에서 네 가지 식물들을 수입하여 사용할 수도 있을 것이다. 네 가지 식물에 대한 사용 방법은 인터넷에서 찾아 배울 수 있다〈www.jewfaq.org/holiday5.htm 참조〉.

초막을 지을 때는 그 내부 천장에 추수감사 절기에 맞도록 다양한 과일들을 주렁주렁 엮어서 추수를 하게 하신 하나님께 감사하도록 해야 한다. 실제 과일을 치장하기 힘들 때에는 플라스틱으로 만든 줄기나 잎이 달린 모조 과일을 사용할 수도 있다.

C. 초막절 교육의 내용

하나님께서는 유대인에게 초막절에 그들의 조상들이 시내광야에서 겪었던 고난의 역사를 기억하라는 것과 추수에 대한 감사제를 드리라는 것, 두 가지를 명령하셨다. 따라서 초막절 교육의 내용을 1) 고난의 역사를 기억하는 영역과 2) 추수 감사에 대한 영역으로 나누어 설명해 보자.

1) 고난의 역사를 기억하는 영역

첫째, 유대인 조상들이 겪었던 시내광야 생활에 대해 알아야 한다.

우선 성경(모세오경)에서 말하는 유대인의 출애굽과 시내광야에 대해 자세히 알아야 한다. 그리고 이것을 구원론적 입장에서 설명해야 한다. 여기에서 광야의 의미를 역사적인 측면과 영적 측면, 즉 기독교의 구원론적 측면과 성화론적 측면에서 설명해 주어야 한다.

본서의 내용〈Ⅲ. 초막절을 통한 고난의 역사교육〉을 자녀들과 함께 읽고 토론하는 것도 한 가지 방법이 될 것이다. 그러나 더 자세한 교육을 시키기 위해서는 저자의 저서 하나님의 독수리 자녀교육〈고난의 역사교육신학 시리즈 제1권〉 제1부 '하나님의 인간교육'(고난교육신학)을 참조하면 많은 도움을 받을 수 있을 것이다.

여기에서 유대인과 기독교의 차이를 분명하게 가르칠 필요가 있다. 기독교인은 유월절과 홍해, 요단강과 가나안에 대한 구원론적인 설명은 가능하다. 그러나 실제로 유대인의 조상들이 겪었던 역사적인 사실과 교육의 현장이 없기 때문에 믿음으로 그 역사적인 사실들을 믿고 그 고통을 상상할 뿐이라는 사실에 주목해야 한다.

다시 말하면, 유대인은 자신들의 조상들이 겪었던 실제 역사적인 상황을 자신들의 자녀들에게 자손대대로 전수할 수 있는데 비하여 이방 기독교인은 그렇게 할 수 없다는 것이다. 유대인이 가진 이런 실제적인 역사는, 비록 그들 조상들이 엄청난 고생을 했을지라도, 그들만이 가질 수 있는 매우 귀중한 자산이다. 이방인 기독교인이 성경적인 자녀교육을 시키는데 유대인에 비하여 불리한 조건들<예; 많은 절기나 율법들 등>이 많이 있는데, 이것이 그 중 하나다.

둘째, 초막절에 한국인의 고난의 역사를 기억해야 한다.
한국인은 1945년 8월 15일 일제로부터 해방을 맞이하기 이전에 35년 동안의 일본제국의 식민지 시대라는 고난의 역사를 가지고 있다. 이 기간은 상대적으로 짧지만 유대인이 애굽에서 400년 동안 종살이를 겪었던 시대와 비교된다.
따라서 유대인이 겪었던 애굽에서의 종살이와 40년 동안의 광야시대를 대신하여 부모가 자녀들에게 일제 강점기의 고난을 설명하는 것은 좋은 고난의 역사교육이라고 할 수 있을 것이다.

2) 추수감사의 영역

유대인은 초막절을 추수 감사절기로 지킨다. 그리고 가정식탁예배 형식으로 예배를 드린다. 기독교인도 추수감사 절기에 예배를 드리듯이 초막절에도 예배를 드려야 한다. 그런데 예배를 교회(회당)에서 드리는 것이 아니라 유대인처럼 각자의 가정에서 드려야 한다. 따라서 초막절에는 온 가족, 3대를 초막에 모이게 한 후 유대인식 추수감사예배를 드리는 것이 좋다.
예배의 형식은 초막에서 주일가정식탁예배 형식으로 매일 드려야 한다. 주일가정식탁예배의 형식에는 기독교의 정체성과 한국인의 정체성을 반드시 첨가해야 한다<그 이유와 방법은 '한국형 주일가정식

탁예배 예식서' 참조). 시간은 세끼 식사 시간 중 점심과 저녁 만찬 시간이 좋을 것이다.

물론 주일이나 공중예배를 드리는 날은 공동체가 공터에서 3세대가 가족별로 모여 다 함께 예배를 드릴 수 있을 것이다.

가정예배 인도는 아버지가 인도하는 것을 원칙으로 한다. 물론 아버지가 없을 경우에는 어머니가 할 수도 있을 것이다. 초막절에 관련된 본문 말씀은 담당 교회의 담임 목사가 정해주는 것이 좋을 것이다. 아버지는 그 본문 말씀을 사전에 미리 공부한 후 식탁에서 자녀들과 탈무딕 디베이트식으로 공부한다.

나머지 자세한 순서들은 '한국형 주일가정식탁예배 예식서'(현용수, 쉐마, 2013)를 참조하기 바란다. 그러나 그 순서들이나 내용을 초막절에 맞게 바꾸어야 한다. 예를 들면 초막절에는 국악찬양 노래를 선택할 때 풍년에 관한 국악찬양이 좋을 것이다. 흥겨운 '농부가', '보리타작', '풍년가' 등을 기독교식으로 작사하여 은혜롭게 부르면 좋을 것이다. 자세한 것은 다음에 이어지는 '한국인 추수감사절 적용 프로그램'을 참조 바란다.

D. 한국인 추수감사절 적용 프로그램

1) 추수감사절 준비

* 자녀들에게 절기에 대한 기대감을 갖도록 하자.

* 온 가족이 집의 안 밖을 청소하자.
* 분위기 있는 가정 만들기: 촛불 켜기, 식탁, 꽃 등
* 추수한 과일: 가족 모두가 하나씩 준비하게 한다.

 2) 복장 및 음식

* 복장은 절기 축제를 위한 밝은 한복이 좋다.
* 한국의 추석에 먹는 송편, 떡 등 한국식 음식을 주로 먹도록 해야 한다. 한국인의 정체성을 나타내기 위함이다. 그리고 즐거움의 표시로 유대인처럼 송편을 꿀에 찍어 먹으면 더욱 의미가 있을 것이다.
* 3대가 함께 송편 만들기 및 터키 만들기〈어머니 혼자 하지 않도록 한다〉

3) 가정 예배

* 감사절의 의미를 가르친다.
* 설교 내용: 성경적 유대인의 감사절 + 미국 감사절의 역사 + 한국의 추석
* 음악: 초막절에는 3대가 함께 부를 수 있는 풍년에 관한 국악찬양이 좋을 것이다. 흥겨운 '농부가' '보리타작' '풍년가' 등을 기독교식으로 작사하여 은혜롭게 부르면 좋을 것이다. 기독교 찬송가로는 '할렐루야 여호와께 감사하라'〈이기영 작사 작곡〉가 있다.

4) 식탁에서 나눌 이야기와 덕담

1년 동안 가장 감사할 일 5가지 이상을 발표한다.

　　* 가정에서: 하나님에게 - 아버지에게 - 어머니에게 - 형제에게

　　* 교회에서: 목사님에게 - 성도들에게

　　* 학교에서: 스승에게 - 친구들에게

　　* 직장에서: 상사에게 - 동료들에게

　　덕담: 부모가 자녀들에게 부모의 사랑 확인:

　　* 잘 커 주어 고맙다.

　　* 나는 너 때문에 사는 보람을 느낀다.

　　* 긍정어를 사용하라(예: 행복하다). 부정어는 사용하지 않는다(예: 골치 아프다).

　　* 자녀는 부모에게 존경의 표시: 예: 저는 아버님(어머님)을 자랑스럽게 생각해요.

　　5) 3대 가족끼리 게임

　　어른 위주의 놀이보다는 3대가 함께 하는 놀이 개발: 윷놀이, 제기차기 등

　　6) 그 주간에 3대가 함께 성묘 가기

　　* 왜 성묘가 필요한가? 효의 일부: 뿌리의 중요성과 자식의 도리 설명

　　* 할아버지의 족보와 조상들의 이야기 및 옛날 한국의 추석

은 어떻게 지냈는지를 설명, 그리고 해외에서는 부모님의 이민 초기의 고생담 전수

7) 3대가 함께 불우 이웃 돕기: EQ교육

* 그 주간에 하루를 시간 내어 무숙자(homeless) 도와주기
* 유학생, 장애자, 재소자, 양로원 도와주기: 음식, 간단한 선물

V
부림절을 통한 고난의 역사교육

1. 부림절의 유래
2. 부림절을 지키는 방법
3. 한국인 기독교에 적용

1. 부림절의 유래

A. 부림절의 기원

부림절(the feast of Purim, פורים)은 매년 이른 봄, 히브리력의 마지막 달인 아다르(Adar) 월 14일 또는 15일에 지내는 유대교의 축제로 그레고리력으로는 2월에서 3월 사이에 해당한다. 부림절의 유래는 구약성경 에스더서에 근거한다. 바사(페르시아) 제국에 거주했던 모든 유대인들이 일시에 몰살당할 위기에서 기적적으로 구원을 받아 '샬롬'(평화)을 찾은 사건을 기념하는 절기다.

유대인 여성 에스더가 왕의 새 왕후로 간택된 이후 그녀의 힘으로 동족 모든 유대인을 죽임에서 구원했다. 유대인은 이 날을 출애굽의 유월절이나 하누카 절기처럼 기적의 날이며 기쁜 축제의 날로 즐긴다〈http://www.chabad.org/holidays/purim〉. '부림'이라는 말은 '제비를 뽑다(lots)'라는 아람어 '부르(pur)'에 기인한다. 모든 유대인을 죽이려던 하만(Haman)이 죽일 날짜(달과 날)를 정하기 위하여 제비를 뽑았기 때문이다(에 3:7, 9:26).

하만은 B.C. 474년경 페르시아의 아하수에로 왕 때에 2인자로 부상한 악인이었다. 그는 유대인의 지도자 모르드개(Mordecai, 유대인)가 자신에게 절하라는 왕명을 어겼다는 것을 괘씸하게 여겨 그 나라에 거주하는 온 유대인을 죽이려는 악랄한 계략을 세웠다(에 3:2-6, 3장 전체 참조).

당시 모르드개는 이 사실을 왕비 에스더에게 알렸다. 에스더는 그의 사촌 여동생으로 용모가 곱고 아리따웠다. 그녀의 부모가 죽은 후 모르드개가 자기 딸같이 양육했다(에 2:7). 그는 에스더에게 하만의 사악함과 그로 인한 유대인의 위기를 왕에게 고할 것을 청했다(에 4:13-16).

모르드개가 그를 시켜 에스더에게 회답하되 너는 왕궁에 있으니 모든 유다인 중에 홀로 면하리라 생각지 말라 이때에 네가 만일 잠잠하여 말이 없으면 유다인은 다른 데로 말미암아 놓임과 구원을 얻으려니와 너와 네 아비 집은 멸망하리라 네가 왕후의 위를 얻은 것이 이때를 위함이 아닌지 누가 아느냐 에스더가 명하여 모르드개에게 회답하되 당신은 가서 수산에 있는 유다인을 다 모으고 나를 위하여 금식하되 밤낮 삼 일을 먹지도 말고 마시지도 마소서 나도 나의 시녀로 더불어 이렇게 금식한 후에 규례를 어기고 왕에게 나아가리니 죽으면 죽으리이다. (에 4:13-16)

모르드개가 에스더를 설득하는 본문에서 유대인의 민족의식과 역사의식을 다시 한 번 확인할 수 있다. 당시 왕이 부르지 않으면 만날 수 없으며, 임의로 찾아가면 죽임을 당할 수 있다고 말하는 에스더에게 모르드개는 이렇게 말했다.

"너는 왕궁에 있으니 모든 유다인 중에 홀로 면하리라 생각지 말라." (에 4:13)

"이 때에 네가 만일 잠잠하여 말이 없으면, 유다인은 다른 데로 말미암아 놓임과 구원을 얻으려니와 너와 네 아비 집은 멸망하리라." (에 4:1a)

연이어 이렇게 다그친다.

"네가 왕후의 위를 얻은 것이 이때를 위함이 아닌지 누가 아느

냐?"(에 4:1b)

    여기에서 중요한 것은 모르드개가 에스더에게 유대인의 위기를 우격다짐으로 왕에게 고하라고 명령한 것이 아니라, 신본주의 사상에 근거한 논리로 설득했다는 데 있다. 에스더 역시 가정에서 모르드개로부터 쉐마교육을 받은, 유대인의 민족의식과 역사의식이 뼛속까지 밴 여성이었다.

    따라서 에스더는 모르드개의 말에 동의하여 "죽으면 죽으리이다."(에 4:16)라는 일사각오로 왕에게 나아가 하만의 계략이 악함을 고하여 유대민족을 구원했다.

    뿐만 아니라 모르드개와 에스더는 왕의 허락을 받아 자신들을 죽이려 한 모든 대적들을 죽였다(에 9:1-12). 하만은 모르드개를 매달아 죽일 나무를 준비했는데, 그 나무에 자신이 대신 매달려 죽임을 당했다(에 7:10). 매우 드라마틱한 반전의 역사였다.

**부림절은
에스더가 왕의 새 왕후로 간택된 이후
그녀의 힘으로 동족 모든 유대인을 죽임에서 구원했던
날을 기리는 절기다.**

B. 부림절을 지키는 이유

유대인에게는 원수들을 죽인 날과 이를 기뻐하여 축제를 베풀었던 그 다음날, 즉 두 날은 슬픔이 변하여 기쁨이 된 길(吉)한 날이다.

> 이 달 이 날에 유다인들이 대적에게서 벗어나서 평안함을 얻어 슬픔이 변하여 기쁨이 되고 애통이 변하여 길한 날이 되었으니 이 두 날을 지켜 잔치를 베풀고 즐기며 서로 예물을 주며 가난한 자를 구제하라. (에 9:22, 9장 전체 참조)

이 사건은 지금부터 약 2500년전의 일이다. 그런데도 현재 미국을 포함한 전 세계 유대인들이 모두 부림절을 매년 절기로 열심히 지켜 행한다. 그 이유는 당시 모르드개와 왕후 에스더를 비롯한 지도자들 자체가 그 당시의 역사적인 사건과 기쁨을 누렸던 축제를 유다인 중에서 폐하지 않게 하기 위하여 부림절이란 절기를 만들어 자손 대대로 지키게 했기 때문이다.

> 뜻을 정하고 자기들과 자손과 자기들과 화합한 자들이 해마다 그 기록하고 정해 놓은 때 이 두 날을 이어서 지켜 폐하지 아니하기로 작정하고 각 지방, 각 읍, 각 집에서 대대로 이 두 날을 기념하여 지키되 이 부림일을 유다인 중에서 폐하지 않게 하고 그들의 후손들이 계속해서 기념하게 하였더라. (에 9:27-28)

부림절은 역사적으로 유월절이나 초막절처럼 하나님이 만드시고 지키라고 명령하신 절기가 아니다. 유대인이 스스로 만든 절기다. 그들은 어떻게 이런 절기를 만들 생각을 했을까? 하나님이 그들에게 고난의 역사를 기억하도록 철저하게 교육시켰기 때문이다.

그렇다고 하더라도 당시에 하나님이 교육시키신 대로 부림절이란 절기를 만든 유대인이나 이를 현재까지 지키는 그들의 후손 모두 매우 훌륭한 것이다.

유대인이 부림절을 지켜 얻는 유익이 무엇인가?
크게 네 가지가 있다.

첫째, 하나님의 선민 유대인은 언제 어디에서나 하나님 대신 우상을 섬기면 안 된다는 교훈을 얻는다. 즉 율법을 지키라는 것이다.

둘째, 유대인은 하나님을 섬긴다는 것을 빌미로 자신들이 죽임을 당하는 극한적인 위기를 당했다고 하더라도, 그들의 배후에는 반드시 전능하신 하나님이 계신다는 것을 믿어야 한다는 것이다.

셋째, 유대인을 대적하는 자들은 하나님을 대적하는 자들이라는 개념을 심어준다. 때문에 그들은 처음에는 흥하는 것 같지만 나중에는 하나님이 꼭 멸망시키신다는 확신을 갖게 한다.

넷째, 이런 역사적 사건을 잊지 말고 자손대대로 가르쳐 전수해야 유대인의 정체성을 유지하여 하나님을 잘 섬길 수 있다는 것이다.

여기에서 또 한 가지 주목할 대목이 있다. 사실 모르드개는 선지자도 아니고 제사장도 아닌 사람이다. 언뜻 생각하면 부림절은 결코 신적인 권위라고는 전혀 찾아 볼 수 없는 사람이 만든 절기다. 그런데도 그가 제정한 부림절이 오늘날까지 지켜진다는 것은 하나님은 자신이 선택하신 유대인 한 사람 한 사람을 귀하게 여기고 보호하신다는 것과 그들은 모두 하나라는 개념을 가졌다는 것을 의미한다.

또한 에스더서에는 '하나님'이라는 단어가 전혀 없다. 그런데도 그들이 이런 신본주의 신앙에 철저했다는 것은 하나님이 명하신 율법을 이방에서도 그만큼 잘 지켰다는 것을 뜻한다.

'사랑'을 가장 잘 표현한 문학 작품은 '사랑'이라는 단어를 사용하지 않고 쓴 작품이라는 말이 있다. 그런 의미에서 '하나님'이란 단어를 전혀 명기하지 않은 에스더서야 말로 하나님과 유대 민족과의 사랑의 관계를 가장 잘 묘사한 작품이 아닌가 싶다.

**이 사건은 지금부터 약 2500년전의 일이다.
그런데도 전 세계 유대인들이 모두 부림절을 열심히
지켜 행한다. 그 이유는?**

2. 부림절을 지키는 방법

부림절은 2500년 전에 일어난 역사적인 사건이다. 그런데도 전 세계에 흩어진 유대인이 시공간(視空間)을 뛰어 넘어 어떻게 현재도 당시의 감격을 세대 차이 없이 그대로 느끼며 절기를 지킬 수 있는가? 그것은 절기를 지키는 방법이 특별하기 때문이다. 물론 그들은 이 절기를 왜 지켜야 하는지 그 당위성을 역사를 통해 철저하게 가르친다. 그러나 유대인의 특성은 역사적인 사건을 책을 통해서만 가르치지 않고, 그 당시 조상들이 겪었던 생생한 사건을 재현하는 절기를 만드는 데 매우 유능한 민족이다.

에스더가 왕에게 나가기 전에 자신은 물론 모든 유대인이 금식하며 기도를 했기 때문에 현재도 모든 유대인은 하루 동안 금식을 하며 기도한다. 금식은 자기의 육의 욕망을 죽이며 죄를 회개하며 스스로 겸손해져 하나님에게 매달리게 된다. 하나님께서 기뻐하시는 금식을 하면 그분이 "흉악의 결박을 풀어 주며 멍에의 줄을 끌러주며 압제 당하는 자를 자유케하며 모든 멍에를 꺾어 주신다"(사 58:6). 유대인은 현재도 조상들이 금식했던 것을 따르기 위해 모든 유대인은 하루 동안 금식을 한다.

금식은 전날 해가 진 후부터 시작하여 다음날 해가 진 후에 끝난다. 그렇다고 바로 식사를 하는 것이 아니다. 밤에 3대가 모두 회당에 가서 들뜬 마음으로 축제를 시작한다. 이것 역시 성경에 근거하고 있다(에 9:22-32).

> 이 달 이 날에 유다인들이 대적에게서 벗어나서 평안함을 얻어 슬픔이 변하여 기쁨이 되고 애통이 변하여 길한 날이 되었으니 이 두 날을 지켜 잔치를 베풀고 즐기며 서로 예물을 주며 가난한 자를 구제하라. (에 9:22)

유대인은 이 말씀과 조상들의 교훈(탈무드)에 근거하여 부림절이란 절기를 만들었다. 유대인은 절기에 관한 프로그램을 만들 때에 대부분 1) 가정과 2) 회당, 그리고 3) 유대인 공동체에서 실천해야 할 것들을 나누어 만든다. 가정과 회당 그리고 공동체의 기능이 다르기 때문이다. 그렇게 해야 모든 면에서 세대 차이를 막을 수 있다. 부림절에서도 마찬가지다.

부림절에는 기본적으로 지켜야 할 네 가지 '미츠바'(Mitzvah, 계율)가 있다.

1) 회당에서 공중 앞에서 에스더서를 낭독하고 온 회중은 이를 듣는다.
2) 가정에서 친구들에게 음식을 선물로 보낸다(mishloach manot).
3) 가난한 자들에게 자선을 베푼다(matanot la'evyonim).
4) 축제 음식을 먹는다(seudat mitzvah). (https://en.wikipedia.org/wiki/Purim) 간략하게 알아보자.

A. 회당에서 에스더를 낭독하고 듣는다

부림절 당일 해가 지면 모든 유대인 3대는 가장⟨假裝, Purim costumes, 괴상한 복장들⟩을 하고 회당에 모인다. 그 자리에서 회중 대표가 두루마리에 쓰여진 에스더서(메길라, Megillah)를 낭독한다. 부림절의 내용과 의미를 3대가 모두 매년마다 기억하게 하기 위함이다.

〈저자 주: 유대인에게는 가장 중요한 두루마리 성경인 토라(모세오경)가 있고, 이 외에 다섯 개의 조그만 두루마리 성경(아가서, 룻기, 예레미야 애가, 전도서, 에스더서)이 있다. 이를 '메길라'라고 한다. 복수는 메길롯(Megillot, Meguilloth)이다.〉

에스더서를 읽을 때 지켜야 하는 규칙이 있다. 먼저 구속에 관한 네 구절(에 2:5, 8:15-16, 10:3)을 큰 소리로 읽는다. 그리고 하만의 열 아들의 이름들(에 9:7-10 참조)을 낭독할 때는 이들이 한 번에 처형된 것을 기억시키기 위하여 단숨에 읽어야 한다.

에스더서를 낭독을 할 때 '하만'이란 이름이 나올 때(총 54회)마다 모든 유대인 3대는 요란한 소리를 내는 장난감(noisy maker)을 돌리고 발을 구르며 큰 소리로 야유를 보낸다. 악인을 상징하는 하만의 이름을 지우기(blotting out) 위함이다.

하만의 이름을 지워야 한다는 성경적 근거는 어디에 있는가? 미쉬나(Mishnah)에 의하면(Megillah 30b) 유대인이 악인의 이름을 지우는 풍습은 이스라엘 백성이 출애굽하여 가나안으로 가는 길에 아말렉이 그들을 공격했던 사건에 근거한다(출 17:8-16). 하나님은 그 당시 아말렉이 유대인을 공격했던 사건을 잊지 말 것(신 25:17)과 '아말렉'이란 이름을 도말하라고 명령하셨다〈출 17:14; 신 25:19〉(https://en.wikipedia.org/wiki/Purim〉.

여기에서 유대인을 멸절시키려는 악의 상징 또 하나를 소개하면 그는 히틀러다. 히틀러는 유대인에게 부림절 지키는 것을 금지

소리내는 장난감들

유대인은 부림절에 랍비가 회당에서 에스더서 전체를 읽는다(상). 그날은 모두가 변장을 한다. 사진은 변장한 3대 가족들이 에스더서를 읽는동안 '하만' 소리가 들릴 적마다 소리내는 장난감(중,하)을 흔들며 '하만' '하만' '하만'을 외치며 야유한다. 하만을 악인으로 기억하기 위한 좋은 교육 방법이다.

V. 부림절을 통한 고난의 역사교육

했다. 그 대신 나치는 유대교의 부림절에 맞춰 유대인을 공격하기도 했다. 1942년 부림절에는 고대에 유대인이 하만의 아들 열 명을 매단 것에 대한 복수로 유대인 열 명을 처형했다. 1943년에는 폴란드 피오트르쿠프(Piotrków)의 유대인 집단 거주지에서 유대인 열 명을 사살했다. 같은 해 부림절 전날에는 쳉스토호바(Częstochowa)에서 1백 명이 넘는 유대인 의사와 그 가족들이 나치의 총에 사살됐고, 그 이튿날에는 라돔(Radom) 출신 유대인 의사들이 시드워비에츠(Szydłowiec)에서 저격당했다〈https://en.wikipedia.org/wiki/Purim〉.

그는 하나님을 대적했던 악인이었다.

B. 가정에서 부림절 파티

유대인은 가족별로 회당에서 에스더서를 낭독하고 집에 돌아오면 밤 10시경이 된다. 모든 유대인들은 하루를 금식했기 때문에 매우 배가 고픈 상태다. 이때 부림절을 지키기 위해 가정에서 어머니가 만든 푸짐한 음식들이 기다리고 있다. 그들은 늦은 밤에 이 음식을 이웃과 함께 맛있게 들며 파티를 즐긴다.

가정식탁예배 순서에는 다른 날과 달리 묵도인 '아미다'(Amida)를 올리고, 식후에 '알 하니심'(Al hanisim)이란 기도를 드린다. 알 하니심은 '기적을 위해서'라는 의미의 특별한 기도다. 하누카 절기에도 이 기도를 첨가 한다.

이날 유대교 가정에서는 음식을 푸짐하게 차려 만찬을 열고 '하만의 주머니'라는 의미를 가진 전통 과자 하만타셴(Hamantaschen)

유대인의 부림절은 에스더에 의하여 온 민족이 죽음에서 살아난 날을 기리는 절기다. 그들은 이러한 기쁜 날에 선물을 교환하는 풍습이 있다.
사진은 이웃집 어린이가 선물을 갖고 왔을 때 답례로 선물을 건네는 유대인 학생

을 만들어 선물로 나누어 주며 먹는다〈https://en.wikipedia.org/wiki/Purim〉. 그리고 그 날만은 술에 마음껏 취한다.

저자가 부림절에 밤늦게 정통파 유대인 회당에 갔을 때였다. 평소에 자신들의 일상에 대해 사진 찍는 것에 대해 매우 까다롭게 제한했던 유대인들이 그날은 매우 호의적이었다. 그들은 이렇게 말했다.
"우리는 오늘 밤에 술을 많이 마셔서 우리 마음이 너그러워졌습니다. 마음대로 사진을 찍으세요."
그들은 이미 술에 취해 얼굴이 벌겋게 달아올라 있었다.
〈참조: 교인이 적은 회당에서는 전 교인이 회당에 모여 파티를 즐긴다.〉

부림절 이튿날에는 친구들과 이웃에게 음식과 선물을 나눈다. 어린이들은 괴상한 옷을 입고 이웃을 돌며 이웃이 준비한 음식 선

물을 받으러 다닌다. 온 가족 3대가 가난한 이들도 돕는다. 기쁜 날 여화와의 절기에 하나님이 기뻐하시는 일을 하는 것은 유대인의 오래된 풍습이다.

C. 유대인 공동체에서 가장행렬

유대인은 부림절 둘째 날에 남녀노소 3대가 모두 길거리로 나와 가장 행렬(Purim costumes carnival)에 참석하며 즐긴다. 이때 모든 이들이 한 가족 3대가 함께 기쁜 마음으로 걸으며 축제를 즐기는 모습은 가관이다. 그들은 괴상한 옷과 분장을 하고 거리에 나와 장난감으로 요란한 소리를 내면서 떠들썩하게 축제를 즐긴다.

물론 전 세계 유대인이 거주하는 모든 지역에서 동시에 가장행렬을 한다. 이중 이스라엘 예루살렘에서는 수 천 명이 거리에 나와 동시에 행렬을 지으며 지나간다. 민족의 동질성을 다시 확인하는 이런 절기교육은 그들을 자손대대로 절기의 의미와 감동 그리고 역사의식을 전수하는 매우 중요한 방법이다.

3. 한국인 기독교에 적용

〈저자 주: 본 항에서는 지면 상 길게 다룰 수가 없어서 간략하게 요약하고자 한다. 다음에 기회가 되면 한국인 기독교인이 지켜야 할 모든 절기에 대해 자세하게 다루고자 한다.〉

예루살렘에서 정통파 유대인 공동체 남자들이 부림절에 변장을 하고 전통적으로 내려오는 가장 행렬을 하고 있다. 한국인에게도 이런 절기교육이 필요하다.

유대인의 부림절에 비교되는 한국의 절기는 '8.15 광복절(光復節)'일 것이다. 광복이 있다는 말은 나라를 빼앗긴 날이 있었다는 것을 의미한다. 1910년 8월 29일은 대한제국이 일본에 강제로 뺏긴 날이다. 이 날을 '경술국치일'〈일제는 이를 '한일합방'이라고 불렀다.〉이라고 한다.

경술년(1910년) 8월 22일에 이토 히로부미(이등박문)의 주도하에 일본과 조선 사이에 조인된 이 조약이 1주일이 경과된 후 공표됨에 따라 순종의 조칙이 발표되어 8월 29일 조선은 일본의 식민지가 되었다. 당시 조선의 총리대신이었던 이완용과 일제의 초대 총독인 데라우치 마사다케 사이에 이루어진 합병조약이었다.

이후 1945년 8월 15일 일본이 제2차 세계대전에서 패망하고 한반도에서 물러나는 8.15광복까지 35년간 조선 총독부의 식민지

V. 부림절을 통한 고난의 역사교육 163

배 아래 있었다. 일본인은 한국인을 노예처럼 혹사시켰다. 따라서 1945년 8년 15일은 일제로부터 주권을 되찾은 해방된 가장 기쁜 날이다. 이런 역사적인 기쁜 절기를 후대에 기억시키기 위해 어떻게 해야 할까? 유대인의 부림절을 모델로 광복절을 잘 지키는 방법을 알아보자.

A. 광복절의 역사적인 배경

일단 광복절에 대한 역사적인 사건에 대해 설명해야 한다.

- 광복절의 개요 -

매년 8월 15일은 일제 강점기에서 해방된 것을 기념하고, 대한민국 정부수립을 경축하는 날이다. 1945년 8월 15일 미국이 일본 본토에 원자폭탄을 투하함으로 일본 천황(히로히토)이 모조건 항복을 했다. 그리고 제2차 세계대전이 종식되어 한국이 독립했다. 그리고 1948년 8월 15일 대한민국 정부가 수립되었다.

대한민국 정부는 일제의 강점으로부터 벗어난 날과 독립국으로서 정부가 수립된 날을 기념하기 위해 1949년 10월 1일 '국경일에 관한 법률'을 제정하여 매년 8월 15일을 광복절이라 하고 국경일로 지정했다. '광복'이란 '빛을 되찾다'는 뜻으로서 잃었던 국권의 회복을 의미한다.

이 날은 대통령이 참석하는 독립기념관의 경축식을 비롯하여 전국적으로 기념 행사를 거행한다. 전국의 모든 가정에서 태극기를 계양하도록 권장하고, 정부는 저녁에 외교사절 등을 초청하여 경축 연회를 베푼다. 기념식에서는 정인보가 작사하고, 윤용하가 작곡한 '광복절의 노래'가 연주된다. 광복회원 및 그 가족에 대한 우대조치로 8월 14-16일까지 전국의 철도·시내버스 및 수도권 지하철을 무임승차하게 하고, 고궁 및 공원도 무료입장하도록 한다.

〈출처: 광복절(두산백과), 현용수 수정〉

B. 성경 본문: 꿈꾸는 것 같았도다

성경에서 한국의 광복에 비유되는 절기는 대략 4가지, 1) 유월절, 2) 바벨로니아의 포로에서 해방된 날, 3) 부림절, 4) 하누카(수전절) 등이다.

성경 본문은 1-3항과 관련된 것을 선택할 수 있다. 4항 하누카는 신구약 중간시대에 일어난 사건이기 때문에 구약성경에 기록이 없다. 저자는 유대인이 악인으로부터 해방된 기쁨을 가장 잘 표현한 성경 본문은 바벨로니아의 포로에서 해방된 기쁨을 노래한 시편 126편이 좋다고 생각한다. 〈물론 본문을 다른 데서 찾을 수도 있다.〉

> 여호와께서 시온의 포로를 돌려보내실 때에 우리는 꿈꾸는 것 같았도다. 그 때에 우리 입에는 웃음이 가득하고 우리 혀에는 찬양이 찼었도다. 그 때에 뭇 나라 가운데에서 말하기를 여호와께서 그들을 위하여 큰 일을 행하셨다 하였도다. 여호와께서 우리를 위하여 큰일을 행하셨으니 우리는 기쁘도다. 여호와여 우리의 포로를 남방 시내들 같이 돌려보내소서. 눈물을 흘리며 씨를 뿌리는 자는 기쁨으로 거두리로다. 울며 씨를 뿌리러 나

가는 자는 반드시 기쁨으로 그 곡식 단을 가지고 돌아오리로 다. (시 126:1-6)

당시 유대인이 하나님의 은혜로 바벨로니아의 포로에서 독립한 것처럼, 대한민국도 자력으로 독립을 한 것이 아니고, 기독교 나라 미국이 태평양전쟁에서 승리함으로 얻은 결과였다. 이것 역시 하나님의 은혜다.

때문에 아무도 1945년 8월 15일에 일제로부터 해방이 될 것을 예측하지 못했다. 따라서 저자가 어릴 때 학교 선생님에게 들은 얘기에 의하면, 전혀 예상치 못한 상태에서 일본 천황이 미국에 항복하는 문서를 읽는 소리를 라디오에서 들었을 때 조선인들은 그 기쁨이 마치 꿈을 꾸는 것 같았다고 했다. 거리마다 광장마다 태극기를 흔들며 기뻐하는 물결이 도도하게 넘쳐흘렀다고 했다.

C. 광복절을 기억하는 방법

1) 전 국민이 개인적으로 금식

한국인 가정에서는 유대인처럼 35년 동안 고통을 당했던 조상들과 독립 운동가들을 기억하면서 8월 14일에 하루〈13일 해지기 전부터 14일 해가 진 후까지〉동안 금식을 한다.

2) 교회에서

다음날 저녁〈14일 해가 진 이후〉해가 지면 식사를 하지 않고 전 교인 3세대가 교회에 모여 국치일부터 광복절까지의 개요를 적은 책자를 회중 앞에서 담임 목사나 평신도 대표가 읽는다. 읽기 전에 담임목사는 왜 이 책자를 읽어야 하는지를 교인들에게 설명해 주어야 한다. 그리고 대표기도와 신앙고백을 한 후 이 책자를 읽는다.

책자는 에스더서처럼 만들어야 한다. 한국 기독교를 대표하는 기독교 연합기관(예, 한기총)에서 새로 만들거나, 혹은 이미 역사학자들이 저술한 것을 채택할 수 있다.

이 책자를 읽을 때 다음 4인의 이름이 나오면 온 가족 3대가 소리내개 장난감을 흔들며 그들의 이름을 큰 소리로 야유하며 외친다. 〈예: 이등박문! 이등박문! 이등박문! 이등박문!〉. 그들의 이름이 지워지게 하기 위함이다.

(1) 히로히토 일왕: 1928년 즉위 후 각종 전쟁범죄를 저질렀던 최고 통수권자.

(2) 이토 히로부미(이등박문): 일본 제국의 총리로 조선을 삼킨 주범.

(3) 데라우치 마사다케: 국치일에 한일합방 조약에 사인했던 일본 대표(제3대 한국통감, 군인출신, 한일합방 이후부터 1916년 10월 14일까지 초대 조선총독 역임).

(4) 이완용: 당시 조선의 총리로 국치일에 한일합방 조약에 사인했던 조선 대표.

그리고 광복절 노래를 부른다. 마지막에는 가장 연세가 많으신 평신도 대표를 따라 온 가정 3대가 태극기를 흔들며 '대한독립 만세' 삼창을 한다.

3) 가정에서

교회 행사가 끝나고 가정으로 돌아오면 어머니가 준비한 푸짐한 만찬을 즐기며 파티를 한다. 이 때 친한 이웃과 함께 즐긴다. 방법은 주일가정식탁예배처럼 하지만, 몇 가지 순서는 광복절에 맞게 고칠 필요가 있을 것이다. 단 유대인처럼 술은 마시지 않는다.

그리고 유대인처럼 절기 음식으로 한국의 전통 약과를 만들어 이웃과 나누는 행사를 한다. 그리고 불우 이웃을 돕기 위해 구제헌금을 한다(쩨다카).

4) 공동체에서

경기도 일산 공동체를 예로 들어 설명해보자. 일산 교회협의회 주최로 공동체 행사를 주관한다. 큰 운동장에 그 지역에 속한 온가족 3대가 함께 모이도록하고 복장은 당시 조상들이 입었던 삼베나 모시 한복으로 한다. 물론 다른 깨끗한 한복도 괜찮을 것이다. 그리고 태극기를 모두 준비하도록 한다.
순서는 1) 묵도, 2) 쉐마3대찬양, 3) 기도, 4) 성경 봉독, 5) 설교, 6) 애국가, 7) 광복절 노래, 8) 만세삼창, 9) 축도 등으로 한다.

모든 식순이 끝나면 유대인처럼 거리행진을 한다. 최종 목적지는 일산 시청 앞으로 한다. 이 때 모든 가정의 3대가 태극기를 흔들며 광복절 노래를 부르며 소리내개를 흔든다. 군악대와 같은 악대

일제 시대 때에 3.1운동 당시에도 조선인들은 유대인처럼 온 가족 3대 모두가 거리에 나와 대한독립만세를 함께 불렀다. 유대인은 아직도 이렇게 하는 데 왜 우리는 세대차이가 나는가? 잘못된 것이다. 우리도 세대차이가 없는 유대인 교육 방식을 본받아야 한다.

가 함께 해도 좋을 것이다. 그리고 최종 목적지에 도착하면 지도자를 따라 '대한독립 만세'를 세 번 합창한다.

VI
유월절을 통한 고난의 역사교육

1. 유월절은 고난의 역사교육을 위한 대표 절기다
2. 유월절 음식을 통한 고난의 역사교육
3. 아버지와 아들의 탈무딕 토론식 고난의 역사교육 방법
4. 유월절에 열 가지 재앙을 기억하는 방법
5. 한국인 기독교인에 적용: 한국형 유월절 가정식탁예배 방법

1. 유월절은 고난의 역사교육을 위한 대표 절기다

고난의 역사를 기억하게 하는 성경에 나타난 대표적인 절기 중 하나는 유월절 식탁(Passover Seder)이다. 유월절은 유대민족의

대축제일이다. 약 3천 5백여 년 전에 400년 동안 애굽에서 바로의 노예로 잡혀 있었던 유대민족이 해방된 날을 축하하는 날이다.

　유월절은 히브리 달력으로 니산월 15일에 시작한다. 유월절 다음날부터는 무교절로 지낸다. 이스라엘에서는 7일 동안, 그리고 이스라엘 밖에서는 8일 동안 진행한다. 첫날과 마지막 날은 안식일처럼 지켜야 하기 때문에 노동을 금한다. 따라서 현재 이스라엘에서는 종교력으로 1월 15일과 1월 21일은 '욤 토브'(좋은 날)라고 부른다. 그리고 이 두 날은 국가 공휴일이다. 나머지 날들은 일을 해도 된다.

　하나님은 유대인에게 축제를 하는 동안 세 가지를 잊지 말라고 명령하셨다. 1) 애굽에서 종 되었던 것과 고난, 2) 애굽에서 나온 날, 그리고 3) 애굽에서 인도해 내신 여호와다(신 6:12, 15:15, 16:12, 24:22).

　유대인은 지금도 예전에 조상들이 애굽에서 바로의 노예였던 것을 잊지 않는다. 종의 역사는 자랑스러운 것이 아닌데, 하나님은 왜 그것을 기억하라고 하셨는가? 이에 대해서는 제4-2장에서 설명했기 때문에 여기에서는 고난의 역사를 기억시키는 방법에 대해서만 설명한다.

　〈저자 주: 유월절에 관련된 기독교의 고난절 및 부활절 등에 관한 신학적 해석은 다른 학자들이 많이 연구했기 때문에 여기에서는 생략함.〉

　유대인은 어떻게 이 세 가지를 자손대대로 기억하게 하는가? 그 방법은 대략 세 가지가 있다.

랍비 강의

눈물로 일생을 보내서는 안 된다.
그렇다고 웃고만 보내서도 안 된다.

　탈무드에 의하면 인간의 절반은 하늘에, 그리고 나머지 절반은 땅에 속해 있다하여, 인간에게는 천성(天性)과 수성(獸性)이 함께 담겨져 있다는 것이다. 이렇듯 인간은 갖가지 요소로 이루어져 있으므로, 희로(喜怒) 애락(哀樂) 가운데 어느 한 가지 감정에만 빠져 치우칠 수는 없다.
　이렇게 볼 때, 우리 인생의 핵심은 균형이다. 우리는 하루 온종일 울거나 화를 내거나 웃거나 하는 일로 보낼 수는 없다. 여기에도 균형이 있어야 한다.
　유대인들은 어느 한 쪽에만 빠져 있는 맹신자들을 싫어한다. 비록 정의로운 일이라 해도 맹목적인 행위자를 보면 행복하지도 인간답지도 않다고 여긴다. 매사에 있어 균형, 균형…, 일생 동안 잠시도 잊어서는 안 되는 것이다.

출처_Tokayer, 탈무드 5: 탈무드의 잠언집, 2016, 쉐마, pp. 115-116.

〈저자 주: 유대인의 많은 절기도 기쁜 축제의 절기도 있고, 고난을 기억하는 슬픈 절기도 있다. 절기도 만들 때 이것처럼 균형을 맞추어야 한다.〉

1) 절기 음식을 통해 기억시키는 방법
2) 부모가 자녀에게 출애굽의 역사를 교육하여 전수하는 방법
3) 열 가지 재앙을 기억시키는 방법

유대인이 지키는 유월절에 관한 자세한 규례들은 '하가다'(haggadah)라는 예식서에 자세히 설명되어 있다. 저자는 그 내용과 함께 저자가 경험한 내용들을 성경적인 근거를 밝히며 그 의미를 설명해 보겠다.

2. 유월절 음식을 통한 고난의 역사교육

먼저 절기 음식에 대하여 설명해 보자. 유대인은 유월절 명절이 되면 하나님의 말씀을 따라 온 가족 3대가 함께 앉아 여섯 가지의 음식을 먹는다. 그 중 세 가지 종류의 음식은 하나님이 직접 먹으라고 명령하신 음식이다. 1) 양고기, 2) 무교병(맛짜), 3) 쓴 나물이다(출 12:8; 민 9:11).

하나님께서는 왜 이 음식들을 먹으라고 명령하셨는가? 그리고 나머지 세 가지 음식은 왜 먹는가? 이 음식들과 고난의 역사와는 어떤 상관관계가 있는지, 한 가지씩 설명해보자.

A. 양고기를 먹는 이유

첫째, 양고기는 유월절에 유대인이 어린양을 잡아 그 피를 문설

주에 바른 것을 기념하기 위함이다.

유대인은 유월절에 양고기를 상징하는 정강이뼈(shank bone)를 절기 식단에 놓는다. 〈저자 주: 어떤 지방에서는 닭의 뼈를 사용하기도 한다.〉 양고기와 유월절과는 어떤 상관관계가 있는가?

하나님은 애굽의 바로가 이스라엘 백성을 해방시켜주지 않자, 애굽에게 열 가지 재앙을 주셨다. 마지막 재앙은 모든 장자에게 죽음을 주는 재앙이었다.

그 때 하나님은 유대인에게 어린양을 잡아 그 피를 문설주에 바르면, 그 피가 증거가 되어 그 죽음의 재앙에서 구원해 주시겠다는 복음을 전하셨다. 이 복음을 믿고 실천한 모든 유대인은 죽음을 당하지 않고 구원을 받았다.

> 여호와께서 애굽 사람을 치러 두루 다니실 때에 문 인방과 좌우 설주의 피를 보시면 그 문을 넘으시고 멸하는 자로 너희 집에 들어가서 너희를 치지 못하게 하실 것임이니라. (출 12:23)

> 너희는 이르기를 이는 여호와의 유월절 제사라 여호와께서 애굽 사람을 치실 때에 애굽에 있는 이스라엘 자손의 집을 넘으사 우리의 집을 구원하셨느니라 하라 하매 백성이 머리 숙여 경배하니라. (출 12:27)

여기에서 하나님이 유월절을 '여호와의 유월절 [희생] 제사'〈the Passover sacrifice of the LORD, 출 12:27〉라고 표현하신 것에 주목해 보자. 그 이유는 어린양을 잡아야 하기 때문이다. 양을 잡는다는 것은 구약시대에 하나님에게 제사를 드릴 때 행하는 의식이다(민 28장 참조). 특별히 유월절에는 어린양을 잡기 때문에 그 양을 '유월절 어린양'이라고 한다(출 12:3).

유월절 예식은 제사 예식을 따라야 하기 때문에 가정의 아버지는 유월절 식탁에서 길고 하얀 예복을 입는다. 가정의 제사장이기 때문이다. 이것은 안식일이나 초막절의 식탁예배에서 동일한 제사장 역할을 하는 아버지가 일반 유대인 양복을 입는 것과 상이하다.

요약하면 유대인이 유월절에 양고기를 먹는 것은 하나님이 양의 피로 그들을 구원해 주신 날을 기념하는 제사 의식이기 때문이다. 어린양은 인류의 죄를 대속하기 위하여 십자가에서 피를 흘리시고 돌아가신 하나님의 어린양(the Lamb of God), 예수 그리스도를 상징한다(사 53:1-12; 요 1:29; 고전 5:7; 벧전 1:19). 예수님을 우리와 온 세상의 죄를 사해주시기 위한 화목 제물(the atoning sacrifice, 롬 3:25; 요일 2:2, 4:10)이라고 하는 이유가 여기에 있다.

따라서 유월절은 유대인에게는 해방된 기쁨의 축제의 날이요, 기독교인에게는 예수님이 십자가에서 피를 흘리시고 돌아가신 고난의 날이다.

〈유월절에 대한 자세한 신학적 고찰은 저자의 저서 '잃어버린 구약의 지상명령'(쉐마, 2009), 제3권 제4부 제3장 II. 1. '유월절' 참조〉

특히 우리가 '쉐마'와 관련하여 주목해야 할 것은 유월절 어린양을 각 가족대로 잡도록 했다(출 12:3)는 점이다. 이것은 하나님이 가족 단위로 유월절 제사 규례를 지키게 하셨다는 것을 뜻한다. 가족은 가정 성전의 구성원이다.

유대인에게 가족은 하나의 혈연 공동체를 넘어서 여호와 하나님을 섬기는 신앙 공동체의 기본 단위다. 유대인이 오늘날에도 회당보다도 가정 성전을 더 귀하에 여기는 이유가 여기에 있다.

B. 맛짜(고난의 떡)를 먹는 이유

둘째, 무교병과 쓴 나물을 먹게 하신 이유는 두 가지, 1) 애굽에서의 고난과 2) 그 땅에서 나온 날을 기억하게 하기 위함이다(Hirsch, 1989b; Jensen, 1981b). 따라서 '무교병'은 '고난의 떡'(the bread of affliction, 신 16:3)을 상징하고, '쓴 나물'도 애굽에서 겪었던 고난(출 12:8; 민 9:11)을 상징한다.

> 유교병을 그것과 아울러 먹지 말고 칠 일 동안은 무교병, 곧 고난의 떡을 그것과 아울러 먹으라 이는 네가 애굽 땅에서 급속히 나왔음이니 이같이 행하여 너의 평생에 항상 네가 애굽 땅에서 나온 날을 기억할 것이니라. (신 16:3)

먼저 유대인이 무교병을 준비하는 과정과 그 뜻을 알아보자. 무교병을 히브리어로 '맛짜'(מצה, matzah)라고 한다. 누룩 없는 밀가루 반죽을 구어 만든 바삭바삭한 과자(an unleavened bread)다. 사각형이나 원으로 된 납작한 빵인데, 조그마한 구멍들로 만들어진 여러 줄들(stripes)이 있다. 맛은 무미건조하다.

맛짜는 조상들이 애굽에서 바로의 노예로 살면서 견디어 내야 했던 고난을 상징한다. 맛짜는 애굽의 관헌들이 노예들에게 일을

유대인은 유월절에 3대가 가정에 함께 모여 절기를 지킨다. 사진은 저자(오른쪽 가운데)가 참석한 유대인의 유월절 지키는 모습

미국 대통령(44대) 오바마가(오른쪽 두 번째)가 참석한 유대인의 유월절 지키는 모습. 오바마는 유대인 절기에 참석만 했지 유월절 절기를 흑인 기독교인들에게 어떻게 적용할지에 대해서는 생각하지 못했을 것이다.

VI. 유월절을 통한 고난의 역사교육

더 시키기 위하여 빵을 부풀릴만 한 시간을 주지 않아 빠른 시간 내에 구워야 했던 노예 음식을 상징하기도 한다(Scherman & Zlotowitz, The Chumash, 1994, p. 1021). 애굽에서 나올 때도 급하게 나오느라 미처 발효되지도 않은 밀가루 반죽을 옷에 싸 가지고 나왔다(출 12:34; 신 6:13). 맛짜를 이것들을 기억하는 '고난의 떡'(신 6:3)이라고 하는 이유가 여기에 있다.

또한 영적 측면에서는 누룩 없는 맛짜는 유대인의 죄가 없는 거룩하고 정결한 삶을 뜻한다. 유대인은 유월절 명절을 거의 한 달 동안 온 집안을 깨끗하게 청소하며 준비한다. 가장 중요한 것은 누룩을 없애는 것이기 때문이다(출 12:15, 19 마 16:6-7).

유대인은 유월절 전에 다섯 가지 곡식〈밀, 라이, 보리, 밀의 일종인 스펠트(spelt), 귀리(oats)〉도 가정에서 제거한다. 그 이유는 이들을 밭에서 추수한 후에 잠시 그대로 두었을 경우, 이슬에 젖어 그 물기 때문에 발효가 아주 조금이라도 되었을 것이라고 추측하기 때문이다. 그 만큼 발효를 거부한다.

왜 누룩을 없애는가? 누룩은 부패한 죄를 상징하기 때문이다(고전 5:8). 거룩한 유대인은 죄와는 상극이다. 따라서 유월절 명절에는 오직 순전함과 진실함의 누룩 없는 떡, 즉 맛짜를 사용해야 한다(고전 5:8).

> 이러므로 우리가 명절을 지키되 묵은 누룩도 말고 괴악하고 악독한 누룩도 말고 오직 순전함과 진실함의 누룩 없는 떡으로 하자. (고전 5:8)

〈저자 주: 누룩의 의미와 누룩을 없애는 유월절 준비 과정은 저자의 저서 '신앙명가 이렇게 세워라' (2011, 쉐마), 제5장 '성전으로서 가정의 환경' 제목 하에 있는 '가정의 누룩을 제거하라' 참조〉

이것은 앙꼬 없는 맛없는 찐빵에 비유할 수 있다. 앙꼬는 달콤한 세상의 죄악, 즉 "육신의 정욕과 안목의 정욕과 이생의 자랑"(요일 2:16)을 상징한다〈성경에서는 누룩으로 표현했음〉. 앙꼬 없는 찐빵이 맛이 없듯이 하나님의 백성은 세상의 달콤한 재미(죄악)는 제거하고 여호와 하나님이 주시는 말씀, 즉 생명의 떡만 먹고 거룩하게 살라는 뜻이다.

예수님께서는 자신을 '생명의 떡'이라고 말씀하셨다(요 6:48), 예수님은 말씀이 육신이 되어 오신 분이기 때문이다(요 1:14). 예수님은 "내 살은 참된 양식이요, 내 피는 참된 음료"(요 6:55)라고 말씀하셨다. 따라서 성찬식에서 떡(예수님의 살)을 먹고 포도주(피)를 마시는 것은 하나님의 말씀을 먹고 마시는 것을 상징한다.

〈저자 주: 저자는 쉐마목회자클리닉에 참석한 목회자들에게, 성찬식을 거행 할 때는 가능하면 일반적인 빵 대신에 유대인이 유월절에 먹는 맛짜로 바꿀 것을 권한다. 성경적인 의미가 있기 때문이다. 맛짜는 유대인이 거주하는 곳이면 전 세계 어디에서나 구할 수 있다.〉

C. 하로셋·쓴 나물·삶은 계란·야채를 먹는 이유

셋째, '하로셋'(Charoset)은 과일과 견과류 향신료 및 포도주로 섞어 만든 누런 음식이다. 맛은 달콤하다. 이것은 조상들이 애굽에서

유대인은 유월절에 하나님의 명령을 따라 누룩 없는 빵, 즉 맛짜(사진)를 먹는다. 누룩은 죄악을 상징한다. 맛짜를 고난의 떡이라고도 한다.

노예였을 때 벽돌 창고나 피라미드를 지을 때 사용했던 진흙이나 모타르(the mortar)를 상징한다. 이것 역시 조상들의 고된 노동 현장을 기억하게 하기 위함이다.

저자는 어린 시절 시골에서 벽돌을 만들어 본 경험이 있다. 먼저 산에 가서 점도가 강한 끈적끈적한 찰흙을 곡괭이로 캔다. 그것에 볏짚을 썰어 넣고 발로 밟아 잘 섞는다. 그리고 그것을 사각 박스에 채워 벽돌을 만든다. 가장 힘든 노동 중의 하나다.

넷째, 하나님은 유대인에게 유월절 절기식탁에서 어린 양에 무교병과 쓴 나물을 아울러 먹으라고 하셨다(출 12:8; 민 9:11).

쓴 나물을 히브리어로 '마로르'라고 한다. 쓴 나물(bitter herbs, horseradish)은 한국의 씀바귀에 매콤한 맛을 더한 상추처럼 생긴 채소다. 저자가 처음 유월절에 참석했을 때 그 집 랍비가 여러 겹의

접시에 담긴 음식들은 유대인이 유월절에 고난을 기억하는 것들이다. 양고기와 닭 정강이 뼈, 삶은 계란, 쓴나물, 하로셋, 야채 등이 보인다.

쓴 나물을 주며 먹어보라고 했다. 신선한 채소라고 생각하고 먹었더니 쓴 맛과 매콤한 맛이 왕창 났다. 눈에서는 매콤한 맛에 눈물이 핑 돌았다. 금방 삼키지 못하고 인상을 쓰고 있었더니 모두가 깔깔거리고 웃었다.

유대인은 쓴 나물을 하로셋이라는 양념장에 찍어 먹는다. 이스라엘이 애굽에서의 노예 생활을 기억하기 위하여 먹는 것이므로 뒤로 비스듬히 기대어 먹지 않고 똑바로 앉아 먹는다. 쓴 나물은 거친 음식(harsh food)이라고 한다. 그들은 과거 애굽에서 400년 동안 노예생활을 하면서 겪었던 가혹(harsh)한 고통의 쓴맛을 되씹기 위해서 쓴 나물을 먹는다고 한다.

다섯째, 초록 야채(Green Vegetable), 즉 '파슬리(parsley)나 셀러리, 혹은 양상추'를 소금물에 찍어 먹는다. 야채는 봄이 왔다는 의미에서 생명을 상징한다. 이는 하나님의 은혜로 얻은 이스라엘 백성의 기쁨과 축복을 상징한다. 소금물은 유대인의 조상들이 노예생활을 하면서 흘렸던 짠 눈물을 상징한다.

　여섯째, 고난의 역사를 기억하게 하는 음식이 더 있다. 삶은 계란이다. 제2성전이 파괴된 고난의 날을 기억하기 위함이다. 유대인은 이 음식을 먹으며 성전에서 행하던 희생 제사를 기억한다.

　그리고 유대인이 삶은 계란을 접시 위에 놓는 데는 특별한 이유가 있다. 계란은 다른 것과는 달라서 열을 가해 삶을수록 단단해진다. 이것은 유대민족은 고난이라는 열을 받게 되면 해이해졌던 여호와에 대한 신앙이 다시 단단해진다는 것을 상징한다.

　때문에 유월절에 아버지는 자녀들에게 하나님이 유대민족에게 주신 고난은 저주가 아니라 축복이라는 것을 강조한다. 유대인은 자녀들에게 하나님이 주신 고난을 저주가 아니라 축복이라고 가르치기 때문에 희망이 있는 민족이다.

**소금물은 유대인의 조상들이 노예생활을 하면서
흘렸던 짠 눈물을 상징한다.**

3. 아버지와 아들의 탈무딕 토론식 고난의 역사교육 방법

유월절에는 아버지가 아들과 탈무딕 토론식으로 고난의 역사를 가르치는 순서가 있다. 맛짜에는 한 세대와 다음 세대에 대화가 필요하다는 뜻이 포함되어 있다. 누가 먼저 대화를 시작하는가? 자녀들이 먼저 부모에게 네 가지 질문을 한다.

왜 네 번인가? 성경에 "후일에 네 아들이 네게 묻기를 이것이 어찌 됨이냐?"(출 12:26, 13:8, 14; 신 6:20)라는 말씀이 네 군데 있기 때문이다. 따라서 유월절 식사 중에 어린 자녀들은 인도자인 아버지에게 네 개의 질문을 한다.

아버지는 각각의 질문을 받을 때마다 성경에 근거한 역사적인 사실을 자세히 그리고 정확하게 답변해야 한다. 이것은 부모의 의무다. 만약 이것을 가르치지 않으면 죄를 짓는 것이다.

이스라엘 백성이 1) 애굽을 떠날 때 급히 나와, 발효되지 않은 무교병을 먹을 수밖에 없었던 사실과 2) 애굽에서의 노예 생활의 고통을 잊지 않기 위하여 쓴 나물을 먹는다는 것과 3) 애굽에서 흘린 눈물을 기억하며 소금물에 파슬리를 찍어 먹는다는 것, 그리고 4) 이제는 자유로운 백성으로서 뒤로 기대어 먹어도 될 만큼 여유와 기쁨이 있다는 것 등이다. 따라서 그들은 이것을 표현하기 위하여 자연스럽게 뒤로 기대어 편히 음식을 먹는다. 실제 성경 말씀의 일부를 보자.

너는 그에게 이르기를 여호와께서 그 손의 권능으로 우리를 애

> 굽에서 곧 종이 되었던 집에서 인도하여 내실 새 그 때에 바로가 완악하여 우리를 보내지 아니하매 여호와께서 애굽 나라 가운데 처음 난 모든 것은 사람의 장자로부터 가축의 처음 난 것까지 다 죽이셨으므로 태에서 처음 난 모든 수컷들은 내가 여호와께 제사를 드려서 내 아들 중에 모든 처음 난 자를 다 대속하리니 이것이 네 손의 기호와 네 미간의 표가 되리라 이는 여호와께서 그 손의 권능으로 우리를 애굽에서 인도하여 내셨음이니라 할지니라. (출 13:15-16)

다음은 실제 하가다에 있는 내용 중 일부를 번역한 것이다.

카쉬아스(질문들)

⟨질문을 이해할 수 있는 어린이들 가운데서 가장 나이가 어린 아이를 뽑아 다음과 같이 말하게 한다.⟩

아이

"왜 이날 밤은 다른 날들과 다른지 물어보고 싶어요. 네 가지를 물어볼께요."

"다른 날은 누룩이 들어있는 빵과 들어있지 않은 빵을 다 먹는데, 왜 오늘밤은 누룩이 들어있지 않은 빵만 먹어야 하나요?"

"다른 날은 맛있는 나물들을 먹는데, 왜 오늘밤은 쓴 나물을 먹나요?"

"다른 날은 음식을 어디다 찍어 먹지 않는데, 오늘밤은 왜 두 번씩 찍어 먹어야 하나요?"

"다른 날은 간단하게 먹는데, 왜 오늘밤은 특별한 잔치를 벌여 기념하나요?"

대답: 인도자

"아주 좋은 질문들이구나. 대답을 제대로 하려면 너희들에게 먼저 들려줘야 할 이야기가 있다. 4000년 전 우리 조상 야곱은 방랑자였다. 여러 가축들과 많은 가족들을 거느렸지. 그런데 가뭄이 닥쳤다. 그는 가족들과 함께 미쯔라임으로 내려가서 그곳에 정착해 살았다. 그의 아들 가운데 하나가 요셉인데 그는 이미 미쯔라임의 총리가 되어 있었지. (중략)

바로는 우리 조상들을 노예로 만들었고 노역으로 그들을 괴롭게 했다. (중략) 이렇게 해서 모세의 위대한 이야기가 시작된다. 바로의 딸이 그 아기를 발견했고, 그를 사랑하여 자신의 아이로 받아들였다. 그리고 모른 체하며 모세의 친 어미를 유모로 고용했다. 모세는 친 어미에게서 양육을 받았다."

〈저자 주: 창세기 후반과 출애굽기 1장의 내용임〉

읽는 이 7

"모세는 자라서 그의 백성을 속박으로부터 구해낼 결심을 했다. 한번은 사막에 홀로 있을 때, 나무에 불이 붙었는데도 타지 않는 신기한 장면을 보았다. 이 경험을 통해 그는 "존재"가 바로 삶의 목적이라는 사실을 배웠다. 백성들을 자유롭게 해주는 것이 그의 사명이 되었던 것이다. 고대의 이 이야기는 이스라엘 백성들을 미쯔라임에서 나가게 하기 위해 모세가 얼마나 여러 번 바로를 찾아갔는지, 또한 바로가 얼마나 많이 그 말을 듣지 않았는지 우리에게 알려준다. 바로의 마음은 모세가 찾아갈 때마다 더 강퍅했다."

읽는 이 8

"그러나 모세는 두려워하지 않았습니다. 그는 끝까지 버텼습니다. 그래서 그 이야기가 말해주는 대로 역병이 들이닥치고 저주가 하나하나 미쯔라임에 임했습니다. 10가지 재앙들이 바로 그것인데 성경에 자세히 기록되어 있습니다. 우리 모두 이것을 기억하기 위해서 재앙을 하나씩 말할 때마다 각자 잔에 있는 포도주를 한 모금씩 마십시다. 우리 조상이 당했던 고통에 대한 슬픔을 표시하고, 하나님께서 완악한 미쯔라임에 재앙을 통해서 조상의 압제자에게 심각한 손실을 가져다 준 것을 기억합시다. 우리 모두 애굽 사람들에게 임한 열 가지 재앙을 말해 볼까요."

모든 이

"피! 개구리! 이! 파리(야수)! 가축병! 종기! 우박! 메뚜기! 어두움! 장자의 죽음!"

읽는 이 9

"수많은 미쯔라임 사람들이 죽었고 죽지 않은 자들은 큰 고통을 당했습니다. 재앙이 임할 때마다 바로는 유대인들이 자유를 찾아 나가도록 허락했습니다. 그러나 그 재앙이 사라지면 바로의 마음도 변했습니다. 결국 그는 그의 첫 번째 아들이 죽는 큰 슬픔을 맛보고 나서 비로소 하나님 앞에 무릎을 꿇었습니다. 모세에게 백성들을 데리고 그의 땅에서 나가라고 했던 것입니다. 드디어 우리 조상들은 압제자의 속박에서 벗어나 자유를 얻었습니다."

인도자

"우리는 이 고통과 구원의 이야기를 알게 되었습니다. 이제 우리는 유월절의 의미에 대하여 네 가지 질문을 한 아이에게 대답을 해 줄 때가 되었습니다." 〈인도자는 맛짜 하나를 들어 올리고 말한다〉

"다른 날은 누룩이 들어있는 빵과 들어있지 않은 빵을 다 먹는데, 이날 밤은 왜 누룩이 들어 있지 않은 빵만 먹어야 하나요?" "이렇게 아이가 물었지요?"

읽는 이 10

"이 맛짜를 보십시오. 이것은 노예의 상징이며 가난의 상징입니다. 이것은 우리 조상이 미쯔라임에서 노예로 살아갈 때 먹었던 것입니다. 맛이 없고 혀에 깔깔한 것입니다. 우리 조상이 압제자로부터 해방되어 그 땅에서 나올 때 그들은 등에 미쯔라임의 밀가루 반죽을 짊어지고 나왔습니다. 왜냐하면 이스트를 넣고 부풀게 해서 구울 시간이 없었기 때문입니다. 그런데 그 반죽이 뜨거운 햇볕으로 인해 납작하게 구워져 버렸습니다. 그러므로 이 맛쪼트〈저자 주: 맛짜의 복수〉를 통해서 우리는 고통과 가난을 기억합니다. '우리가 이렇게 잘 먹고 있는 것처럼 그들도 잘 먹을 수 있었다면 좋았을 것을… 그리고 곤궁에 처한 모든 사람들이 유월절 축제에 우리와 함께 할 수 있다면 얼마나 좋을까' 우리 다 함께 그들의 고통과 가난을 기억합시다. 그리고 우리가 그런 고통과 가난을 다시 당하지 않도록 다짐합시다. 모든 사람들이 자유의 기쁨을 누릴 수 있는 그 날을 위해, 그리고 모든 사람들이 더 이상 가난하지 않고 똑같이 자유와 정의의 열매를 즐길 수 있는 그 날이 속히 올 수 있도록 서로 돕고 또한 우리가 처한 곳에서 열심히 노력합시다. 이것을 우리 삶의 목표로 삼읍시다."

〈모두 맛짜를 취해 부러뜨린 다음 소금을 뿌려서 먹는다. 인도자는 모든 사람들이 볼 수 있도록 쓴 나물을 들어 올리고 말한다.〉

인도자

"다른 날 우리는 맛있는 나물들을 먹습니다. 그런데 왜 이 밤에는 오직 쓴 나물만 먹어야 합니까?"

읽는 이 11

"마로르는 쓴 나물입니다. 우리 조상들이 노예였을 때에 맛보았던 고난을 상징합니다. 압제자들은 그들에게 벽돌을 만들고 회 반죽을 만드는 고된 일을 하게 함으로써 그들의 생명을 비참하게 만들었습니다. 우리는 이 쓴 나물을 벽돌과 회반죽을 상징하는 회색 빛 '하로세트'에 담급니다. 미쯔라임에서의 고난을 회상하면서 모든 세대가 경험할 수도 있는 압제를 재현하는 것입니다. 하로세트 맛은 자유의 맛과 같이 달아서 쓰라림과 고통의 맛을 누그러뜨립니다. 주님. 우리 모두 지금 쓴 나물을 먹습니다. 우리로 하여금 아픔과 잔혹함을 느끼게 하시고 사랑의 기쁨을 소중히 여기게 하소서"

〈고추냉이 같은 쓴나물을 취하여 하로세트에 찍어 먹는다. 채소, 과일을 고추냉이 소스에 찍어 먹는다.〉

인도자

"다른 날은 음식을 찍어 먹지 않는데, 왜 이날 밤은 음식을 두 번 찍어 먹어야 합니까?"

읽는 이 12

"우리는 파슬리를 먹었고 지금 쓴 나물을 하로세트에 찍어 먹었습니다. 아이가 왜 두 번씩이나 찍어 먹어야 하는지 그 이유를 물어보았습니다. 우리는 눈물의 쓰라림을 맛보기 위해서, 그리고 도약의 희망으로 그 쓰라림을 잊어버리기 위해서 파슬리를 소금물에 찍어 먹었습니다. 이제 우리는 두 번째로 자유인으로서 좋은 의미의 노동의 달콤함을 맛보면서 노예생활의 쓰라린 추억을 씻어 버리고자 합니다. 우리가 두 번 찍어먹는 이유는 자유를 희망하고 누리는 것으로는 충분하지 않다는 것을 인식하기 위해서 입니다. 우리 모두는 자유를 위해서 능동적으로 또한 적극적으로 일해야 하기 때문입니다."

〈참석자 모두는 맛쪼트, 하로세트, 쓴 나물로 샌드위치를 만들어 먹는다.〉

인도자

"다른 날은 간단하게 먹든지 좀 잘 먹든지 하는데, 왜 이날 밤은 진수성찬을 차려먹습니까?"

읽는 이 13

"유월절 밤에 우리는 자유의 벅찬 감격 속에서 자유인으로서 기대어 누워 음식을 먹습니다. 친구들과 가족들이 함께 모여 자유의 축제를 벌이는 것입니다. 이것은 우리의 행복입니다. 우리는 미쯔라임으로부터 나온 경험을 상징적으로라도 체험할 필요가 있습니다. 우리 신앙의 선배들과 역사는 오랜 세월 동안 하나님의 백성은 바로 같은 세상의 압제자들로부터 핍박을 받았다고 말하고 있습니다. 그런 압제 속에서 모세의 설교를 듣고 비로소 속박에서 풀려나 자유롭게 나아갔던 것입니다. 우리는 자유롭게 축제를 벌이고 있지만 지구상의 어디에선가 어떤 사람들은 속박과 굶주림에 처해 있는 것을 기억해야 합니다. 함께 자유의 노래를 부르고 한 번 더 축배를 듭시다."

이 뿐만이 아니다. 유대인은 이것을 더 실감나게 실천하는 프로그램을 유월절 절기 제사 순서에 넣었다. 부모는 자녀들에게 왜 유월절을 지켜야 하는지, 어떻게 지켜야 하는지, 그리고 왜 이런 순서들을 만들어야 하는지를 스스로 연구하게 하여 온 식구들 앞에서 발표하게 한다.

그리고 앞에서 언급한대로 유대인은 유월절에는 언제나 아니 마민(Ani Maamin)이라는 노래를 합창으로 부른다. 히브리어로 "나는 믿는다."는 뜻으로 심금을 울리는 아름다운 노래다. 이 노래는 아우슈비츠 수용소 안에 있던 유대인들이 작사, 작곡한 노래다 (Tokayer, 탈무드 4: 탈무드의 생명력, 2017, 쉐마, p. 161).

유월절에 참석한 모든 이들이 음송하는 글들이 하가다에 있는데, 그 중 하나를 소개한다.

> 우리는 미쯔라임에서 종노릇했던 것을 절대로 잊지 않을 것이다. 우리는 바로의 잔혹함을 절대로 잊지 않을 것이다. 우리는 항상 새로운 자유의 기쁨을 생각할 것이다. 우리는 이 세상에서 그리고 마음속에서 늘 자유에로의 탈출을 시도할 것이다.

얼마나 조상들이 겪었던 고난을 절절하게 표현했는가! 기독교인도 이런 절기를 지키면 얼마나 좋겠는가?

유대인은 자녀들이 사전에 유월절에 대하여 공부한 것을 발표하는 시간도 갖게 한다. 그리고 토론도 한다. 사진은 모든 가족 앞에서 두 아들이 자신이 공부한 것을 발표하는 모습. 매우 좋은 학습 방법이다.

정통파 유대인의 절기 교육은 한국의 옛날 설날이나 추석처럼 철저하며 정성을 다한다. 사진은 8시간 동안 진행된 유월절 절기 식사 시간에 졸음을 이기지 못해 식탁에서 잠을 자는 아이들, 그 날 유월절 잔치는 저녁 7시에 시작하여 새벽 3시에 끝났다.

"후일에 네 아들이 네게 묻기를
이것이 어찌 됨이냐 하거든…."
(출 13:14)

4. 유월절에 열 가지 재앙을 기억하는 방법

유대인은 유월절 절기에 자신들이 애굽에서 겪은 고난만 기억하는 것이 아니라, 하나님이 애굽에 내렸던 열 가지 재앙도 기억하는 규례도 만들었다. 이것은 하나님이 자신들을 바로의 노예라는 멍에를 끊고 해방시켜 주신, 하나님의 구원의 은혜를 기억하는 방법이다. 하나님의 백성을 괴롭혔던 거대한 악을 물리치시는, 전능하신 하나님의 능력을 기억시킨다(신 6:12).

유대인은 열 가지 재앙을 어떻게 기억시키는가? 그리고 그 예식을 치르면서 무엇을 왜 가르치는가? 유대인 아버지는 고난의 역사에 대한 교육을 하는 과정에 가족 모두가 열 가지 재앙을 첫 번째 재앙부터 차례로 소리 내어 말한다. 매 재앙을 말할 때마다 포도주를 약간 마시는 데, 입에 든 포도주를 손가락으로 찍어 하얀 접시에 하나씩 나란히 찍는다. 끝나면 모든 가족의 하얀 접시에 10개의 붉은 포도주 방울이 나란히 한 줄로 찍혀있다.

이 때 아버지는 자녀들에게 열 가지 재앙을 당한 애굽인들의 고통에 대하여 기뻐하면 안 된다고 가르친다. 오히려 불쌍히 여기는 마음을 가져야 한다고 가르친다. 하나님은 유대인을 괴롭히고 해방시키는 것을 거절했던 애굽인들을 심판하기 위해 재앙을 주셨지만, 피해자였던 유대인은 고통을 당하는 원수를 보며 기뻐하면 안 된다는 것이다. 오히려 불쌍히 여기고 기도해 주라는 것이다. 이것은 원수 갚는 것은 하나님에게 맡기고 너희는 원수를 사랑하라는 것이다.

> 내 사랑하는 자들아 너희가 친히 원수를 갚지 말고 진노하심에 맡기라 기록되었으되 원수 갚는 것이 내게 있으니 내가 갚으리라고 주께서 말씀하시니라. (롬 12:19)

이 말씀은 바울이 레위기와 신명기의 말씀을 인용한 것이다. 하나님은 이렇게 말씀하셨다. "원수 갚는 것은 내가 하는 일이니, 내가 갚는다. 원수들이 넘어질 때가 곧 온다"(신 32:35 표준새번역). "원수를 갚지 말며 동포를 원망하지 말며 이웃 사랑하기를 네 몸과 같이 하라"(레 19:18).

예수님도 "나는 너희에게 이르노니 너희 원수를 사랑하며 너희를 핍박하는 자를 위하여 기도하라"(마 5:44)고 말씀하셨다. 이것은 선한 마음을 가지고 악을 이기도록 노력하라(롬 12:21)는 뜻이다. 이것은 인간의 인성교육을 위해 대단히 중요한 교훈이다.

> 너희를 저주하는 자를 위하여 축복하며 너희를 모욕하는 자를 위하여 기도하라. (눅 6:28)

> 악을 악으로, 욕을 욕으로 갚지 말고 도리어 복을 빌라 이를 위하여 너희가 부르심을 입었으니 이는 복을 유업으로 받게 하려 하심이라. (벧전 3:9)

마지막으로 모두가 "내년에는 이스라엘에서 만나자"라는 말을 외치며 유월절 만찬을 끝낸다. 이 말은 끝을 내는 선언이다.

유대인은 유월절 절기를 몇 시간 지키느냐에 따라 그들의 신앙이 보수인지 진보인지를 측정한다. 유월절 잔치도 해가 진 후에 시작한다. 극보수(Ultra Orthodox)는 해가 진 후부터 시작하여 10-12시간 정도, 보수(Orthodox)는 8시간, 진보는 5시간, 극진보는 2-3시간 정도 걸린다. 따라서 보수 가정에서 유월절 절기를 지킬 때에는 밤 12시가 넘으면 식탁에서 엎드려 자는 애들을 볼 수 있다. 그래도 어른들은 그들을 침대로 인도하지 않는다. 여호와의 절기이기 때문에 자리를 지키도록 한다. 옛날 한국에서 조상들 제사를 지냈던 때를 상기하면 이해하기 쉽다.

〈저자 주: 하가다에는 이외에도 많은 순서들과 내용이 있지만 지면상 여기까지만 소개한다.〉

유대인은 유월절을 통하여 애굽에서 나온 날을 얼마만큼 철저히 기억해야하는가? 신명기 16장 3절에 있는 "너의 평생"(신 16:3e)은 "너의 살아가는 모든 날"을 뜻한다. 이 속에는 낮과 밤도 포함된다.

따라서 "너의 평생에 항상 네가 애굽 땅에서 나온 날을 기억할 것이니라"(신 16:3)는 말씀은 "너의 살아가는 모든 날, 낮과 밤 항상 네가 애굽 땅에서 나온 날을 기억하라"는 뜻이다.

이것은 "네가 살아 숨 쉬는 동안 한 시도 잊지 말고 뼈 속 깊이 애굽 땅에서 나온 날을 기억하라"는 하나님의 간절한 부탁이며 명령이다. 그만큼 '애굽 땅에서 나온 날'이 중요하다는 뜻이다. 유월절은 기독교인에게는 예수님의 피로 죄사함을 받고 구원받은 날을 뜻한다.

　유대인의 이러한 철저한 현장 교육은 그들 조상의 아픔을 자녀들이 잊지 않게 하고, 하나님의 은혜에 감사하게 하며, 이방 문화에 물들지 않도록 한다. 그리고 인성교육학적인 입장에서 가장 중요한 것은 유대인의 정체성을 강하게 심어준다는 것이다.

**가장 중요한 것은
유대인의 정체성을 강하게 심어준다는 것이다.**

5. 한국인 기독교인에 적용:
한국형 유월절 가정식탁예배 방법

A. 유대인의 유월절을 지키되 이렇게 변형하라

저자는 신약시대 성도들도 구약의 대부분의 절기들을 지켜야 한다고 주장했다. 서론에서 설명한 것처럼 하나님이 '여호와의 절기'를 제정하신 데는 두 가지 목적, 1) 구속사적 목적과 2) 선민교육을 위한 목적이 있는데, 후자의 목적을 성취하기 위하여 구약의 절기들을 지켜야 한다고 설명했다. 그래야 유대인이 받았던 절기 교육의 혜택을 신약교회 성도들도 받을 수 있다고 했다.

특별히 여호와의 절기들은 신약시대 성도들에게도 대단히 중요하다. 뿐만 아니라 다른 유대인의 절기들도 가능한 한 인성교육과 선민교육에 유익한 것들은 지켜야 한다. 다만 그것을 어떻게 지키느냐가 연구의 대상이 될 것이다.

유대인 교육은 그들의 이론을 공부하여 지식만 쌓는 것보다는, 그것을 우리에게 적용하여 어떤 좋은 결과를 얻느냐 하는 것이 더 중요하다. 구약의 절기들을 어떻게 신약 성도들에게 적용시켜 자녀교육에 효과적인 유익을 얻을 수 있을까?

특히 유대인이 지키는 유월절 절기를 어떻게 한국인 기독교인에게 적용하여 유익을 얻을 수 있겠는가? 이 질문에 답하기 전에 중요한 전제 조건이 있다. 유대인의 절기 내용이나 방법을 한국인 기독교인이 그대로 모방하면 안 된다는 것이다.

앞에서 언급한 것처럼 한국인 기독교인에게는 유대교의 절기 내용과 형식에 두 가지, 1) 기독교의 정체성과 2) 한국인의 정체성을 첨가해야 한다. 이것이 저자가 유대교의 절기를 우리에게 적용할 때에 꼭 '한국인 기독교인'이란 용어를 사용하는 이유다.

〈저자 주: 자세한 것은 '한국형 주일가정식탁예배 예시서'(현용수, 2013), pp. 104-108, '유대인식 안식일 절기를 한국형 기독교식으로 바꾸는 이유' 참조〉

유대인이 지키는 유월절 절기를
어떻게 한국인 기독교인에게 적용하여
유익을 얻을 수 있겠는가?

B. 유대인의 유월절 방법에 기독교의 정체성을 첨가하라

1) 유대인과 메시아닉 유대인의 유월절 방법 차이

이제 한국인 기독교인은 유대인의 유월절을 지키는 방법에 기독교의 정체성과 한국인의 정체성을 어떻게 첨가하여 적용해야 하는지에 대해 알아보자.

첫째, 기독교의 정체성을 첨가하는 방법

유대인은 유월절에 하나님이 애굽에 내렸던 열 가지 재앙을 하나하나 외우며 손가락으로 포도주를 적셔 접시에 찍어 열 가지 재앙을 기억한다. 매우 좋은 기억의 방법이다.

메시아닉 유대인(유대인 기독교인)도 유월절에는 열 가지 재앙을 유대인의 방법과 동일하게 기억한다. (하)

따라서 기독교인은 메시아닉 유대인의 절기 지키는 법을 배울 필요가 있다.

먼저 한국인 기독교인이 유대인이 지키는 유월절 방법에 어떻게 기독교의 정체성을 첨가할 수 있는지에 대하여 알아보자.

이 주제에 대한 답은 다행히 유대교를 믿었던 유대인들이 기독교로 개종한 이후 그들이 어떻게 구약의 절기를 지키는지를 보면 쉽게 찾을 수 있다. 참고로 예수님을 구주로 영접한 유대인들을 '메시아닉 유대인'(Messiahnic Jews)이라고 한다〈이하 '메시아닉 유대인'이라 칭함〉. 바울도 메시아닉 유대인이었다. 즉 현대에도 예수님을 구주로 영접한 메시아닉 유대인이 그 모델이다.

그들은 자신들 조상들이 지켜왔던 구약의 절기들을 아직도 유대인처럼 유대교식으로 지키고 있다. 그러나 그 절기의 내용과 방법들 중 일부는 기독교의 정체성을 첨가하여 지키고 있다(사진 참조). 저자가 여러 해에 걸쳐 정통파 유대인이 지키는 유월절과 메시아닉 유대인이 지키는 유월절에 각각 참석하여 경험했던 몇 가지 예를 들며 그 차이점을 분석해 보자.

1) 유대인은 유월절 만찬에 하나님이 애굽에 내렸던 열 가지 재앙을 기억하기 위하여 그 재앙들을 하나하나 외우며 손가락으로 빨간 포도주를 적셔 접시에 찍는다. 교육학적으로 매우 훌륭한 방법이다. 메시아닉 유대인도 유월절에 이런 방법을 그대로 따라한다.

2) 그러나 유대인의 방법에 기독교의 정체성을 넣어 기독교식으로 변형한 것도 있다. 예를 들어 유대인은 유월절 만찬에 고난의 떡인 무교병(맛짜)을 반으로 자르며 애굽에서 겪었던 당시 조상들의 고난을 기억한다.

정통파 유대인 가장은 가족들에게 유월절에 고난의 떡인 무교병(맛짜)을 반으로 자르며 당시의 고난을 설명해 준다.

예수님을 믿는 유대인은 유대인의 방법을 기독교식으로 바꾸었다. 그들은 무교병 3개(성부, 성자, 성령)를 꺼내어 그 중 가운데(성자)를 반으로 자른다. 이는 예수님의 십자가 고난을 상징한다. 그리고 예식의 마지막 순서에는 쪼갠 두 조각을 다시 붙인다. 이는 고난을 상징하는 무덤에서 부활하신 그리스도를 상징한다. 사진은 메시아닉 유대인이 유월절에 무교병을 반으로 자르는 모습.

이것은 고난을 기억하는 매우 좋은 교육 방법이다. 따라서 기독교인은 메시아닉 유대인의 절기 지키는 법을 배울 필요가 있다.

저자가 유대인의 유월절에 참석하여 유대인 가장과 함께 무교병을 자르는 모습

Ⅵ. 유월절을 통한 고난의 역사교육 201

그런데 메시아닉 유대인은 이것을 기독교식으로 바꾸었다(앞의 사진 참조). 그들은 무교병 3개(성부, 성자, 성령)를 꺼내어 그 중 가운데(성자)를 반으로 자른다. 이는 예수님의 십자가 고난을 상징한다. 그리고 예식의 마지막 순서에는 쪼갠 두 조각을 다시 붙인다. 이는 고난을 상징하는 무덤에서 부활하신 그리스도를 상징한다.

메시아닉 유대인이 삼위일체 하나님을 첨가한 것과 특별히 그 중에 성자 하나님이신 그리스도의 고난과 부활을 첨가한 것은 매우 탁월한 방법이다. 역시 어려서부터 유대인의 절기 교육을 받고 자란 메시아닉 유대인들은 기독교로 개종한 이후에도 교육의 형식(프로그램)을 만드는 데는 탁월한 재주가 있다.

〈저자 주: 유대인은 예수님을 구주로 인정하지 않기 때문에 삼위일체 하나님을 아직도 인정하지 않는다.〉

이것은 아직도 유대인은 수건을 쓴 채로 유월절을 지키는 것이고, 기독교인은 수건을 벗은 후 그리스도 안에서 유월절을 지키는 것으로 비유할 수 있다.

> 우리는 모세가 이스라엘 자손들에게 장차 없어질 것의 결국을 주목하지 못하게 하려고 수건을 그 얼굴에 쓴 것 같이 아니하노라 그러나 그들의 마음이 완고하여 오늘까지도 구약을 읽을 때에 그 수건이 벗겨지지 아니하고 있으니 그 수건은 그리스도 안에서 없어질 것이라 오늘까지 모세의 글을 읽을 때에 수건이 그 마음을 덮었도다 그러나 언제든지 주께로 돌아가면 그 수건이 벗겨지리라 주는 영이시니 주의 영이 계신 곳에는 자유가 있느니라 우리가 다 수건을 벗은 얼굴로 거울을 보는 것 같이

주의 영광을 보매 그와 같은 형상으로 변화하여 영광에서 영광
에 이르니 곧 주의 영으로 말미암음이니라. (고후 3:13-18)

이런 점에서 기독교의 성경해석은 유대인보다 얼마나 발전했고 탁월한가! 하나님께 감사, 또 감사할 따름이다. 따라서 우리는 복음을 받아들이지 않는 유대인의 구원을 위해서도 기도해야 한다.

**메시아닉 유대인은
유대인이 유월절에 맛짜를 반으로 자르는 것을
기독교식으로 어떻게 변경했는가?**

---

2) 기독교의 유월절 절기 적용의 고민: 유대인의 해방 축제일 vs. 기독교인의 예수님 고난일

메시아닉 유대인이 유월절 절기에 기독교인의 정체성을 첨가한 것은 매우 탁월하다고 했다. 그러함에도 불구하고 저자에게는 다음과 같은 고민이 있다.

구원론적 입장에서 구약은 신약의 그림자다. 유대인의 유월절 양은 신약에서 하나님의 어린양 예수님을 상징한다(요 1:29). 유대인이 양의 피를 문설주에 발라 죽음의 재앙에서 구원을 받았던 것처

럼, 기독교인은 하나님의 어린양 예수님의 피로 구원을 받아 장차 올 죽음의 재앙에서 구원을 받게 된다.

따라서 유월절은 유대인에게는 애굽에서 해방된 기쁨의 축제일이지만, 기독교인에게는 그리스도의 십자가의 고난일이다. 이것이 저자가 정통파 유대인이 지키는 유월절 절기에 참석했을 때마다 느꼈던 묘한 뉘앙스였다.

보수 기독교인은 전통적으로 성금요일 주간에는 육식을 금하고 어떤 이들은 금요일 하루만이라도 예수님의 고난에 동참하기 위하여 금식을 하기도 한다. 그런데 그날 유대인처럼 푸짐하게 차린 음식을 먹으며 해방의 기쁨을 누리는 축제를 벌인다는 것은 아무래도 마음에 걸린다.

따라서 저자는 이렇게 권하고 싶다. 전반적인 성경적인 내용과 방법은 유대인의 것을 따르지만, 그 절차 후에 먹는 성경에 없는 별도의 푸짐한 음식들은 준비하지 않는 것이 좋을 것이다. 그래야 예수님 앞에 부끄러움이 없고, 신앙양심에도 걸리지 않을 것이다.

〈저자 주: 참고로 유대인은 유월절 절기 음식(세데르, SEDER 음식)들은 상징적으로 커다란 접시 하나에 종류별로 진열해 놓았다. 그들은 실제로 그것들을 먹지 않는다. 예를 들어 닭의 목뼈나 계란은 먹지 않는다. 채소는 먹지만 그 접시 안의 채소 이외에 별도로 준비한 동일한 채소를 온 식구가 나누어 먹는다. 그리고 세데르 접시에 놓인 양이 워낙에 적기 때문에 많은 식구들이 먹을 수 없다. 그래서 중요한 절기 예식들이 어느 정도 끝난 다음에 따로 준비한 푸짐한 음식들을 먹는다.〉

기독교인이 기독교인의 정체성을 첨가한 유월절을 지킬 경우 유대인보다 더 탁월한 유익을 얻을 수 있다. 무엇인가? 앞에서 설명한 무교병을 자르는 것 이외에도 더 있다. 유대인은 왜 유월절에 양을 잡았는지를 설명하는 순서에서 그 양이 예수님의 그림자

유대인은 유월절에 친구들에게 카드를 보낸다(사진은 애굽에서 무거운 짐을 지고 노역하는 모습과 유월절 양의 피가 유대인 집의 문설주에 발라진 모습. 매우 좋은 고난의 역사교육 방법이다. 기독교도 이런 방법을 사용하면 좋을 것이다)

예수님이 하나님의 어린양으로 오셔서 십자가에서 피를 흘리시며 고난 당하시는 모습. 유대인에게 유월절은 노예에서 해방된 날이지만, 기독교인에게는 유월절 양으로 오신 예수님이 인류의 죄를 짊어 지시고 십자가에서 돌아가신 고난의 날이다.

임을 자세히 설명한다면 구원론적인 입장에서 기독교인의 정체성이 더 뚜렷해질 것이다. 이것이야말로 확실한 복음을 전하는 방법이 될 것이다.

또한 복음을 전할 때 기독교인은 바울이 간절히 당부한 말씀도 기억할 필요가 있다.

> 그리스도께서 우리로 자유케 하려고 자유를 주셨으니 그러므로 굳세게 서서 다시는 종의 멍에를 메지 말라. (갈 5:1)

애굽의 노예 생활은 죄의 노예생활을 뜻하고, 그리스도는 우리가 죄의 노예로 생활했을 때 우리를 자유케 하시려고 이 땅에 속죄양으로 오셔서 십자가상에서 피를 흘리시고 죽으셨다. 바울은 자기 조상들이 애굽에서 노예 생활을 하며 겪었던 고난을 결코 잊어서는 안 된다는 것을 상기하며 구속사적 입장에서 다시는 종의 멍에, 즉 죄의 종의 멍에를 메지 말라고 당부했다.

〈유월절에 관한 자세한 신학적인 설명은 현용수의 고난교육신학 시리즈 제1권 제1부 제1장 II. '구원론적 입장에서 본 출애굽 사건'을 참조하기 바란다.〉

유월절은
유대인에게는 애굽에서 해방된 기쁨의 축제일이지만,
기독교인에게는 그리스도의 십자가의 고난일이다.
기독교인은
유대인의 것을 어떻게 적용할 것인가?

C. 유대인의 유월절 방법에 한국인의 정체성을 첨가하라

둘째, 한국인의 정체성을 첨가하는 방법

메시아닉 유대인은 민족의 정체성이 원래 혈통적으로 아브라함의 후손이기 때문에 따로 민족의 정체성을 첨가할 필요가 없다. 그러나 한국인 기독교인은 인종적으로 한국 민족이기 때문에 한국인의 정체성을 첨가해야 한다. 그 방법은 무엇인가?

복장은 한국인 절기에 맞는 한복을 입어야 한다. 한복의 종류는 축제 분위기가 아니라 예수님의 고난에 참가하는 절기이기 때문에 밝은 색보다는 차분한 색이나 까만 한복이 좋을 것이다. 찬송가도 예수님의 보혈, 즉 복음을 담은 국악 찬송을 부르는 것이 좋을 것이다.

절기 음식(SEDER 음식)은 가능한 한 유대인의 것들을 그대로 준비하지만, 쓴나물은 한국의 씀바귀로 바꾸는 것이 좋을 것이다. 그리고 그날은 모든 식구들이 금식하는 것이 좋겠으나 그렇지 못할 경우에는 육식을 금하고 채식으로 준비하되, 매우 적은 소식으로 겸손한 식탁을 마련하여 끼니를 때우는 정도가 좋을 것이다.

참고로 저자는 메시아닉 유대인들이 유월절을 지킬 때 유대인처럼 웃으며 마음껏 푸짐한 음식을 먹는 것은 바람직하지 않다고 생각한다. 여기에서 우리는 한 가지 원칙을 더 정할 수 있을 것이다. 기독교인이 구약의 절기를 적용할 때 신약의 기독교의 가치와 서로 상반될 때는 기독교의 가치를 우선적으로 선택해야 한다는 것이다.

왜냐하면, 구약과 신약을 신학적 입장에서 빛으로 비유하면, 구약은 약한 촛불이고, 신약은 강한 햇빛이기 때문이다. 햇빛이 오면 촛불은 당연히 꺼도 된다. 예수님은 이 땅이 어두웠을 때 큰 빛으로 오셨다(요 1:4-5, 8:12). 그 큰 빛은 바울의 눈을 멀게 할 정도였다 (행 22:6-11).

신약성경에는 유월절 절기와 비슷한 예식으로 성찬식이 있다. 포도주는 예수님의 피를 상징하는 것이고, 떡은 예수님의 몸을 상징하는 것이다. 따라서 바울은 성찬식으로 배를 부르게 하면 안 된다(눅 22:14-20; 고전 11:23-29)고 했다.

결론적으로 한국인 기독교인에게는 '한국형 유월절 가정식탁예배' 매뉴얼이 필요하다. 지면상 여기에 모든 순서와 내용을 명기한다는 것은 불가능하다. 차후 형편이 허락되면 이것도 완성하고자 한다.

그 동안에는 앞에서 설명한 유대인이 지키는 유월절에 관한 내용과 저자의 저서 '한국형 주일가정식탁예배 예식서'(현용수, 2013)를 참조하기 바란다.

랍비 강의

유대인은 박해를 당할수록 더 큰 것들을 이루어낸다

〈유대민족이 안식일을 지켜왔다기보다는
안식일이 유대인을 지켜왔다〉

"유대민족이 안식일을 지켜왔다기보다는 안식일이 유대인을 지켜왔다." 이 말은 유대인의 유명한 속담이다. 유대인은 예부터 너무 완고하다 싶게 제사나 자기들의 습관을 지켜왔다. 그러나 유대인이 여러 곳에 흩어져서 이민족들 사이에 살아오면서 유대인다움을 상실하지 않았던 것은, 유대교의 절기나 규칙(율법)을 굳게 지켜왔기 때문이다.

이와 같은 습관이 없고, 머리 속으로만 유대인임을 생각해 왔다면 그들은 벌써 유대인다운 것을 모두 잃어버리고 말았을 것이다.

유대인답게 죽는 것은 어렵지 않다. 하지만 유대인으로 산다는 것은 대단히 어렵다.

"설사 온 세상의 바다가 잉크로 가득 차 있고, 온 세상의 갈대가 펜이며 그리고 온 세상 사람들이 유대인이 받은 박해에 대해 글을 1년 동안 쓴다하여도 그것을 다 기록할 수는 없다."(미드라쉬 참조).

"유대인을 올리브나무에 비유한다. 왜냐하면 올리브 열매는 짓누르면 짓누를수록 기름이 많이 나오는 것처럼, 유대인은 박해를 당하면 당할수록 더 큰 것들을 이루어냈기 때문이다."

"유대인을 박해하는 나라는 오랫동안 번영하지 못한다."
"이 세상이 잘 돌아가지 않을 때 유대인은 제일 먼저 그것을 느낀다. 그러나 세상이 잘 돌아갈 때에는 맨 마지막에 그것을 느낀다."
〈편역자 주: 유대인은 세상에 불길한 징조가 생기면 그에 대한 불행이 자신들에게 제일 먼저 닥칠 것을 알기 때문이다.〉

"흔히 유대인은 비둘기에 비유된다. 왜냐하면, 다른 새들은 지치면 나뭇가지에 앉아서 휴식을 취하지만, 비둘기는 한쪽 날개로 날고 다른 날개는 쉬기 때문이다."
"한 왕국은 흥했다가 망하면, 또 새로운 왕국이 흥했다가 망하게 된다. 그러나 유대인은 역사를 통해 결코 온전히 멸망한 적은 없다."

〈편역자 주: '온전히 멸망한 적은 없다.'는 뜻은 역사의 단절이 없었다는 뜻이다. 이스라엘이라는 나라를 재건하기 위해 유대민족이 지구 어디에서건 계속 이어져 왔다는 뜻이다. 자세한 것은 '인성교육 노하우'(현용수, 쉐마, 2015) 제1권 제1부 제2장 Ⅵ. '역사 속에서 살아남은 민족의 특성' 참조〉

출처_Tokayer, 탈무드 5: 탈무드의 잠언집, 2016, 쉐마, pp. 347-349.

VII

오순절을 통한 고난의 역사교육

〈저자 주: 오순절에 대한 자세한 설명은 저자의 저서 '잃어버린 구약의 지상명령 쉐마' 제3권 제4부 제3장 '쉐마와 오순절: 율법과 성령 받은 절기'에서 다루었기 때문에 중복을 피하기 위하여 여기에서는 그 목차 제목만 열거한다.〉

I. 문제 제기
II. 구약의 오순절과 율법
  1. 유월절(Passover, פסח)
  2. 구약의 오순절(Shavouth, שבועות)
    A. 율법 받은 날
    B. 유대인이 오순절을 지키는 방법
      1) 종이 카드 49개를 준비하는 이유
      2) 룻기를 읽는 네 가지 이유
III. 교회론적 입장에서 본 오순절
  1. 구약과 신약의 오순절의 공통점과 차이점
  2. 오순절: 구약교회와 신약교회의 탄생
  3. 신약교회의 예배: 말씀(율법)과 성령의 두 바퀴
  4. 룻기를 읽는 이유의 신약학적 해석
IV. 요약 및 결론

VIII
티샤 바브를 통한 고난의 역사교육

1. '티샤 바브' 절기의 유래
2. '티샤 바브' 절기를 지키는 방법
3. 눈물로 부르는 '티샤 바브' 절기 노래
4. '티샤 바브'와 눈물의 선지자 예레미야
5. 목회자와 선지자의 차이
6. 한국인 기독교에 적용

1. '티샤 바브' 절기의 유래

유대인에게 고난의 역사를 기억시키는 절기들이 많이 있지만, 처음부터 끝까지 가장 침울하고 비통하게 지키는 절기는 '티샤 바브'(Tishah B'Av) 절기다. 그 유래를 알아보자.

이스라엘의 예루살렘 성전은 역사적으로 크게 두 번 파괴되었다. 처음에는 B.C. 586년 솔로몬 성전이 바빌로니아의 침공으로 약탈당하고 불태워져 파괴되었다. 두 번째는 A.D. 70년, 로마 제국에 의해 약탈당하고 불태워져 철저히 파괴되었다(Kling, 1987, p. 73).

유대인은 예루살렘 성전을 목숨처럼 항상 귀하게 여긴다. 그들은 성전에서 하나님에게 재물을 드리고 기도하고 하나님을 만나고 죄사함을 받았다. 그럴 때 유대인은 하나님의 은혜로 평화와 번영을 누렸다. 따라서 예루살렘 성전은 바로 이스라엘 민족의 종교적 중심지였다(왕상 8:49-50; 대하 5:13-14, 7:1-3; 사 56:7).

'티샤 바브'는 유대인이 예루살렘 성전이 파괴된 아픔의 날을 기억하는 절기다. 이 날은 일 년 중 가장 슬프고 비통한 날이다(Donin, 1972, pp. 263-266).

유대인은 왜 이 절기를 '티샤 바브'라 부르는가? 유대력으로 아브(Av)월 9일째(tishah) 되는 날이기 때문이다. 이상하게도 바빌로니아와 로마에 의해 성전이 파괴된 두 날이 똑같은 아브월 9일이었기 때문에 그 날을 기억한다(Kling, 1987, p. 73).

역사적으로 아브월 9일에 두 번의 성전 파괴 이외에도 또 다른 재앙들이 많았다. 유대인들이 모세가 가나안 땅에 보낸 정탐꾼들의 말을 듣고 약속의 땅으로 들어가기를 거절했던 날도 아브월 9일이었다. 하나님은 이로 인해 유대인의 광야 40년의 유랑생활을 결정하셨다. 모세가 십계명 돌판을 깨뜨린 날도 아브월 9일이었다.

  또한 아브월 9일은 1290년 모든 유대인들이 잉글랜드로부터 쫓겨난 날이며, 1492년 모든 유대인들이 스페인으로부터 쫓겨난 날이었다. 1917년 제1차 세계대전이 시작된 날이기도 하며, 히틀러가 모든 유대인을 제거하겠다고 천명한 날이었다〈Donin, 1972, 1977, 1980; Leri & Kaplan, 1978〉. 그리고 최근에는 2005년 이스라엘 정부가 가자 지구에서 철수한 날이었다〈Biltz, Blood Moon, 2014, pp. 162-164〉.
  그러므로 그들은 지금도 아브월 9일이 오면 예측치 못한 재앙이 올지 몰라 매우 조심하고 있다. 그리고 이 절기 때는 이 외에도 그들의 역사적 고통, 학대 및 순교의 사건들을 한데 묶어 기억하게 한다. 물론 유대인은 이 절기 때에 히틀러에 의한 6백만 명의 유대인 대학살 사건도 잊지 않고 한데 묶어 기억한다〈Donin, 1972, 1977, 1980; Leri & Kaplan, 1978〉.

> '티샤 바브'는 유대인이 예루살렘 성전이
> 파괴된 아픔의 날을 기억하는 절기다.
> 이 날은 일 년 중 가장 슬프고 비통한 날이다.

2. '티샤 바브' 절기를 지키는 방법

유대인은 성전이 파괴된 날의 고난을 어떻게 기억하는가? 그 방법들을 더 구체적으로 살펴보자. 그들은 티샤 바브의 기념일이 가까워짐에 따라 가슴 아파하는 마음을 더욱 굳게 하기 위한 프로그램을 만들었다. 그리고 그 날의 고난을 집중적으로 느끼고 깊게 생각하게 하기 위한 계율들을 만들어 실천하게 한다.

인간이 가장 슬퍼하고 가슴 아파하는 때는 사랑했던 가족이 상을 당했을 때일 것이다. 그러나 유대인은 민족이 상을 당했던, 즉 민족이 패망했던 날도 이처럼 애통하며 가슴 아파해야 한다고 교육시킨다.

티샤 바브의 기념일이 오기 석 달쯤 전부터, 이 유다국가가 파괴되고 예루살렘이 불태워진 날을 가슴 아파하기 시작한다. 3개월 전에는 별로 강하게 가슴 아파하지는 않는다. 그러나 2개월, 1개월로 가까워짐에 따라서 이 기념일을 가슴아파하는 말의 표현이나 기도와 말은 점점 강해진다. 그리고 기념일 당일이 되면 그것은 절정에 달한다〈Tokayer, 탈무드 3: 유대인의 처세술, 쉐마, 2017〉.

티샤 바브 절기 9일 전부터 당일까지는 결혼 금지, 기쁜 축제 금지, 고기나 포도주 금지 및 새 옷 입는 것을 금지〈안식일은 제외〉한다. 그리고 아브월 9일은 전 국민이 하루, 즉 24시간을 금식한다. 성전에서는 남녀노소 모든 유대인이 슬프고 비통한 예레미야 애가서를 맨 바닥에 앉아서 울면서 읽는다. 〈저자 주: 예레미야에 대해서는 다음 항에서 설명함〉

유대인은 슬퍼하고 있을 때에는 편한 의자에 앉지 않고 거북한 바닥에 앉기 때문이다. 바로 부친이 죽었을 때와 똑 같은 행동이다. 스스로 몸을 편히 하지 않고 자신의 육체를 괴롭게 하기 위함이다. 티샤 바브 절기는 완전히 애도하는 날로, 남자는 면도도 안 하고, 여인들은 화장도 안 한다. 물론 부부 생활도 절제한다〈Donin, 1972, 1977, 1980; Kling, 1987; Leri & Kaplan, 1978〉.

저자가 티샤 바브 날 정통파 유대인 회당에서 실제 겪은 체험담이다. 남자와 여자가 각각 다른 공간에 분리하여 3대가 모였다. 모두 바닥에 앉아서 예레미아 애가서를 읽고 있었다. 그들의 옷차림은 모두 멋을 내지 않은 허름한 옷을 입었다. 평상시 정장 차림의 모습은 찾아 볼 수가 없었다. 남자들은 모두 넥타이를 매지 않았다. 알고 보니 사치를 피하기 위함이었다.

그리고 구두 대신에 운동화를 신고 있었다. 가죽 구두는 짐승의 피를 흘려 만든 것이기 때문에 금하고, 대신 피를 흘리지 않고 만든 운동화를 신어야 한다는 계율을 따르기 위함이었다.

그리고 평소에 가깝게 지내던 그들은 저자를 완전히 외면했다. 저자가 말을 걸어도 눈도 마주치지 않고 외면했다. 나중에 안 사실은 그 날은 서로 상대방의 눈과 눈이 마주치면 안 된다는 계율이 있기 때문이었다. 생각이 분산되는 것을 막고 성전이 파괴되었던 당시의 고난에 동참하는 슬픔에 집중하기 위함이다.

물론 웃어서도 안 된다. 잡담을 해서도 안 된다. 내면적인 마음의 슬픔을 갖는 것도 중요하지만, 그 것을 외면적으로 표현하기 위해 심각하거나 슬픈 기색을 보여야 하기 때문이다.

유대인은 성전이 파괴된 날을 기억하기 위한 '티샤바브' 절기 때 회당에 모여 온종일 성경 '예레미야 애가서'를 읽는다. 그들은 육신을 위한 편한 의자를 거부하고 바닥에 앉아 말씀을 읽으며 눈물로 기도한다.

티샤 바브의 절기에는 온전히 성전이 파괴된 아픔만을 기억하면서 그리고 자신들의 조상들이 겪었던 아픔을 함께 느끼며 자신들의 죄를 회개하며 이스라엘의 평화와 번영을 위하여 기도하는 날이다.

왜 이 절기에 예레미야 애가서를 읽는가? 선지자 예레미야가 바빌로니아에 의해 예루살렘 성전이 파괴될 것을 예고했기 때문이다.

> 여호와의 말씀이니라 그 후에 내가 유다의 왕 시드기야와 그의 신하들과 백성과 및 이 성읍에서 전염병과 칼과 기근에서 남은 자를 바벨론의 느부갓네살 왕의 손과 그들의 원수의 손과 그들의 생명을 찾는 자들의 손에 넘기리니 그가 칼날로 그들을 치되 측은히 여기지 아니하며 긍휼히 여기지 아니하며 불쌍히 여기지 아니하리라 하셨느니라. (렘 21:7)

그리고 유대인은 1967년 6월 전쟁의 승리로 '통곡의 벽'〈Wailing

Wall, 구약성경에 나오는 성전의 서쪽 일부 벽)이 아랍인들로부터 유대인들에게 넘어온 이래, 해마다 아브월 9일이 되면 수 만 명이 이곳에 모여 유대 성전의 재건을 위해 기도하고 있다.

물론 2006년 아브월 9일째 되는 날에도 이스라엘 역사 3200년 동안에 이 특별한 날에 일어났던 많은 불행한 일들을 기억하면서 제3의 성전의 재건을 위해 기도하기 위해 유대인들이 통곡의 벽에 모여 들었다. 그러나 그 당시에는 랍비들이 유대인 군인들에게 금식을 하지 않아도 된다고 허락했다. 왜냐하면 이스라엘이 레바논의 헤즈볼라와 전쟁을 치루고 있었기 때문이었다〈아레츠 시바, 성전 재건축을 기도하는 유대인들, 2006년 8월 6일; 미주복음신문, 성전 재건축을 기도하는 유대인들, 2006년 8월 13일〉.

**티샤 바브 절기 9일 전부터 당일까지는
기쁜 축제나 고기, 포도주를 금지한다.
당일에는 전 국민이 하루 금식한다.
예레미야 애가서를 맨 바닥에 앉아 울면서 읽는다.**

3. 눈물로 부르는 '티샤 바브' 절기 노래

예레미야가 외쳤던 자신의 처절하고 비통한 말씀들 중 일부를 들어보자. 예레미야 애가서 제3장은 "여호와의 노하신 매로 인하여 고난당한 자는 내로다"로 시작된다. 예레미야는 자신이 속한 유다 백성이 당하는 고난을 자신이 당하는 고난으로 비유한 것이다.

동족의 아픔을 자기 것으로 받아들이는 성숙한 신앙인의 모습은 모든 유대인의 신앙의 모습을 대표한다. 왜냐하면 유대인 공동체는 하나라는 개념을 가지고 있기 때문이다. 이 시의 내용은 장차 올 고통을 그리고 있다.

유대인은 성전이 파괴된 고난의 날을 기억하는 티샤 바브 절기에 온 가족 3대가 예레미야애 가서를 읽는다. 사진은 통곡의 벽에서 눈물로 애처롭게 간절히 기도하는 유대인 어머니의 모습

우리도 6.25와 같은 고난의 절기에 이처럼 해야 자녀들이 북한을 추종하는 종북 좌파 사상에 물들지 않는다.

티사 바브에 읽는 애가서 일부
하나님의 심판에 고난당하는 유대인 (애 3:1-19, 개역개정)

1 여호와의 분노의 매로 말미암아 고난당한 자는 나로다.
2 나를 이끌어 어둠 안에서 걸어가게 하시고 빛 안에서 걸어가지 못하게 하셨으며,
3 종일토록 손을 들어 자주자주 나를 치시는도다.
4 나의 살과 가죽을 쇠하게 하시며 나의 뼈들을 꺾으셨고,
5 고통과 수고를 쌓아 나를 에우셨으며,
6 나를 어둠 속에 살게 하시기를 죽은 지 오랜 자 같게 하셨도다.
7 나를 둘러싸서 나가지 못하게 하시고 내 사슬을 무겁게 하셨으며,
8 내가 부르짖어 도움을 구하나 내 기도를 물리치시며,
9 다듬은 돌을 쌓아 내 길들을 막으사 내 길들을 굽게 하셨도다.
10 그는 내게 대하여 엎드려 기다리는 곰과 은밀한 곳에 있는 사자 같으사,
11 나의 길들로 치우치게 하시며 내 몸을 찢으시며 나를 적막하게 하셨도다.
12 활을 당겨 나를 화살의 과녁으로 삼으심이여,
13 전통의 화살들로 내 허리를 맞추셨도다.
14 나는 내 모든 백성에게 조롱거리 곧 종일토록 그들의 노랫거리가 되었도다.
15 나를 쓴 것들로 배불리시고 쑥으로 취하게 하셨으며,
16 조약돌로 내 이들을 꺾으시고 재로 나를 덮으셨도다.
17 주께서 내 심령이 평강에서 멀리 떠나게 하시니 내가 복을 내어버렸음이여,

18 스스로 이르기를 나의 힘과 여호와께 대한 내 소망이 끊어졌다.
19 내 고초와 재난 곧 쑥과 담즙을 기억하소서.

예레미아 애가서 4:1-10

1 슬프다. 어찌 그리 금이 빛을 잃고 순금이 변질하였으며 성소의 돌들이 거리 어귀마다 쏟아졌는고.
2 순금에 비할 만큼 보배로운 시온의 아들들이 어찌 그리 토기장이가 만든 질항아리 같이 여김이 되었는고,
3 들개들도 젖을 주어 그들의 새끼를 먹이나 딸 내 백성은 잔인하여 마치 광야의 타조 같도다.
4 젖먹이가 목말라서 혀가 입천장에 붙음이여 어린 아이들이 떡을 구하나 떼어 줄 사람이 없도다.
5 맛있는 음식을 먹던 자들이 외롭게 거리 거리에 있으며 이전에는 붉은 옷을 입고 자라난 자들이 이제는 거름더미를 안았도다.
6 전에 소돔이 사람의 손을 대지 아니하였는데도 순식간에 무너지더니 이제는 딸 내 백성의 죄가 소돔의 죄악보다 무겁도다.
7 전에는 존귀한 자들의 몸이 눈보다 깨끗하고 젖보다 희며 산호들 보다 붉어 그들의 윤택함이 갈아서 빛낸 청옥 같더니,
8 이제는 그들의 얼굴이 숯보다 검고 그들의 가죽이 뼈들에 붙어 막대기 같이 말랐으니, 어느 거리에서든지 알아볼 사람이 없도다.
9 칼에 죽은 자들이 주려 죽은 자들보다 나음은 토지 소산이 끊어지므로 그들은 찔림 받은 자들처럼 점점 쇠약하여 감이로다.

10 딸 내 백성이 멸망할 때에 자비로운 부녀들이 자기들의 손으로 자기들의 자녀들을 삶아 먹었도다.

예레미야 애가서 5:6-22

6 우리가 애굽 사람과 앗수르 사람과 악수하고 양식을 얻어 배불리고자 하였나이다.
7 우리의 조상들은 범죄하고 없어졌으며 우리는 그들의 죄악을 담당하였나이다.
8 종들이 우리를 지배함이여 그들의 손에서 건져낼 자가 없나이다.
9 광야에는 칼이 있으므로 죽기를 무릅써야 양식을 얻사오니,
10 굶주림의 열기로 말미암아 우리의 피부가 아궁이처럼 검으니이다.
11 대적들이 시온에서 부녀들을, 유다 각 성읍에서 처녀들을 욕보였나이다.
12 지도자들은 그들의 손에 매달리고 장로들의 얼굴도 존경을 받지 못하나이다.
13 청년들이 맷돌을 지며 아이들이 나무를 지다가 엎드러지오며,
14 노인들은 다시 성문에 앉지 못하며 청년들은 다시 노래하지 못하나이다.
15 우리의 마음에는 기쁨이 그쳤고 우리의 춤은 변하여 슬픔이 되었사오며,
16 우리의 머리에서는 면류관이 떨어졌사오니 오호라 우리의 범죄 때문이니이다.
17 이러므로 우리의 마음이 피곤하고 이러므로 우리 눈들이 어두우며,

18 시온 산이 황폐하여 여우가 그 안에서 노나이다.
19 여호와여 주는 영원히 계시오며 주의 보좌는 대대에 이르나 이다.
20 주께서 어찌하여 우리를 영원히 잊으시오며 우리를 이같이 오래 버리시나이까?
21 여호와여 우리를 주께로 돌이키소서 그리하시면 우리가 주께로 돌아가겠사오니, 우리의 날들을 다시 새롭게 하사 옛적 같게 하옵소서.
22 주께서 우리를 아주 버리셨사오며 우리에게 진노하심이 참으로 크시니이다.

〈자 주: 22절이 부정적인 내용으로 끝맺음하고 있기 때문에, 공적인 낭독시에는 22절을 읽은 다음 21절을 읽는 것이 관례다(Harrison).〉

유대인은 '티샤 바브' 절기에 예레미야 애가서를 슬픈 노래처럼 애절하게 읽는다. 한자 한자의 말씀에는 하나님의 무서운 심판의 결과가 어떠한 것인지 너무도 자세하게 표현되어 있다. 하나님의 영감을 받아 쓴 시이기 때문에 인간의 마음을 뒤흔드는 엄청난 파워가 있다.

하나님과 맺은 언약을 어긴 죄, 더 구체적으로 율법을 어긴 죄가 얼마나 무서운 결과를 가져오는지를 깨우치게 한다. 어른들은 이런 말씀들을 읽으며 무슨 생각을 할까? 자녀들은 어떠한 생각을 하며 읽을까? 그리고 어떠한 결심을 하게 될까?

이런 교육의 결과 유대인은 민족에 관한 역사의식이 혼과 골수에 밴 민족이다. 이렇게 교육 받은 개인이나 민족이 어떻게 세상에서 좀 출세했다고 과거의 고난을 잊고 세속의 수평문화, 즉 쾌락문화에 물들 수 있겠는가? 다음세대가 역사를 기억하지 못하면 그 역사는 잊혀지고 마침내 없어진다.

유대인이었던 바울이 기독교로 개종한 후 자기 민족이 함께 구원받지 못함을 자신의 목숨을 걸고 한탄하지 않았던가(롬 10:1)? 승리한 날보다도 고난의 날을 더 기억하는 민족! 유대인의 우수성은 그들의 마음을 지키는 고난의 역사를 기억하는 교육에서 시작한다.

슬프다.
칼에 죽은 자들이 주려 죽은 자들보다 나음은…
딸 내 백성이 멸망할 때에 자비로운 부녀들이
자기들의 손으로 자기들의 자녀들을 삶아 먹었도다.
(애 4:9-10)

4. '티샤 바브'와 눈물의 선지자 예레미야

A. 유대인이 회개했으면 유다의 멸망은 막을 수 있었나

'티샤 바브'를 설명하려면 예레미야를 알아야 한다. 그리고 예레미야를 설명하려면 그가 처했던 시대 상황을 알아야 한다. 그는 바벨로니아가 유다 왕국을 침공했던 비참한 전쟁 시대에 살았다. 바벨로니아의 유다 왕국 침공은 1차(BC 605년), 2차(BC 598년) 및 3차(BC 586년)에 걸쳐 약 20년 동안 이루어졌다.

유다 왕 여호야김은 1차 침공 때 사망했고(왕하 24:1-6), 그 다음 왕 여호야긴은 제2차 침공 때 바벨로니아로 잡혀갔다(왕하 24:15). 그 후 7년 후 시드기야 왕 때 예루살렘이 파괴되었다(BC 586). 당시 "바벨로니아 왕은 시드기야의 두 눈을 빼고 놋사슬로 그를 결박하여 바벨로니아로 끌고 가서 그가 죽는 날까지 옥에 가두었다"(렘 52:11).

하나님은 1차 침공 이전부터 많은 선지자들을 보내 북왕국 이스라엘과 남왕국 유다의 죄를 지적하며 그들에게 회개할 것을 촉구했다.

하나님은 이사야 선지자를 통해 유대인들에게 "오라 우리가 서로 변론하자. 너희 죄가 주홍 같을지라도 눈과 같이 희어질 것이요. 진홍같이 붉을지라도 양털같이 되리라"(사 1:18)고 말씀하셨다. 예레미야 선지자를 통해서는 "너희는 각자의 악한 길과 악행을 버리고 돌아오라. 그리하면 나 여호와가 너희와 너희 조상들에게 영원부터 영원까지 준 그 땅[가나안]에 살리라"(렘 25:5)고 말씀하셨다. 그리고 "나 곧 나는 나를 위하여 네 허물을 도말하는 자니 네 죄를 기억지 아니하리라"(사 43:25)고 말씀하셨다.

이 말씀을 어떻게 해석할 것인가? 물론 이 말씀을 개인에 적용할 경우 자신의 죄를 회개하면 하나님이 그의 죄를 용서해 주신다는 뜻이다. 그러나 구약시대에 선지자들이 외쳐야 할 대상은 큰 틀에서 유대 민족과 유다 국가라는 유대인의 공동체라는 점에 주목해야 한다. 때문에 선지서에서 죄의 문제를 해석할 때 개인 구원에 초점이 맞추어져 있는 신약의 구원론적 접근은 적절하지 않다. 따라서 선지서에서 누누이 언급하는 하나님의 심판의 대상도 개인이라기보다는 유다 국가에 있었다.

따라서 이 말씀을 어떻게 해석하느냐에 따라 유다 국가의 멸망이 쉽게 될 수도 있었고, 취소되지 않을 수도 있었다. 그리고 선지서를 보는 눈이 달라질 수도 있다. 한 마디로 당시 유대인〈유대인 지도자들, 이하 유대인이라 칭함〉이 회개했으면 유다의 멸망을 막을 수 있었느냐 하는 것이다. 저자는 이 말씀에 대한 통상적인 해석을 소개하고 그것이 왜 잘못되었는지를 논증해보고자 한다. 그리고 선지서의 기본 의도를 바르게 알아보자.

통상적으로 이 말씀을 이렇게 해석할 수도 있다. 하나님께서 유대인이 당시에 죄를 회개하고 하나님에게 돌아왔으면 하나님은 계획하셨던 유다의 멸망을 철회하실 수도 있었을 것이다. 그런데 그들이 끝내 회개를 하지 않았기 때문에 어쩔 수 없이 하나님은 유다의 멸망을 진행하실 수밖에 없었다.

저자는 이 해석에 반대한다. 설사 소수의 유대인이 죄를 회개하고 하나님에게 돌아왔었더라도, 유다를 멸망하시려던 하나님의 계획은 변경하시지 않았을 것이라고 생각한다. 다른 말로 질문하면 이렇다. "유대인이 당시에 죄를 회개하고 하나님에게 돌아왔으면 하나님께서 계획하셨던 유다 왕국의 멸망을 철회하시겠다고 약속하셨는가?" 답은 "아니다"이다

그 증거는 유다 국가의 대표인 히스기아 왕의 아들 므낫세와 요시야 왕의 행적에서 찾을 수 있다. 하나님이 예루살렘 성전을 버리시겠다고 결심하신 결정적인 원인은 므낫세의 죄에 있었다(왕하 21:11-13, 23:26).

그는 자기에게 의로운 소리를 하는 하나님의 종들을 모두 무참하게 죽였다. 그리고 하나님이 싫어하시는 가증한 일을 너무나 많이 행했다(왕하 24:4). 이것이 하나님이 유다 백성들을 바빌로니아의 포로로 잡혀가게 하는 결정적인 원인이 되었다(왕하 22:16-17, 23:26-27).

> 그러나 여호와께서 유다를 향하여 내리신 그 크게 타오르는 진노를 돌이키지 아니하셨으니 이는 므낫세가 여호와를 격노하게 한 그 모든 격노 때문이라 여호와께서 이르시되 내가 이스라엘을 물리친 것 같이 유다도 내 앞에서 물리치며 내가 택한 이 성 예루살렘과 내 이름을 거기에 두리라 한 이 성전을 버리

리라 하셨더라. (왕하 23:26-27)

그런데 후일 므낫세의 손자 요시야 왕은 할아버지와 정반대였다. 그는 하나님의 마음에 너무나 흡족한 왕이었다.

요시야와 같이 마음을 다하며 뜻을 다하며 힘을 다하여 모세의 모든 율법을 따라 여호와께로 돌이킨 왕은 요시야 전에도 없었고 후에도 그와 같은 자가 없었더라. (왕하 23:25)

요시야 왕은 "마음을 다하며 뜻을 다하며 힘을 다하여 모세의 모든 율법을 따라 여호와께로 돌이켰다"(왕하 23:25a). 하나님은 그런 왕은 "요시야 전에도 없었고 후에도 없었다"(왕하 23:25b)고 칭찬하셨다. 〈물론 소수의 사람은 회개했을지 모르나 전체 공동체는 돌아오지 않았다. 렘 3:6-10 참조〉 그러함에도 불구하고 하나님은 왜 유다의 멸망을 철회하시지 않고 계속 진행하셨는가?

더구나 하나님은 "만일 정의를 행하며 진리를 구하는 자를 한 사람이라도 찾으면 내가 이 성읍을 용서하리라"(렘 5:1b)고 말씀하시지 않았는가?

너희는 예루살렘 거리로 빨리 다니며 그 넓은 거리에서 찾아보고 알라 너희가 만일 정의를 행하며 진리를 구하는 자를 한 사람이라도 찾으면 내가 이 성읍을 용서하리라. (렘 5:1b)

이것은 죄를 사해주시는 것과 죄의 결과로 받는 육체적인 형벌은 별개의 문제라는 것이다. 따라서 하나님께서 "너희는 각자의 악한 길과 악행을 버리고 돌아오라. 그리하면 나 여호와가 너희와 너희 조상들에게 영원부터 영원까지 준 그 땅[가나안]에 살리라"(렘 25:5)고 말씀하신 것은 소수의 유대인이 악행을 버렸다고 하더라도 바빌로니아에서 70년 동안 죄의 값을 치룬 이후에 가나안으로 돌아오게 하시겠다는 것이다.

하나님은 노하기를 더디하시고 인자와 진실이 많은 분이시지만 (출 34:6; 민 14:18; 시 103:8; 롬 3:25), 한 번 결정하시면 그대로 실천하시는 분이시다. 〈물론 예외도 있다. 예: 하나님은 모세의 기도를 들으시고 유대인을 살려주셨다(출 32:10-32; 민 14:12-20.〉 "하나님의 행하시는 일을 보라 하나님이 굽게 하신 것을 누가 능히 곧게 하겠느냐"(전 7:13).

이런 해석은 바로 하나님께서 이스라엘 백성과 맺은 언약신학에 근거한다(출 24:1-8; 신 28장, 신 30:15-18).

> 보라 내가 오늘 생명과 복과 사망과 화를 네 앞에 두었나니 곧 내가 오늘 네게 명령하여 네 하나님 여호와를 사랑하고 그 모든 길로 행하며 그의 명령과 규례와 법도를 지키라 하는 것이라 그리하면 네가 생존하며 번성할 것이요 또 네 하나님 여호와께서 네가 가서 차지할 땅에서 네게 복을 주실 것임이니라 그러나 네가 만일 마음을 돌이켜 듣지 아니하고 유혹을 받아 다른 신들에게 절하고 그를 섬기면 내가 오늘 너희에게 선언하노니 너희가 반드시 망할 것이라 너희가 요단을 건너가서 차지할 땅에서 너희의 날이 길지 못할 것이니라. (신 30:15-18)

한 마디로 언약의 조건으로 제시한 하나님이 주신 율법을 잘 지키면 생명과 복이지만, 율법을 지키지 않으면 사망과 저주라는 말씀이다. 하나님은 그 언약을 그대로 실천하신 것이다.

여기에서 우리가 율법을 어기어 죄를 지으면 그것이 얼마나 무서운 것인지를 알아야 한다. 시편 기자는 자신의 백성들이 하나님이 주신 율법을 어긴 죄에 대해 이렇게 탄식했다. "저희가 주의 법을 지키지 아니하므로 내 눈물이 시냇물같이 흐르나이다"(시 119:136). 이것이 정통파 유대인이 그토록 율법을 지키려고 노력하는 이유다.

요약하면 다음과 같다.

첫째, 하나님이 유대인의 죄를 지적하는 대상은 큰 틀에서 유대인의 공동체인 유대 국가이지, 개인이 아니다. 때문에 선지서에서 죄의 문제를 해석할 때 개인 구원에 초점이 맞추어져 있는 신약의 구원론적 접근은 적절하지 않다.

둘째, 당시 유대인(유대인 지도자들)이 회개했으면 유다의 멸망을 막을 수 있었는가? 아니다. 왜냐하면 하나님이 유대인의 죄를 사해주시는 것과 죄의 결과로 받는 육체적인 형벌은 별개의 문제다. 이것은 하나님께서 이스라엘 백성과 맺은 언약신학에 근거한다(출 24:1-8; 신 28장, 신 30:15-18).

따라서 하나님께서 "너희는 각자의 악한 길과 악행을 버리고 돌아오라. 그리하면 나 여호와가 너희와 너희 조상들에게 영원부터 영원까지 준 그 땅[가나안]에 살리라"(렘 25:5)고 말씀하신 것은 소수의 유대인이 악행을 버렸다고 하더라도 바빌로니아에서 70년 동안 죄의 값을 치룬 이후에 가나안으로 돌아오게 하시겠다는 것이다.

셋째, 많은 선지자들이 전하는 메시지의 요점은 유대인의 죄 때문에 이스라엘과 유다의 멸망이 올 것이라는 경고의 예언(prophecy or foretell)이다. 그들이 죄를 회개하고 하나님께 돌아온다고 해서 하나님께서 그들의 징벌을 거두시겠다는 것이 아니다. 선지자(a prophet)를 예언자(a foreteller)라고 하는 이유가 여기에 있다.

결론적으로 이런 면에서 본 주제는 구약신학적인 입장에서 하나님을 이해하고 언약신학에 기초한 선지서 해석에 대단히 중요한 통찰이라고 생각한다.

유대인이 당시에
죄를 회개하고 하나님에게 돌아왔으면
하나님께서 계획하셨던 유다 왕국의 멸망을
철회하시겠다고 약속하셨는가?

B. 예레미야가 '눈물의 선지자'인 이유

예레미야는 제사장 힐기야의 아들로 태어났다(렘 1:1). 예레미야서 1장 4-10절에 하나님께서 예레미야를 부르시고 소명을 주시는 장면이 나온다. 하나님께서 처음 그를 부르셨을 때 그는 자신이 '아이'이기 때문에 말을 못한다고 하며 거절했다(렘 1:6).

그러나 하나님은 그에게 "너는 아이라 말하지 말고 내가 너를 누구에게 보내든지 너는 가며 내가 네게 무엇을 명령하든지 너는 말할지니라"(v. 7)고 하셨다. 그리고 여호와께서 그의 손을 내밀어 그 입에 대시며 여호와께서 그에게 이르시되 "보라 내가 내 말을 네 입에 두었노라"(v. 9)고 하셨다.

예레미야는 1, 2, 3차 침공을 모두 겪은 선지자였다. 그는 구약성경 예레미야서와 예레미야 애가서의 저자다. 하나님은 그를 그의 나이 20세(B.C. 627)가 되던 때에 열방의 선지자로 택하셨고(렘 1:5), 약 50년 동안 하나님의 입, 즉 대변자로 사용하셨다(렘 1:9, 15:19).

하나님은 예레미야 선지자에게 조국 남왕국 유다가 하나님에게 범한 죄의 대가로 바빌로니아에 멸망을 당할 것과, 모든 백성이 포로로 잡혀가 70년 동안 그곳에서 혹독한 고난을 당할 것(렘 25:11)을 유다 나라 지도자들과 백성들에게 예언할 것을 명령하셨다.

예레미야는 자신이 전할 재앙이 전대미문의 큰 재앙이었기 때문에 두렵고 떨어야 했다. 그가 유대나라와 민족을 위하여 눈물로 기도할 때에, 어느 여인이 자기 아이를 삶아 먹는 모습을 계시받았다(애 4:10). 〈자세한 재앙의 내용은 다음 3의 C항 참조〉 그는 하나님께서 이미 유다 나라와 백성들을 버리셨다는 사실을 미리 알았기(렘 21:7)

때문에, 유다 왕 시드기야에게 백성들의 피해를 최소화하기 위해 바빌로니아에 맞서 싸우지 말고 투항할 것을 권했다. 물론 이것은 하나님의 뜻이었다(렘 21:8-9, 27:8, 12, 38:17-18).

> 예레미야가 시드기야에게 이르되 만군의 하나님이신 이스라엘의 하나님 여호와께서 이와 같이 말씀하시되 네가 만일 바벨론의 왕의 고관들에게 항복하면 네 생명이 살겠고 이 성이 불사름을 당하지 아니하겠고 너와 네 가족이 살려니와 네가 만일 나가서 바벨론의 왕의 고관들에게 항복하지 아니하면 이 성이 갈대아인의 손에 넘어가리니 그들이 이 성을 불사를 것이며 너는 그들의 손을 벗어나지 못하리라 하셨나이다. (렘 38:17-18)

> 내가 이 모든 말씀대로 유다 왕 시드기야에게 고하여 가로되 왕과 백성은 목으로 바벨론 왕의 멍에를 메고 그와 그 백성을 섬기소서 그리하면 살리이다. (렘 27:12)

그러나 당시 상황에서 그의 예언에 반하는 거짓 선지자들은 권력자들과 백성들을 선동하여 예레미야의 이런 발언을 빌미로 그를 반민족적인 매국노로 낙인찍었다(렘 5:31, 14:14, 27:15). 진짜 선지자는 칼이 목에 들어와도 그들의 죄를 지적하며 입에 쓴 진실만을 전했지만, 가짜 선지자는 권력자들에게 듣기 좋은 달콤한 거짓을 꾸며서 예언했다. 백성들은 그것을 좋게 여겼다.

> 선지자들은 거짓을 예언하며 제사장들은 자기 권력으로 다스리며 내 백성은 그것을 좋게 여기니 그 결국에는 너희가 어찌 하려느냐. (렘 5:31)

거짓 선지자들도 자신들이 직접 하나님으로부터 받은 예언이라며, 하나님은 유다 나라에 칼과 기근을 주시지 않을 것이며, 확실한 평강을 주실 것이라고 외쳤다(렘 14:13).

> 이에 내가 말하되 슬프도소이다 주 여호와여 보시옵소서 선지자들이 그들에게 이르기를 너희가 칼을 보지 아니하겠고 기근은 너희에게 이르지 아니할 것이라 내가 이곳에서 너희에게 확실한 평강을 주리라 하나이다. (렘 14:13)

바빌로니아의 마지막 3차 침공을 눈앞에 둔 시기에도 거짓 선지자 하나냐는 바벨로니아가 2차 침공 때 잡아갔던 유다 나라의 포로들도 곧 귀환 할 것이라는 거짓 예언을 했다. 그는 예레미야의 예언은 거짓이며, 하나님은 바벨로니아의 왕 느부갓네살의 멍에를 꺾어 유다 나라가 곧 회복될 것이라는 예언을 하여 예레미야를 더욱 당혹케 했다(렘 28:1-11).

> 선지자 하나냐가 선지자 예레미야의 목에서 멍에를 빼앗아 꺾고, 모든 백성 앞에서 하나냐가 말하여 이르되 여호와께서 이와 같이 말씀하시니라 내가 이 년 안에 모든 민족의 목에서 바벨론의 왕 느부갓네살의 멍에를 이와 같이 꺾어 버리리라 하셨느니라. (렘 28:10-11)

그 때 하나님께서는 예레미야에게 이렇게 말씀하셨다.

> 너는 가서 하나냐에게 말하여 이르기를 여호와의 말씀에 네가 나무 멍에들을 꺾었으나 그 대신 쇠 멍에들을 만들었느니라. (렘 28:12-13)

당시 예레미야가 왕과 제사장들 그리고 백성들에게 쇠 멍에를 예언했으니 그들은 얼마나 그를 미워했겠는가? 그들은 그의 생명을 해하려고 구덩이를 팠고, 그의 발을 빠뜨리려고 올무를 놓았다(렘 18:20, 22). 옥에도 여러 번 투옥되었다(렘 11:18-23, 12:16, 18:18, 20:1-3, 26:1-24, 37:11-38,:28). 그는 늘 생명의 위협을 느꼈다.

하나님은 그에게 결혼까지 금지하셨다(렘 16:2). 그는 "남은 구원하고 자신은 구원하지 못한 자"(마 27:42)였다. 그의 편은 아무도 보이지 않아 늘 고독했다. 인간적으로 볼 때 그는 완전히 실패작이었다(이상근, 예레미야 주해, 1988, p. 7).

가짜가 진짜를, 그것도 동족의 운명이 달린 일에 그를 거짓말쟁이로 몰아붙인 것이다. 그는 차라리 유다는 곧 회복될 것이라는 거짓 예언이 맞기를 바랐지만(렘 28:6), 이것은 하나님과 백성을 기만하는 행위라는 점에서 더욱 안타까워했다.

> 슬프고 아프다. 내 마음 속이 아프고 내 마음이 답답하여 잠잠할 수 없으니 이는 나의 심령 네가 나팔 소리와 전쟁의 경보를 들음이로다. (렘 4:19)

뿐만 아니라 그러함에도 불구하고 예레미야는 자신을 핍박하는 자들을 사랑하며 울어야 했다(렘 13:17).

> 너희가 이를 듣지 아니하면 나의 심령이 너희 교만을 인하여 은근히 곡할 것이며 여호와의 양 무리가 사로잡힘을 인하여 눈물을 흘려 통곡하리라. (렘 13:17)

예레미야는 애국자 중의 애국자요, 민족주의자 중에 민족주의자다. 그는 자신이 당하는 고통도 감당하기 힘들었지만, 그 보다도 당시의 이런 조국의 안타까운 현실에 늘 울며 다닐 수밖에 없었다.

"어찌하면 내 머리는 물이 되고 내 눈은 눈물 근원이 될꼬. 그렇게 되면 살륙당한 딸 내 백성을 위하여 주야로 곡읍하리로다"(렘 9:1). "밤새도록 애곡하니 눈물이 뺨에 흐름이여 사랑하던 자 중에 위로하는 자가 없고 친구도 다 배반하여 원수가 되었도다"(애 1:2). "내 눈이 눈물에 상하며 내 창자가 끓으며 내 간이 땅에 쏟아졌으니 이는 처녀 내 백성이 패망하여 어린 자녀와 젖 먹는 아이들이 성읍 길거리에 혼미함이로다"(애 2:11).

"이제는 그 얼굴이 숯보다 검고 그 가죽이 뼈에 붙어 막대기같이 말랐으니 거리에서 알 사람이 없도다. 칼에 죽은 자가 주려 죽은 자보다 나음은 토지 소산이 끊어지므로 이들이 찔림같이 점점 쇠약하여 감이로다"(애 4:8-9). 그가 '눈물의 선지자'로 불려지는 이유다.

**당시에 예레미야는
자신이 당하는 고통도 감당하기 힘들었지만,
그 보다도 당시의 이런 조국의 안타까운 현실에
늘 울며 다닐 수밖에 없었다.**

C. 심리학적 입장에서 본 예레미야

1) 원치 않아도 외쳐야 했던 예레미야의 고통

왕과 제사장, 거짓 선지자들은 당연히 자신들의 죄를 지적하고 유다 국가의 멸망을 예언하는, 언제나 입만 열면 나쁜 소식을 전하는 부정적인 예레미야보다, 국가가 멸망하지 않는다는 좋은 소식, 즉 국가의 평화와 번영을 예언하는 거짓 선지자들을 좋아할 수밖에 없었다.

그들은 예레미야를 미친 사람 취급하며 육체적 및 정신적인 고통을 가중 시켰다. 그래서 그는 다시는 하나님의 말씀을 선포하지 않겠다고 다짐까지 했었다. 그런데도 불구하고 그가 하나님의 말씀을 동족에게 계속 전해야 했던 이유는 무엇인가? 그는 이렇게 말했다.

> 내가 다시는 여호와를 선포하지 아니하며 그 이름으로 말하지 아니하리라 하면 나의 중심이 불붙는 것 같아서 골수에 사무치니 답답하여 견딜 수 없나이다. (렘 20:9)

이 말씀은 바울이 내가 복음을 받고도 이를 전하지 않으면 내게 화가 있을 것을 두려워하는 마음(고전 9:16)을 가진 것과 같은 것이다. 아모스 선지자도 "주 여호와께서 말씀하신즉 누가 예언하지 아니하겠느냐?"(암 3:8)고 했고, 초대교회 당시 베드로와 요한도 유대 민족의 권력자들 앞에서 해를 당할 것을 알면서도 "하나님 앞에서 너희의 말을 듣는 것이 하나님의 말씀을 듣는 것보다 옳은가 판단하라"(행 4:19)고 하면서 "우리는 보고 들은 것을 말하지 아니할 수 없다"(행 4:20)고 했다.

이것은 무엇을 뜻하나? 하나님이 택하신 진실한 종은 싫든 좋든 하나님이 원하시는 대로 살 수밖에 없다는 것이다. 만약 그렇지 않는다면 그는 거짓 선지자와 다를 것이 없을 것이다. 따라서 현대의 목사들도 교인들에게 그들이 듣기 좋은 설교를 할 것이 아니고, 설사 교인들이 싫어한다고 하더라도 그들이 꼭 들어야 할 설교를 해야 한다. 그리고 목사는 교인들에게 이렇게 물어야 한다.

"내가 여러분에게 듣기 좋은 설교를 해야 합니까? 아니면 여러분이 꼭 들어야 할, 하나님이 원하시는 설교를 해야 합니까?"

그런 면에서 요즘 대부분 교회에서 설교 시간에 교인들에게 민감한 문제들, 즉 이혼문제나 남녀의 순결을 강조하지 않는 것은 매우 잘못된 것이다. 이것은 성경적인 하나님이 원하시는 것을 설교하지 않는 것과 다름이 없다.

예레미야는 이스라엘 백성이 싫어하는 하나님의 거룩한 말씀을 선포할 때의 심정을 이렇게 말했다.

> 선지자들에 대한 말씀이라. 내 마음이 상하며 내 모든 뼈가 떨리며 내가 취한 사람 같으며 포도주에 잡힌 사람 같으니 이는 여호와와 그 거룩한 말씀 때문이라. (렘 23:9)

여기에서 우리는 당시 예레미야의 심리 상태를 분석하며 하나님에 대한 믿음이 강한 교인이라 하더라도, 그리고 하나님이 100% 그와 함께 하신다고 하더라도 그에게는 인간의 한계가 있다는 것을 알아야 한다.

예레미야는 하나님의 능력을 받아 그분의 입이 되어 일했다(렘 1:9, 15:19). 그런데도 그는 온 몸과 마음이 망신창이가 되었다. 물론 하나님은 예레미야를 그의 반대자들로부터 보호하시고 구원하시겠다는 약속도 하셨다(렘 15:20-21).

그러함에도 불구하고 그는 하나님에게 이렇게 호소했다. "나의 고통이 계속하며 상처가 중하여 낫지 아니함은 어찌 됨이니이까?"(렘 15:18a). 자신의 고통이 너무 중하여 치유함이 힘들 것이라는 호소다.

여기에서 이런 질문을 할 수 있다. 예레미야는 성령이 충만하여 하나님의 입이 되어 일했는데도 불구하고, 왜 그의 영혼이 치유가 되지 않았을까? 이것은 개인의 성령 충만과 그의 사역으로 인한 고통은 별개라는 것을 뜻한다. 때문에 아무리 하나님의 일을 한다고 해도 주의 종은 인간이기 때문에 몸과 영혼을 스스로 돌보는 지혜, 즉 휴식과 충전이 필요하다는 것을 뜻한다. 더 많은 하나님의 일을 하기 위함이다.

또 다른 답은 예레미야가 당하는 고통은 유다 국가가 당하는 고통을 대표하여 받는 고통이다. 다시 말하면, 그의 그런 상태에서 울부짖는 선포는 하나님 자신의 아픈 고통을 그대로 나타낸 선포였다.

너는 이 말로 그들에게 이르라 내[예레미야] 눈이 밤낮으로 끊

> 치지 아니하고 눈물을 흘리리니 이는 처녀 딸 내 백성이 큰 파
> 멸, 중한 창상을 인하여 망함이라. (렘 14:17)

이는 마치 인류의 죄를 대속하기 위하여 예수님이 십자가에서 지셨던 고통은 바로 세상을 그처럼 사랑하셨던 하나님 자신의 고통이었던 것과 동일하다(요 3:16; 롬 5:7-8). 이것은 하나님은 내가 겪는 고통에 방관하시지 않으시고 그 분 스스로도 나의 고통과 함께 하신다는 사실을 알아야 한다. 이는 아버지가 아들에게 회초리를 들었을 때 아버지도 함께 아파한다는 것과 마찬가지다.

내가 다시는 여호와를 선포하지 아니하면…
나의 중심이 불붙는 것 같아서
골수에 사무치니 답답하여 견딜 수 없나이다.
(렘 20:9)

---

2) 하나님은 왜 예레미야를 분노로 채우셨나

예레미야는 왜 왕이나 제사장을 비롯한 권력자들에게 더 미움을 받았는가? 여기에는 그럴만 한 이유가 있었다.

당시 예레미야는 비록 제사장의 아들(렘 1:1)이지만, 자칭 선지자라고 할 수 있는 무명의 선지자였다. 왕이나 제사장들은 그를 선지자로 인정하지 않았다. 여기에 그를 믿지 말라는 거짓 선지자들의 선동이 너무 심했다. 그런데다 그들을 더욱 화를 나게 했던 것은 그들의 눈에 몹시 거슬렸던 그의 건방진(?) 태도였다.

예레미야는 그들에게 같은 부정적인 말이라도 유순하게 권면한 것이 아니라, 자신들의 죄를 인정하지 않는 그들의 뻔뻔한 태도에 매우 분노하며 외쳤다. 더구나 유다가 바벨로니아의 종의 멍에를 질 것을 상징하는 나무 멍에를 목에 걸고 다녔다(렘 27:1-9).

예레미야가 일부러 모든 이들의 눈에 거슬리게 했던 그 이유는 무엇인가? 성경에서 답을 찾아보자.

> 만군의 하나님 여호와시여 나는 주의 이름으로 일컬음을 받는 자라 내가 주의 말씀을 얻어 먹었사오니 주의 말씀은 내게 기쁨과 내 마음의 즐거움이오나 내가 기뻐하는 자의 회에 앉지 아니하며 즐거워하지도 아니하고 주의 손을 인하여 홀로 앉았사오니 이는 주께서 분노로 내게 채우셨음이니이다. (렘 15:16-17)

예레미야는 주의 말씀을 받아먹었을 때 "주의 말씀은 내게 기쁨과 내 마음의 즐거움"(렘 15:16)이라고 표현했다. 이런 심리적인 현상은 모든 하나님의 백성이 하나님의 말씀을 받아먹었을 때 나타나는 특징이다. 선지자 에스겔도 하나님이 이스라엘 백성에게 전할 두루마리 말씀을 받아먹었을 때 그 말씀이 "꿀처럼 달다"고 표현했다(겔 2:8-3:3). 〈저자 주: 유대인은 하나님의 말씀을 "음식처럼 받아먹는다"로 표현한다. 말씀이 배에서 소화가 되어야 한다.〉

> 내게 이르시되 인자야 내가 네게 주는 이 두루마리로 네 배에 넣으며 네 창자에 채우라 하시기에 내가 먹으니 그것이 내 입에서 달기가 꿀 같더라. (겔 33)

신약시대에도 하나님의 말씀이나 성령님을 받았을 때에는 새 술에 취한 것처럼 기쁨과 즐거움이 강하게 나타난다(행 2:13, 13:52). 성령의 9가지 열매에도 '사랑과 희락'이 맨 먼저 나타난다(갈 5:22). 그러함에도 불구하고 예레미야는 "기뻐하는 자의 회에 앉지 아니하며 즐거워하지도 아니하고 주의 손을 인하여 홀로 앉았다"(렘 15:17a). 왜 그랬을까? 그의 심리 상태가 100% 분노로 채워져 있었기 때문이었다(렘 15:17b). 그의 분노는 누가 채우셨는가? 하나님이다. 따라서 그의 분노는 바로 하나님의 거룩한 정의의 분노다.

여기에서 분노도 거룩한 분노가 있고 세상의 혈기가 가득한 분노가 있다는 것을 알 수 있다. 전자는 하나님이 주신 분노이고, 후자는 사탄이 준 분노다. 전자는 하나님의 뜻을 이루시기 위한 분노이고, 후자는 사탄의 뜻을 이루기 위한 분노다.

하나님은 왜 예레미야를 분노로 채우신 후에 그를 사용하셨나? 하나님이 그에게 주신 메시지는 복음, 즉 기쁜 소식(Good News)이 아니고 심판과 재앙이었기 때문이다. 재앙은 죄에 대한 심판의 결과

다. 그리고 하나님의 심판은 죄에 대한 하나님의 분노의 결과다.

하나님은 예레미야를 복음을 전하는 종으로 선택하신 것이 아니라 하나님의 심판과 재앙을 전하는 분노의 종으로 선택하신 것이다.

따라서 그가 유다 왕 시드기야에게 그의 죄와 유다의 멸망을 선포했을 때에도 하나님의 거룩한 분노가 나타난 것이다. "내[하나님]가 든 손과 강한 팔 곧 진노와 분노와 대노로 친히 너희를 칠 것이다"(렘 21:5). 그러니 왕이나 제사장들이 그를 좋아할 리가 없었다.

예수님도 하나님의 거룩한 분노로 "성전에 들어가서 성전 안에서 매매하는 모든 자들을 내어 쫓으시며 돈 바꾸는 자들의 상과 비둘기를 파는 자들의 의자를 둘러 엎으셨다"(마 21:12). 그들이 하나님의 거룩한 성전을 강도의 소굴로 만들었기 때문이다(마 21:13).

이것은 무엇을 뜻하나? 하나님의 정의를 위하여 일하는 이는 하나님의 거룩한 분노도 가져야 된다는 것을 뜻한다. 그것은 사탄의 편에 선 악이 아니라 하나님 앞에 선 선인 것이다. 물론 일상생활에서 이것을 잘 분별하며 살아야 할 것이다. 섣부르게 예수님의 흉내를 자주 내면 일을 망치는 경우도 있을 것이다.

내가 기뻐하는 자의 회에 앉지 아니하며
즐거워하지도 아니하고
주의 손을 인하여 홀로 앉았사오니
이는 주께서 분노로 내게 채우셨음이니이다.
(렘 15:17)

5. 목회자와 선지자의 차이

A. 목회자와 선지자의 차이

현대에는 목사들이 많다. 목사는 하나님이 주신 직분이다. 그들은 대부분 목회를 하고 있다. 그들은 예레미야 같은 고난 받았던 선지자라는 직분과 무엇이 다른가? 전자와 후자의 차이를 알아보며 구약과 신약의 차이를 알아보자. 그리고 현대 기독교인의 삶을 재조명해보자. 〈단, 이것은 기독교에 대한 핍박이 없는 평화 시대와 안전한 장소에 적용한 것이다〉

첫째, 직분의 차이: 전자와 후자 모두 하나님께서 선택하시어 사용하시는 종이지만, 전자는 목사이고 후자는 선지자다.

둘째, 전하는 내용의 차이: 전자는 영혼 구원을 위한 기쁜 소식, 즉 복음이지만, 후자는 죄를 지적하고 나쁜 소식, 즉 재앙이다. 전자는 천국의 소망과 잘 될 것을 예고하지만, 후자는 재앙과 멸망을 예고한다.

셋째, 전해야 할 대상의 차이: 전자는 대부분 이방인(비기독교인)이고, 후자는 자기 백성(유대인), 즉 구약의 하나님의 선민이다.

넷째, 구원론의 차이: 전자는 주로 개인 구원을 위해 일하고, 후자는 주로 민족이라는 유대인의 공동체 구원을 위해 일한다.

다섯째, 전하는 시기의 차이: 전자는 항상 전해야 하고, 후자는 율법을 어긴 죄가 만연할 때이다.

여섯째, 전하는 목적의 차이: 전자는 천국을 확장하기 위함이고, 후자는 하나님의 선민에게 죄를 지적하고 회개를 촉구하여 하나님 앞에서 거룩한 삶을 살게 하기 위함이다.

일곱째, 전하는 표정의 차이: 전자는 하나님의 사랑을 웃으며 부드럽게 접근하지만, 후자는 하나님의 심판과 재앙을 거칠게 분노로 표현한다. 전자는 '나 구원 받았네' 등의 기쁜 찬송을 부르지만, 후자는 슬픈 망국의 노래(예: 예레미야 애가)를 부른다.

여덟째, 숫자의 차이: 전자는 역사적으로 매우 많지만, 후자는 역사적으로 매우 제한적이다.
〈참조: 구약시대에도 신약시대의 목회자와 비슷한 제사장들도 많았다.〉

아홉 번째, 사명의 차이: 전자는 신약시대에 천국을 확장하는 수평선교를 하는 복음전도자들이지만, 후자는 구약시대에 동족의 미래 교육을 담당하는, 즉 수직선교를 하는 쉐마교육자들이다.

열 번째, 공간의 차이: 전자는 모든 인류가 살고 있는 전 세계지만, 후자는 이스라엘 국가가 있는 가나안으로 제한한다.

열한 번째, 시대의 차이: 전자(목사)는 신약시대에 사역을 했고, 후자(선지자)는 구약시대에만 있었다.

열두 번째, 사역 결과의 차이: 전자는 큰 교회를 이루어 큰 목회자라는 명예와 권력(?)을 얻을 수 있다. 그리고 많은 이들의 존경과 대우를 받아 호화(?)를 누릴 수도 있다. 〈예: 북미 및 남한의 교회들〉, 인간적으로 보면 성공한 인생이다. 후자는 시대와 장소에 관계없이, 권력자와 지도자들 및 백성들로부터 미움을 받을 수 있다. 목회가 안 된다. 굶거나 매를 맞을 수도 있다. 고독과 눈물 그리고 고난의 길을 걷게 된다. 인간적으로 보면 실패한 인생이다. (예: 이사야와 예레미야) 전자는 타락하기 쉽지만, 후자는 타락하기 힘들다.

〈단, 현대의 목회자들도 고난을 당할 수 있지만, 그 원인은 주로 본인에 기인하는 경우가 많다. 물론 교인들이나 외부 환경에 의한 고난도 있을 수 있다.〉

〈참조: 본 항은 신약시대의 목회자와 비슷한 구약시대의 제사장들에게도 적용된다.〉

〈참고: 예외도 있다. 기독교에 대한 핍박이 심한 시대와 장소에서는 복음전도자(목회자)들도 선지자들처럼 고난을 받았다. 시대적인 예로는 핍박받았던 초대교회와 같은 상황에서 활동했던 바울을 들 수 있다. 일제의 식민지 시대에 사역했던 주기철 목사나 손양원 목사도 고난을 받았다. 그리고 핍박 받는 공간, 즉 장소의 예로는 현재 (2016년)에도 성경책을 소지했다는 이유 하나로 그토록 고난을 받는 북한교회 지도자들을 들 수 있다.〉

B. 목회자와 선지자의 차이가 주는 교훈

앞에서 목회자와 선지자의 차이를 알아보았다. 여기에서 다음과 같은 교훈을 얻을 수 있다.

첫째, 먼저 신구약 성경을 이해하는 데 도움을 준다. 특히 하나님께서 사용하시는 종들의 직분의 차이를 명확하게 구분할 수 있다.

둘째, 유대인은 예수님의 초림을 준비하기 위하여 구약의 지상명령을 실천해야 했는데, 그 과정에 이런 혹독한 하나님이 주신 고난이 있었다는 사실에 놀라움을 금치 못한다. 이것은 하나님의 인류 구원에 대한 의지가 그만큼 강했다는 것을 보여준다.

셋째, 육체적 및 정신적 고통을 겪어야 하는 입장에서 주의 종도 시대와 공간(장소)을 잘 만나야 이 생애에서 고생을 덜 한다는 것이다. 물론 천국에 가서 받을 상급은 다를 수도 있을 것이다.

넷째, 백성(혹은 대중)에게 인기 있는 지도자가 항상 훌륭한 지도자가 아니라는 것이다.

다섯째, 더욱 중요한 것은 바른 목회자들은 교인들에게 기쁜 소식이나 위로의 메시지와 함께 율법에 근거하여 죄를 지적하는 선지자적인 쉐마 메시지도 전해야 한다는 것이다. 그래야 교인들의 행위가 바로 성장할 수 있을 것이다.

전자, 즉 복음(신약성경의 키워드)은 어린 아이에게 주는 영의 양식이라면, 후자, 즉 쉐마(구약성경의 키워드)는 장성한 어른이 먹을 수 있는 단단한 음식이다. 전자는 하나님의 말씀의 초보이고, 후자는 '의의 말씀'(히 5:12-13), 즉 신자들의 올바른 삶을 위한 율법들이다.

"단단한 음식은 장성한 자의 것이니 그들은 지각을 사용하므로 연단을 받아 선악을 분별하는 자들이다"(히 5:14). 선악은 하나님의 율법을 기준으로 하여 분별할 수 있다. 그래야 하나님의 형상을 닮아갈 수 있다.

여섯째, 비판도 그 목적에 따라 긍정적인 건전한 비판과 부정적인 파괴적 비판이 있다는 것이다. 전자는 하나님과 상대방을 위한 정의의 비판이고, 후자는 하나님과 상대방을 해치기 위한 부정적인 비판, 즉 비난이다.

따라서 건전한 비판은 권장해야 한다. 물론 이런 비판은 누구에게나 해당되지만, 특히 권력자에게 건전한 비판이 없다면 그를 교만하게 하여 독재자로 만들어 마침내 그를 망하게 할 수도 있다.

다만 아무리 정의를 위한 비판이라고 해도, 사랑과 덕(德)이 균형과 조화를 이루며 행해져야 한다. 그렇지 않으면 개인이나 공동체에 너무 심한 상처를 주어 해가 될 수도 있다. 즉 옳다고 너무 시간과 장소를 가리지 않고 비판하면 안 된다는 것이다. 잘못 사용하면 사탄의 도구가 되기 싶다. 개인적으로도 처음에는 정의를 위한 선한 목적으로 시작했는데, 이를 반복하면서 자신의 이성을 잃으면서 혈기가 나타나 잘못된 성격이 형성 될 수도 있다.

일곱째, 교인(혹은 청중)들은 성숙하여 고난 받는 종의 편에 설 수 있는 지혜가 필요하다.

결론적으로 목회자와 선지자의 차이와 이에 대한 교훈을 보면서 현재 자신의 모습을 살피는 기회가 되었으면 좋겠다. 그리고 풍요의 시대나 안전한 공간에 태어난 대부분의 기독교인들은 하

목회자와 선지자의 차이
<기독교에 대한 핍박 없는 시대와 장소에 적용>

구분	목회자	선지자
직분	목사, 하나님의 종	선지자, 하나님의 종
전할 내용	- 기쁜 소식(복음) - 천국 소망과 잘 될 것을 예고	- 나쁜 소식, 즉 죄를 지적하는 종 - 재앙과 멸망을 예고
대상	비기독교인(이방인)	자기 백성, 즉 하나님의 선민
구원론	주로 개인 구원을 강조	주로 유대민족 공동체 구원을 강조
목적	천국을 확장하기 위함이다.	죄를 지적, 회개를 촉구하여 하나님께 돌아오게 함이다.
시기	항상	죄가 만연할 때
사명	수평선교를 하는 복음 전도자	수직선교를 하는 쉐마교육자
공간	전 세계 모든 인류에게	가나안에 있는 이스라엘 국가로 제한
표정	- 하나님의 사랑을 웃으며 표현 - 기쁜 찬송, '나 구원 받았네'	- 하나님 심판과 재앙을 분노로 표현 - 슬픈 찬송, 망국의 노래
숫자	역사적으로 매우 많다.	역사적으로 매우 제한적이다.
시대	주로 신약시대에 있었다.	주로 구약시대에 있었다.
결과	- 큰 목회자라는 명예와 권력을 얻을 수 있다. - 많은 이들의 존경과 대우를 받아 타락하기 쉽다. - 고난을 당할 수 있지만, 그 원인은 주로 본인에 기인한다. - 인간적으로 보면 성공한 인생이다.	- 시대와 장소에 관계없이, 권력자와 지도자 및 백성으로부터 미움을 받는다. (예: 예레미아- 매국노로 오해 받았다.) - 목회가 안 된다. 굶거나 매를 맞을 수도 있다. 타락하기 힘들다. - 인간적으로 보면 실패한 인생이다.
예외	단, 기독교에 대한 핍박이 심한 시대와 장소에서는 복음전도자들도 선지자들처럼 고난을 받았다. 예: 초대교회의 바울, 현재(2016년) 북한교회 지도자들	
교훈	주의 종도 시대와 공간(장소)을 잘 만나야 이 생애에서 고생을 덜 한다. (물론 천국에 가서 받을 상급은 다를 것이다)	
	유대인은 예수님의 초림을 준비하기 위하여 구약의 지상명령을 실천해야 했는데, 그 과정에 이런 혹독한 하나님이 주신 고난이 있었다는 사실에 놀라움을 금치 못한다.	
	백성(혹은 청중)에게 항상 인기 있는 지도자가 항상 좋은 지도자가 아니다.	

나님께 더욱 감사해야 할 것이다. 소위 목회에 성공했다고 자부하는 목사들은 타락하지 않도록 더욱 겸손해야 할 것이다. 그리고 인기영합주의(파퓰리즘)에 취하여 교인들이 듣기 좋아하는 달콤한 설교보다는 그들이 꼭 들어야 할 율법에 근거한 선지자적 쓴 설교도 해야 할 것이다. 교인들보다 하나님을 더 두려워하는 주의 종이 되어야 할 것이다.

6. 한국인 기독교에 적용

〈저자 주: 본 항에서는 한국 근현대사에 대한 자료들을 지면상 길게 다룰 수가 없어서 간략하게 요약한다. 그리고 아래 내용은 주로 다음 출처들을 참조했음을 밝힌다.〉

- https://ko.wikipedia.org/wiki/국치일.
- https://ko.wikipedia.org/wiki/을사조약.
- https://namu.wiki/w/경술국치.
- 서울신문, 매년 국치일엔 굶으며 치욕 곱씹어, 2015년 8월 15일.
- 조선왕조실록 고종실록, 대한 광무 9년 양력 12월 1일 자 5번째 기사.
- EBS 기획특집 - special_[경술국치100년, 기억 그리고 미래] 2부 대한민국_#005 https://www.youtube.com/watch?v=cZ9fVcxtka0

유대인의 '티샤 바브'에 비교되는 한국의 절기는 '경술국치일(庚戌國恥日)'〈일제는 이를 '한일합방일'이라고 불렀다〉일 것이다.

1910년 8월 29일은 대한제국이 일본에 강제로 빼앗긴 날이다. 우리나라의 역사상 가장 수치스러운 날이다.

경술년(1910년) 8월 22일에 이토 히로부미(이등박문)의 주도하에 일본과 조선 사이에 조인된 이 조약이 1주일이 경과된 후 공표됨에 따라 순종의 조칙이 발표되어 8월 29일 조선은 일본의 식민지가 되었다. 당시 조선의 총리대신이었던 이완용과 일제의 초대 총독인 데라우치 마사다케 사이에 이루어진 합병조약이었다.

이후 1945년 8월 15일 일본이 제2차 세계대전에서 패망하고 한반도에서 물러나는 8.15광복까지 대한제국은 35년간 조선 총독부의 식민지배 아래 있었다. 나라의 주권을 빼앗긴 대한제국은 일본인의 노예처럼 살아야 했다. 이런 역사적인 치욕의 절기를 후대에 기억시키기 위해 어떻게 해야 할까? 유대인의 티샤바브 절기를 모델로 국치일을 잘 지키는 방법을 알아보자.

먼저 국치일에 대한 역사적인 배경을 알아보고, 기독교인의 입장에서 국치일을 어떻게 지켜야하는지, 그 방법을 모색해보자.

A. 국치일의 역사적인 배경

일단 국치일에 대해 알려면 당시의 역사적인 배경을 알아야 한다. 그 당시 19세기 후반부터 20세기 초반까지는 우리민족의 반만 년의 역사 가운데 가장 무력하고 어두운 그리고 비통한 시대였다. 오늘날의 '대한민국'이라는 국호가 새롭게 반포되었지만, 일본제국은 이 나라를 서서히 자기들 나라 일본에 편입시키며 삼키고 있었다.

일제에 의한 대한제국의 국권피탈 과정은 다음과 같다.

1. 1904년 2월 한일 의정서
2. 1904년 8월 제1차 한일협약
3. 1905년 11월 제2차 한일협약(을사늑약 체결)
4. 1907년 7월 한일 신협약
5. 1909년 7월 기유각서
6. 1910년 8월 한일병합 조약(경술국치일)

이를 모두 설명하기는 지면상 힘들어 국치일을 지키는 데 필요한 부분만을 요약 정리한다. 대한민국의 어원의 유래와 코리아(Korea)의 어원 유래, 1905년 을사늑약 체결 그리고 경술국치일에 대해 알아보자.

1) 대한제국과 대한민국이란 어원의 유래

먼저 '대한제국'이란 국호가 어떻게 제정되었고, 어떻게 망했는가에 대하여 알아보자. 근대 국가의 국호로서 '대한'은 1897년 고종이 '대한제국'을 선포하면서 시작되었다. 새 국호를 정한 이유는 다음과 같다.

대한(大韓)의 어원은 고대 한반도 남부 일대에 존재했던 나라의 이름인 한(韓)에서 유래한다. 마한, 진한, 변한을 합쳐 삼한이라고 불렀다. 고구려, 백제, 신라를 합쳐 삼한이라 부르기도 했다. 한(韓)이라는 말은 종교적 의미와 정치적 의미가 복합적으로 이루어져 고대부터 내려오던 말이다. '하나', '하늘', '크다', '칸'(汗) 등 복합적 의미를 가지고 있다.

　작가 겸 시인인 최남선은 자신의 책 《조선상식문답》에서 이를 해설하기를 "대한이라 함은 한(韓)은 한이지만, 옛날 같은 작은 한이 아니라 지금은 커다란 한이라는 뜻을 보인 것이다. 이렇게 '대한'이란 것은 두 자가 다 합하여 나라 이름이 되는 것이요, 결코 대명(大明, 명나라)이나 대영(大英, 대영 제국)과 같이 높이는 뜻으로 대자를 붙인 것이 아니며 '한국' 이라 함은 실제 대한을 간단하게 부르는 것이다."라고 했다.

　여기에 민국(民國)을 더한 '대한민국'이라는 국호는 1919년 3.1 운동 직후에 만들어진 대한민국 임시 정부에서 정한 것이다. 1919년 4월 10일 대한민국 임시정부를 수립하고자 중화민국 상하이에서 소집된 임시의정원에서 신석우가 먼저 '대한'을 제시하자 여운형은 "대한은 조선왕조 말기에 잠깐 쓰다 망한 이름이니 부활할 필요가 없다."라고 반대했다. 그러자 신석우가 "대한으로 망했으니 대한으로 흥하자"며 대한제국의 '제국'을 공화국을 뜻하는 '민국'으로 바꾸어 대한민국을 국호로 제안했고 다수가 공감함에 따라 이것이 독립국가의 국호로 정해졌다.

　광복 후 1948년 제헌 국회에서 이 국호를 계승하여 헌법에 명시했고 다시 1950년 1월 16일 국무원고시 제7호 '국호 및 일부지방명과 지도색 사용에 관한 건'에 의해 확정했다. 이에 20세기 전반까지도 널리 사용되던 지명으로서의 '조선'이라는 이름은 현재 대한민국 내에서는 거의 쓰이지 않게 되었다.

이에 따라 대한민국의 국민은 자국의 국호를 '대한민국' 혹은 '한국' 등으로 부른다. 한반도 북부에 자리한 조선민주주의인민공화국과 대비해 한반도 남부에 있다 하여 '남한'으로도 불리는데 특히 조선민주주의인민공화국은 이를 '남조선(南朝鮮)'이라고 부른다.

2) 코리아(Korea)란 어원의 유래

현재 영어권 국가에서 불리는 국호인 'Korea'의 시초는 기원전 1세기부터 7세기까지 한반도 북부와 만주 지방에 존재했던 고구려(Goguyreo)에서 전해온다. 고구려는 장수왕 때 국호를 고려로 변경한 바 있으며, 후에 후삼국을 통일한 왕건이 고구려를 계승하는 의미로 국호를 고려로 정했다.

그 후 당시 아라비아 상인들이 고려의 수도인 개성으로 통하는 벽란도를 출입하면서, 고려라는 이름이 'Corea'로 음역되어 전 세계에 전해졌다. 그 후 서방에 전해져 프랑스어로 'Corée', 스페인어로 'Corea', 영어로 'Korea'라고 불리게 되었다. 현재 대한민국의 공식 영어 명칭은 'Republic of Korea'로서, 약칭 'R. O. K.'로 사용한다.

일본은 19세기 말부터 1905년 이전까지는 Corea로 한국을 표기하다가, 일제강점기에는 Corea나 Korea를 배격하고, Chosen이라는 알파벳 국호를 사용했다. 〈전체 출처: https://ko.wikipedia.org/wiki/국치일〉

3) 1905년 을사늑약 체결 경위

일본은 대한제국을 삼키기 위한 작전으로 한일합방 이전에 강압적으로 을사늑약〈일제는 이를 '을사보호조약'이라 칭함〉을 맺었다. 왜냐하면 후일 일제와 대한제국이 서로의 이익을 위해 합법적으로 조약을 맺었다는 것을 증명하기 위한 술수였다.

일본의 특명전권대사 자격으로 1905년 11월 9일 서울에 온 이토 히로부미(이등박문)는 다음 날인 11월 10일 고종황제에게 일왕의 "짐이 동양평화를 유지하기 위하여 대사를 특파하노니 대사의 지휘를 일종하여 조치하소서."라는 내용의 친서를 바쳐 고종을 위협했다. 11월 15일 다시 고종황제에게 한일협약안을 제시하면서 조약 체결을 강압적으로 요구했다.

이 무렵, 주(駐)한국 일본 공사 하야시 곤스케와 주(駐)한국 일본군 사령관 하세가와(長谷川)가 일본으로부터 증원군을 파송 받아 궁궐 내외에 물샐 틈 없는 경계망을 펴고 포위함으로써 대한제국 황궁은 공포 분위기에 싸여 있었다. 그러나 고종황제는 이토 히로부미의 집요한 강요에도 불구하고 조약 승인을 거부했다.

이렇게 되자 일본은 전략을 바꾸어 조정 대신들을 상대로 위협·매수에 나섰다. 하야시 곤스케는 1905년 11월 11일 외부대신 박제순을 일본 공사관으로 불러 조약 체결을 강박하고, 같은 시간 이토 히로부미는 모든 대신과 원로대신 심상훈(沈相薰)을 그의 숙소로 불러 조약 체결에 찬성하도록 회유와 강압을 되풀이했다.

이러한 회유와 강압 끝에 다수의 지지를 얻게 된 이토 히로부미와 하야시 곤스케는 마침내 11월 17일 경운궁에서 어전회의를 열도록 했다. 그러나 회의는 침통한 공기만 감돌았을 뿐 아무런 결론을 내릴 수가 없었다. 고종황제는 강압에 의한 조약 체결을 피할 목적으로 의견의 개진 없이 대신들에게 결정을 위임한 상태였다.

어전회의가 5시간이 지나도록 결론에 이르지 않자 초조해진 이토 히로부미는 하세가와 군사령관과 헌병대장을 대동하고 일본헌병 수십 명의 호위를 받으며 궐내로 들어가 노골적으로 위협과 공갈을 자행하기 시작했다.

이토 히로부미는 직접 메모 용지에 연필을 들고 대신들에게 가부(可否)를 따져 물었다. 그때 갑자기 한규설 참정대신이 소리 높여 통곡하기 시작했던지라 별실로 데리고 갔는데, 이토 히로부미가 "너무 떼를 쓰거든 죽여 버리라."라고 고함을 쳤다.

참정대신 한규설(韓圭卨), 탁지부대신 민영기, 법부대신 이하영만이 무조건 불가(不可)를 썼고, 학부대신 이완용, 군부대신 이근택, 내부대신 이지용, 외부대신 박제순, 농상공부대신 권중현은 책임을 황제에게 전가하면서 찬의를 표시했다. 이 때 찬성한 다섯명을 을사오적이라 한다.

이토 히로부미는 각료 8대신 가운데 5대신이 찬성하였으니 조약 안건은 가결되었다고 선언하고, 궁내대신 이재극을 통해 그날 밤 황제의 칙재(勅裁)를 강요했다. 그리고 같은 날짜로 외부대신 박제순과 일본 공사 하야시 곤스케 간에 이른바 이 협약의 정식 명칭인 '한일협상조약'이 체결되었다.

4) 조약의 내용

조약은 전문과 5개 조항, 결문, 그리고 외부대신 박제순과 일본 특명전권공사 하야시의 서명으로 되어 있다. 전문에는 '한국 정부와 일본국 정부의 공통 이해를 위해 한국이 부강해질 때까지'라는 형식상의 명목과 조건이 붙어 있다.

1. 일본국 정부는 재동경 외무성을 경유하여 한국의 외국에 대한 관계 및 사무를 감리, 지휘하며, 일본국의 외교대표자 및 영사가 외국에 재류하는 한국인과 이익을 보호한다.

2. 일본국 정부는 한국과 타국 사이에 현존하는 조약의 실행을 완수하고 한국 정부는 일본국 정부의 중개를 거치지 않고 국제적 성질을 가진 조약을 절대로 맺을 수 없다.

3. 일본국 정부는 한국 황제의 궐하에 1명의 통감을 두어 외교에 관한 사항을 관리하고 한국 황제를 친히 만날 권리를 갖고, 일본국 정부는 한국의 각 개항장과 필요한 지역에 이사관을 둘 권리를 갖고, 이사관은 통감의 지휘하에 종래 재한국 일본 영사에게 속하던 일체의 직권을 집행하고 협약의 실행에 필요한 일체의 사무를 맡는다.

4. 일본국과 한국 사이의 조약 및 약속은 본 협약에 저촉되지 않는 한 그 효력이 계속된다.

5. 일본국 정부는 "한국 황실의 안녕과 존엄의 유지를 보증한다."는 것을 주요 내용으로 한다.

5) 조약 체결 직후

제2차 한일협약의 체결로 한국 내의 공사관들은 모두 철수했다. 한국에는 통감부가 설치되고 초대 통감으로 이토 히로부미가 취임했다. 이 조약의 강압은 대한제국을 보호국으로 삼고, 식민지화하려는 일본 제국의 흉계가 숨겨져 있었다.

이후에 한일신협약과 기유각서 등을 이완용의 매국 내각(賣國內閣)과 일본의 한국통감부 사이에서 체결하여, 한국의 국권을 점차 침탈해갔다. 그리고 종국에는 융희 4년, 즉 1910년에 한일병합 조약을 강제적으로 체결하게 하여 대한제국을 멸망하게 했다.

6) 윤치호의 무효(반대) 운동

조약의 체결은 한국 내에서 반발을 불러일으켰고, 거국적인 항일운동이 전개되었으나 일제는 이를 억압했다. 1905년 12월 1일 윤치호는 한성부 저잣거리에서 조약의 무효를 주장했고, 그날 을사보호조약에 서명한 대신들을 처벌할 것을 상소했다. 그 내용은 다음과 같다.

> "지난 갑오경장(甲午更張) 이후로 자주권과 독립의 기초를 남에게 의지한 적 없이 여유 있게 지켜온 지 이제 10년이 되었습니다. 그런데 내정이 잘 다스려지지 않아 하소연할 데 없는 백성들이 모두 죽음의 구렁텅이에 빠졌고 외교를 잘못하여 조약을 체결한 나라와 동등한 지위에 설 수 없게 되었습니다. 이것은 폐하께서 하찮은 소인들에게 눈이 가리어졌기 때문입니다.

궁실을 꾸미는 데 힘쓰게 되니 토목 공사가 그치지 않았고, 기도하는 일에 미혹되니 무당의 술수가 번성했습니다. 충실하고 어진 사람들이 벼슬을 내놓고 물러나니 아첨하는 무리들이 염치없이 조정에 가득 찼고, 상하가 잇속만을 추구하니 가렴주구 하는 무리들이 만족할 줄을 모른 채 고을에 널렸습니다.

개인 창고는 차고 넘치는데 국고(國庫)는 고갈되었으며 악화(惡貨)가 함부로 주조되고 민생은 도탄에 빠졌습니다. 그리하여 두 이웃 나라가 전쟁을 일으키고 우리나라에 물자를 자뢰하니 온 나라가 입은 피해는 실로 우리의 탓이었습니다. 심지어 최근 새 조약을 강제로 청한 데 대하여 벼슬자리를 잃을까 걱정하는 무리들이 끝끝내 거절하지 않고 머리를 굽실거리며 따랐기 때문에 조정과 재야에 울분이 끓고 상소들을 올려 누누이 호소하게 되었습니다.

하나로 일치된 충성심과 애국심은 어두운 거리에 빛나는 해나 별과 같고 홍수에 버티는 돌기둥과 같다고 할 것입니다. 지난날의 조약을 도로 회수해 없애버릴 방도가 있다면 누가 죽기를 맹세하고 다투어 나아가지 않겠습니까마는, 지금의 내정과 지금의 외교를 보면 어찌 상심해서 통곡하지 않을 수 있겠습니까? 만일 지금이라도 든든히 가다듬고 실심으로 개혁하지 않는다면 종묘사직과 백성들은 필경 오늘날의 위태로운 정도에 그치지 않을 것입니다.

독립의 길은 자강(自强)에 있고 자강의 길은 내정을 닦고 외교를 미덥게 하는 데 있습니다. 오늘날의 급선무는 일을 그르친 무리들을 내쫓음으로써 민심을 위로하고 공명정대한 사람들을 조정에 불러들여 빨리 치안을 도모하며, 토목 공사를 정지하고 간사한 무당들을 내쫓으며 궁방(宮房)의 사재 축적을 엄하게 징계하고 궁인(宮人)들의 청탁으로 벼슬길에 나서게 되는 일이 없게 할 것입니다. 자강의 방도와 독립의 기초가 여기에 연유하지 않은 것이 없으니, 삼가 바라건대 폐하께서는 힘쓰고 힘쓰소서." 〈출처: 조선왕조실록 고종실록, 대한 광무 9년 양력 12월 1일 자 5번째 기사〉

그러나 고종은 윤치호의 상소에 내심 동의하면서도 관련자들을 처벌하지 않았다. 윤치호는 12월 내내 한성부를 왕래하며 을사조약이 무효임을 선언한 전단을 배포했다. 이후 강원도 삼척군과 울진군에서 을사조약 무효 선언과 동시에 의병이 일어났고 쇠퇴해 가던 의병 활동에 불을 지피는 계기를 마련했다. 〈전체 출처: https://ko.wikipedia.org/wiki/을사조약〉

B. 대한제국이 침탈된 경술국치일

1) 국치일의 개요

을사조약 이후 급격하게 기울던 대한제국은 결국 한일병합 조약을 맺으며 일본 제국에 강제 편입되었다.

한일병합 조약(한국 한자: 韓日倂合條約) 또는 한일병합에 관한 조약은 1910년 8월 22일에 조인되어 8월 29일 발효된 대한제국과 일본 제국 사이에 일방적인 위력에 의해 이루어진 합병조약(合倂條約)이다. 또한 한일합방조약(한국 한자: 韓日合邦条約)이라고도 불린다.

대한제국의 내각총리대신 이완용과 제3대 한국 통감인 데라우치 마사타케가 형식적인 회의를 거쳐 조약을 통과시켰으며, 조약의 공포는 8월 29일에 이루어져 대한제국은 일본 제국의 식민지가 되었다.

한국에서는 국권피탈(한국 한자: 國權被奪), 경술국치(한국 한자: 庚戌國恥) 등으로 호칭한다. 일본 제국은 병탄의 방침을 1909년 7월 6일 내각회의에서 이미 확정해 놓고 있던 상태였다. 다만 부작용을 최소화하고 국제적 명분을 얻는 일만 남겨두었었다.

2) 한일병합조약 전문

한국 황제 폐하와 일본국 황제 폐하는 두 나라 사이의 특별히 친밀한 관계를 고려하여 상호 행복을 증진시키며 동양의 평화를 영구히 확보하자고 하며 이 목적을 달성하고자 하면 한국을 일본국에 병합하는 것이 낫다는 것을 확신하고 이에 두 나라 사이에 합병조약을 체결하기로 결정했다.

이를 위하여 한국 황제 폐하는 내각 총리대신(內閣總理大臣) 이완용(李完用)을, 일본 황제 폐하는 통감(統監)인 자작(子爵) 사내정의(寺內正毅, 데라우치 마사타케)를 각각 그 전권 위원(全權委員)으로 임명하는 동시에 위의 전권 위원들이 공동으로 협의하여 아래에 적은 모든 조항들을 협정하게 한다.

1. 한국 황제 폐하는 한국 전체에 관한 일체 통치권을 완전히, 또 영구히 일본 황제 폐하에게 양여함.
2. 일본국 황제 폐하는 앞 조항에 기재된 양여를 수락하고, 완전히 한국을 일본 제국에 병합하는 것을 승락함.
3. 일본국 황제 폐하는 한국 황제 폐하, 태황제 폐하, 황태자 전하와 그들의 황후, 황비 및 후손들로 하여금 각기 지위를 응하여 적당한 존칭, 위신과 명예를 누리게 하는 동시에 이것을 유지하는 데 충분한 세비를 공급함을 약속함.
4. 일본국 황제 폐하는 앞 조항 이외에 한국 황족 및 후손에 대해 상당한 명예와 대우를 누리게 하고, 또 이를 유지하기에 필요한 자금을 공여함을 약속함.
5. 일본국 황제 폐하는 공로가 있는 한국인으로서

특별히 표창하는 것이 적당하다고 인정되는 경우에 대하여 영예 작위를 주는 동시에 은금(恩金)을 줌.

6. 일본국 정부는 앞에 기록된 병합의 결과로 완전히 한국의 시정을 위임하여 해당 지역에 시행할 법규를 준수하는 한국인의 신체 및 재산에 대하여 전적인 보호를 제공하고 또 그 복리의 증진을 도모함.

7. 일본국 정부는 성의 충실히 새 제도를 존중하는 한국인으로 적당한 자금이 있는 자를 사정이 허락하는 범위에서 한국에 있는 제국 관리에 등용함.

본 조약은 한국 황제 폐하와 일본 황제 폐하의 재가를 받은 것이므로 공포일로부터 이를 시행함. 위 증거로 삼아 양 전권위원은 본 조약에 기명 조인함.

융희 4년 8월22일
내각총리대신 이완용
메이지 43년 8월22일 통감자작 데라우치 마사타케

3) 조약 체결 직후

엄밀히 말하자면, 제2차 한일병합조약은 한국이라는 나라를 명백한 일본령으로 만든 것뿐이지, 별도의 작업들은 이미 끝나 있었다. 1905년 을사늑약으로 외교권을 박탈당했고, 1907년 정미조약으로 군대 해산, 1909년에는 경찰권과 사법권을 박탈당했다. 1909

한국도 일본에 나라를 빼앗긴 날(국치일)이 있다. 그 날은 유대인처럼 고난을 기억하기 위해 온 국민이 금식을 하며 눈물로 예레미야애가서를 읽는 것이 바른 절기교육이다.
사진은 나라를 빼앗긴 후 경복궁 근정전에 걸린 일장기 모습

년 기준 대한 제국은 명목상으로만 독립국일 뿐, 사실상 일본의 속령이나 다름없었다.

이때부터 1945년 8.15 광복까지, 지도상에 한국/대한제국이라는 나라가 완전히 사라졌었다. 한반도는 일본제국 영토의 일부인 일본제국령 조선이 되었고 국민은 착취와 차별에 시달리는 노예나 다름없는 식민지가 되었다.

우리의 문화재와 자원은 약탈당했고, 우리의 이름도 빼앗겼고, 우리의 역사와 우리의 말, 더 나아가서 당시대에 살던 우리 국민의 미래도 빼앗겼다. 그렇게, 일본제국은 한민족의 모든 것을 빼앗아갔다. 우리의 국기인 태극기와 우리의 국가인 애국가도 금기물, 또는 금지곡으로 지정되어 사용할 수도 없었던 시기였다.

병탄조약(한일병합조약)은 519년을 유지한 조선왕조의 멸망이

자, 일제강점기의 시작을 알리는 시점이기도 했다. 그 직후 황현, 민영환, 한규설, 그리고 이상설 등 일부 지식인과 관료층은 이에 극렬히 반대하여 자결하거나 독립운동을 전개했다. 한일 병탄 직후 14만 명이 독립운동에 참여했다.

헤이그 특사 중 한 명인 이위종의 아버지인 이범진은 국권피탈의 소식을 듣고 적을 토벌할 수도 복수할 수도 없다는 깊은 절망에 빠져 자결했다. 금산 군수로 〈임꺽정〉의 저자 벽초 홍명희의 아버지이기도 한 홍범식도 목을 매 자결하였으며 그 외에도 〈매천야록〉의 저자 매천 황현 등 많은 선비들이 자결했다. 그러나 을사늑약 때와는 달리 현직 고위 관료 중 자결한 이는 없었다.

한편에서는 아무 일도 없었던 것처럼 지냈다고 한다. 이는 이미 을사조약, 군대해산, 고종퇴위 등으로 나라가 망했다고 다들 체념한 상황이란 분석이 있다. 을사조약 체결 시에는 온 나라가 뒤집혔고 백성들이 나라가 망했다고 공포에 떨며 울부짖었다는 유생들의 기록이 있다〈https://namu.wiki/w/경술국치〉.

광복군 총사령관을 지낸 독립운동가 지청천 장군의 딸 지복영 여사의 회고록〈민들레의 비상〉에 의하면, '국치일'〈조선이 일본에 병합된 1910년 8월 29일〉이 되면 중국 충친 동포들이 끼니를 거르고 치욕을 곱씹었다고 했다. 또 낮에는 조선인 학교에 모여 '국치의 노래'를 부르고 밤에는 독립운동가들의 삶을 다룬 연극을 공연했다고 했다〈서울신문, 매년 국치일엔 굶으며 치욕 곱씹어, 2015년 8월 15일〉.

4) 국치를 통분하며 자결한 시인 황현

황현(黃玹) 선생은 서울로 올라와 과거를 보았다. 1888년 34세로 성균관 생원이 되었으나 당시 과거장의 폐해를 직접 목격한 그는 낙향하여 더 이상 관직에 연연하지 않았다. 정부관리가 되기를 포기한 선생은 이후 처사형 선비로서의 생활을 시작하게 된다. 비판적 지식인의 모습으로 황현은 거듭 태어났다. 을사조약(乙巳條約)에 반대하여 자결한 순국지사(殉國志士)들을 애도했다.

선생은 1902년 구례군(求禮郡) 광의면(光義面) 월곡리(月谷里)로 다시 이주했다. 그는 1905년 을사조약 직후 민영환(閔泳煥), 조병세(趙秉世), 홍만식(洪萬植) 등 관리들이 잇달아 자결하자 그는 '오애시(五哀詩)'를 지어 이들을 추모했다. 조병세(趙秉世)에 관해서는 아래와 같은 시를 남겼다.

대신이 국난에 죽는 것은
여러 벼슬아치들 죽음과는 다르네
큰 소리를 내며 지축을 흔드니
산악이 무너지는 것 같아라
(…)

인생은 늦은 절개를 중히 여기고
수립하는 일은 진실로 어렵고 삼가야 한다
낙락장송은 오래된 돌무더기에서
송진 향기 천 년을 가리라

〈죽음으로 경술국치(庚戌國恥)에 항거하다〉

황현 선생의 시문집인 '매천시집(梅泉詩集)' 1910년 8월 29일 한국이 일본의 완전한 식민지가 되자 목숨을 끊으며 남긴 절명시(絶命詩) 등이 수록(蒐錄)되어 있다.

중국에 망명했던 친구 김택영(金澤榮)이 잠시 서울에 돌아오자 그를 만나기 위해 1909년 서울로 올라온 그는 '입도(入都)'라는 시에서 망해가는 나라의 현실을 표현했다.

"남산에 올라 한 번 굽어 본 서울 땅
보는 것마다 더욱 처량하고 혼미해라
큰 거리는 수레바퀴로 가을 먼지만 그득하고
두 대궐은 침침해서 대낮도 짧은 듯하다.
폐백으로 맹세했던 벼슬아치들 잘 못 되어가고
서울거리 탈이 없지만 판국이 벌써 글렀구나
예전에 망한 나라가 다 이 모양이었던가
망한 것이 분명하니 슬플 수도 없구나."

결국 그가 우려한 바대로 대한제국은 1910년 8월 29일 경술국치(庚戌國恥)를 맞게 되었다. 그는 9월 8일 절명시(絶命詩)와 유서를 쓰기 시작했고, 9일 소주에 아편을 타서 마시고 다음날인 10일 사망했다. 이때 그의 나이 56세였다.

〈황현 선생의 절명시〉
난리 통에 어느새 머리만 희어졌구나
몇 번 목숨을 버리려 하였건만 그러질 못하였네

하지만 오늘만은 진정 어쩔 수가 없으니
바람에 흔들리는 촛불만이 아득한 하늘을 비추는구나.
요사한 기운 뒤덮어 천제성(天帝星)도 자리를 옮기니
구중궁궐 침침해라 낮 누수(漏水)소리만 길고나
상감 조서(詔書) 이제부턴 다시 없을 테지

아름다운 한 장 글에 눈물만 하염없구나.
새 짐승도 슬피 울고 산악 해수 다 찡기는 듯
무궁화 삼천리가 이미 영락되다니
가을 밤 등불아래 책을 덮고서 옛일 곰곰이 생각해 보니
이승에서 지식인 노릇하기 정히 어렵구나.
일찍이 조정을 버틸만한 하찮은 공도 없었으니
그저 내 마음 차마 말할 수 없어 죽을 뿐 충성하려는 건 아니라
기껏 겨우 윤곡(尹穀)을 뒤따름에 그칠 뿐
당시 진동(陳東)의 뒤를 밟지 못함이 부끄러워라.

선생의 시에서 언급한 윤곡(尹穀)은 몽고 침입 때 자결한 사람이고, 진동(陳東)은 참형(斬刑)을 당한 사람이다. 그는 무장투쟁 내지 항거(抗拒) 등 적극적 저항(抵抗)을 하지 못하고 자결하는 소극적(消極的)인 형태로 스스로 죽어감을 아쉬워하였던 것이다.

출처: 百科全書/古今資料 2016년 8월 13일.
국가보훈처 http://www.mpva.go.kr 국가보훈처
공식 카페: 이달의 독립운동가 http://cafe.naver.com/

bohunstar.cafe

그 외 참고문헌
- 『駐韓日本公使館記錄』
- 『한국사강좌』 V 근대편(이광린, 일조각, 1981)
- 『구한말조약휘찬』 상(국회도서관 입법조사국, 1964)
- 『한국통사』 (박은식, 상해 대동편역국, 1915)
- 『일본의 한국주권침탈과정』 (윤병석, 『한국사』 19, 국사편찬위원회, 1984)
- 『日本の韓國倂合』 (山邊健太郎, 太平出版社, 1970)
- 『朝鮮の保護及倂合』 (朝鮮總督府, 1918)
- 한국민족문화대백과사전
- https://namu.wiki/w/경술국치
- http://100.daum.net/encyclopedia/view/14XXE0061926

C. 국치일 절기를 지키는 방법

1) 성경 본문: 예레미야 애가서

한국의 국치일에 합당한 성경 본문은 예레미야 애가서다. 지면상 여기에 전체 본문을 소개하기는 힘들다. 앞의 IV. 3. C. '티사 바브에 읽는 예레미야 애가서의 내용' 중 일부를 소개한다. 예레미야 애가서 제3장은 "여호와의 노하신 매로 인하여 고난당한 자는 내로다"로 시작된다. 예레미야는 자신이 속한 유다 백성이 당하는 고난을 자신이 당하는 고난으로 비유한 것이다.

동족의 아픔을 자기 것으로 받아들이는 성숙한 신앙인의 모습은 모든 유대인의 신앙의 모습을 대표한다. 왜냐하면 유대인 공동체는 하나라는 개념을 가지고 있기 때문이다. 이 시의 내용은 장차 올 고통을 그리고 있다.

유대인의 이런 모습은 한국 민족에게 그대로 가르쳐 본받아야 한다.

<티사 바브에 읽는 애가서 일부>
하나님의 심판에 고난당하는 유대인 (애 3:1-19, 개역개정)

1 여호와의 분노의 매로 말미암아 고난당한 자는 나로다.
2 나를 이끌어 어둠 안에서 걸어가게 하시고 빛 안에서 걸어가지 못하게 하셨으며,
3 종일토록 손을 들어 자주자주 나를 치시는도다.
4 나의 살과 가죽을 쇠하게 하시며 나의 뼈들을 꺾으셨고,
5 고통과 수고를 쌓아 나를 에우셨으며,
6 나를 어둠 속에 살게 하시기를 죽은 지 오랜 자 같게 하셨도다.
7 나를 둘러싸서 나가지 못하게 하시고 내 사슬을 무겁게 하셨으며,
8 내가 부르짖어 도움을 구하나 내 기도를 물리치시며,
9 다듬은 돌을 쌓아 내 길들을 막으사 내 길들을 굽게 하셨도다.
10 그는 내게 대하여 엎드려 기다리는 곰과 은밀한 곳에 있는 사자 같으사,
11 나의 길들로 치우치게 하시며 내 몸을 찢으시며 나를 적막하

게 하셨도다.

12 활을 당겨 나를 화살의 과녁으로 삼으심이여,

13 전통의 화살들로 내 허리를 맞추셨도다.

14 나는 내 모든 백성에게 조롱거리 곧 종일토록 그들의 노랫거리가 되었도다.

15 나를 쓴 것들로 배불리시고 쑥으로 취하게 하셨으며,

16 조약돌로 내 이들을 꺾으시고 재로 나를 덮으셨도다.

17 주께서 내 심령이 평강에서 멀리 떠나게 하시니 내가 복을 내어버렸음이여,

18 스스로 이르기를 나의 힘과 여호와께 대한 내 소망이 끊어졌다.

19 내 고초와 재난 곧 쑥과 담즙을 기억하소서.

예레미아 애가서 4:9-10

9 칼에 죽은 자들이 주려 죽은 자들보다 나음은 토지 소산이 끊어지므로 그들은 찔림 받은 자들처럼 점점 쇠약하여 감이로다.

10 딸 내 백성이 멸망할 때에 자비로운 부녀들이 자기들의 손으로 자기들의 자녀들을 삶아 먹었도다.

2) 한국인이 국치일을 기억하는 방법

a. 전 국민: 90일 전부터 대한제국이 피탈된 날을 가슴 아파하기

유대인이 나라를 잃은 날을 가슴아파하듯, 국치일이 오기 석 달쯤 전부터 한 가족 3대가 대한제국이 피탈된 날을 가슴 아파하기 시작한다. 3개월 전에는 별로 강하게 가슴 아파하지는 않지만, 2개

월, 1개월로 가까워짐에 따라 이 기념일을 가슴아파하는 말의 표현이나 기도와 말은 점점 강해진다. 그리고 기념일 당일이 되면 그것은 절정에 달하게 한다〈Tokayer, 탈무드 3: 유대인의 처세술, 동아일보, 2008〉.

b. 가정에서: 조기 계양 및 전 국민이 개인적으로 금식하기

한국인 가정에서는 유대인처럼 35년 동안 고통을 당했던 조상들과 독립 운동가들을 기억하면서 8월 29일에 하루 동안〈28일 해지기 전부터 29일 해가 진 후까지〉 금식을 한다.

c. 교회에서: 예레미야 애가서 일부와 을사늑약 체결 경위 낭독

한국인 공동체에서는 유대인이 티샤 바브 절기를 지키는 방법대로 한다. 9일 전부터 당일까지는 결혼 금지, 기쁜 축제 금지, 고기나 포도주 금지 및 새 옷 입는 것을 금지한다(주일은 제외).

교회에서는 29일 낮 10시에 모든 남녀노소 한 가족 3대가 모인 가운데, 첫째, 앞에 소개한 예레미야 애가서 일부와 둘째, 앞의 IV. 5. A. 3) '1905년 을사늑약 체결 경위'부터 B. 4) '국치를 통분하며 자결한 시인 황현'까지를 슬픈 노래처럼 애절하게 맨 바닥에 앉아서 비통한 마음으로 읽는다. 이것을 읽게 되면 당시 고난의 역사를 알게 되어 매우 유익하다.

유대인이 티샤 바브 절기에서 하듯, 스스로 몸을 편히 하지 않고 자신의 육체를 괴롭게 한다. 그리고 국치일을 완전히 애도하는 날로, 남자는 면도도 안 하고, 여인들은 화장도 하지 않게 한다.

물론 부부 생활도 절제하게 한다〈Donin, 1972, 1977, 1980; Kling, 1987; Leri & Kaplan, 1978〉.

그 날은 허름한 옷을 입고 남자들은 넥타이를 매지 않는다. 그리고 구두 대신 운동화를 신는다. 그 날은 서로 상대방의 눈과 눈이 마주치지 않도록 한다. 물론 웃거나 잡담을 해서도 안 된다. 내면적인 마음의 슬픔을 갖는 것도 중요하지만, 그것을 외면적으로 표현하기 위해 심각하거나 슬픈 기색을 보이게 한다.

국치일에는 온전히 나라를 잃은 아픔만을 기억하면서 그리고 우리 조상들이 겪었던 아픔을 함께 느끼며 조상들의 죄를 회개하며 대한민국의 평화와 번영을 위하여 기도한다.

참조: 그 당시의 상황을 더 잘 체험하기 위해 교회에서는 다음 비디오를 시청한다.

- https://www.youtube.com/watch?v=cZ9fVcxtka0
- EBS 기획특집 - special_[경술국치100년,기억 그리고 미래] 2부 대한민국_#005

생각해 봅시다

유대인의 역사 인식과 '3.1절 골프'

〈저자 주: 다음의 글은 중앙일보, 2006년 3월 13일자 오피니언란에 실린 저자의 칼럼, 유대인의 역사 인식과 '3.1절 골프'인데 이 항목에 필요하여 그대로 싣습니다〉

이 총리의 3.1절 골프가 잘못된 이유

이해찬 총리의 3.1절 골프 파문으로 시끄럽다. 3.1절은 어떻게 지내야 하는가. 유대인의 예를 보자. 대부분은 유대인이 노벨상의 30%를 받은 비밀이 영재교육에 있다고 알고 있다. 그것도 사실이지만 그 이면에 있는 인성교육을 아는 이는 드물다.

유대인들은 자녀가 강인한 인성을 갖도록 고난의 역사를 기억하게 한다. 유대인은 승리한 날보다 패배한 날을 더 철저하게 기린다. 패배를 막기 위해 왜 망했는가를 먼저 연구한다.

유대인이 가장 비통하게 여기는 절기는 예루살렘 성전이 파괴된 날을 기억하는 '티샤 바브'다. 역사적으로 성전은 두 번 파괴됐다. 기원전 586년 바빌론에 의해, 기원후 70년 로마 제국에 의해 불태워졌다. '티샤 바브'9일 전부터 당일까지 결혼.기쁜 축제.고기.포도주.새 옷 등을 금지한다. 피 흘리는 것을 조심하기 위해 수염을 깎지 않는다. 부부관계도 하지 않는다.

조상들의 고통을 체험하고 기억하기 위해서다. 이렇게 교육 받은 개인이나 민족이 좀 출세했다고 과거 고난을 잊고 세속의 쾌락 문화에 물들 수 있겠는가. 유대인의 우수성은 자녀에게 고난의 역사를 기억하게 해 마음을 지키는 데서 시작한다.

3.1절은 우리 조상들이 일제 침략에 항거해 독립 만세를 부르며 피 흘린 날이다. 8.15의 해방된 축제의 날이 아니다. 사망자가 7509명, 상해자가 4만5000여 명이었다.

그런데 그날 한국에선 총리와 교육부 차관이 기업인들과 골프를 치고, 노조는 자기 이익을 위해 파업을 했다. 조상의 아픔에 동참하는 의미로 금식은 하지 못할망정 이럴 수가 있는가.

유대인의 영재교육 이전에 그들의 인성교육을 본받을 때다. 나라를 바로 세우기 위해선 친일파 청산도 중요하지만 정부는 2세들에게 올바른 고난의 역사의식부터 가르쳐야 한다.

현용수
미국 쉐마교육연구원 원장 전 명지대 객원 교수

D. 현재는 한국의 공산화를 걱정하며 예레미야처럼 외치고 기도할 때다

오늘날(2017년) 북한이 핵을 만들어 미국과 한국을 협박하고 있다. 그들의 요구대로 주한 미군이 철수하면 전쟁이 곧 일어날 수도 있다. 설사 전쟁이 일어나지 않는다고 해도 한국의 친북좌파 정권이 하는 것을 보면 보수를 궤멸시키고 자유 대한민국을 북한에 바치려 하는 것 같다.

보수 쪽에서는 월남 패망(1975년 4월30일) 후 호지명의 공산주의 정부가 들어서며 수많은 월남 국민을 학살한 것처럼, 남한도 그렇게 될 것을 걱정하고 있다. 그렇게 되면 한국의 모든 교회는 파괴

되고 기독교인들은 하나도 살아남지 못하고 순교를 당해야 한다.

김정일은 생전에 말하기를, "한반도 적화(赤化)통일 달성 시 (남한의) 1천만 명은 이민 갈 것이고, 2천만 명은 숙청될 것이며, 남은 2천만 명과 북한 2천만 명으로 공산국가를 건설할 것"이라고 했다 (조갑제닷컴, 한반도 赤化와 201X년 '대(大)숙청 시나리오', 2011년 5월 8일).

만약 한국이 적화 통일이 된다면, 한국의 역사 이래 없었던 상상하기 힘든 무서운 대 살육이 자행될 것이다

한국도 공산화되면 월남처럼 수많은 보수 인사가 잡혀가 인민재판을 받고 수감된 후 처형될 것이다. 월남 패망에 1등 공신이었던 쭝딘쥬 역시 공산당에 의해 '인간개조 학습소'에 수감되었다. 그는 그곳에서 하루 100g 가량의 배급을 받으며 중노동에 시달리다가 1980년 중반에 사망한다. 공산주의자들의 소모품으로 전락해 배신 당한 통일운동가의 비참한 말로다. 한국의 친북좌파는 왜 이것을 모르는지 안타깝다.
출처: 월남 패망 후, 공산화(共産化) 협조자들 공개처형.
http://blog.naver.com/PostView.nhn?blogId=rnralsgksmf&logNo=221114741027

서울 광장에서 反사드 집회를 마친 참가자들이 미 대사관 앞에서 다양한 반미 구호가 적힌 손 피켓을 들고 행진을 벌이고 있다. 뉴데일리, 2017년 6월 26일

　예레미야의 심정을 정리하며 아무리 생각해도 현재 한국의 상황이 그 당시의 상황 같아 마음이 아프다. 그런데 더 마음이 아픈 것은 목사들이 설교를 할 때, (물론 여러 가지 목회적 이유가 있겠지만) 이 상황을 묵살하고 잠잠하거나, 혹은 "하나님께서 대한민국을 지켜 주시니 평안할 것입니다"라고 말하는 이들이 많다는 것이다.
　오히려 경고를 주는 선지자들을 쓸데없이 안보 불안을 가중시킨다며 책망하는 이들이 많아 더욱 가슴 아프다. 6.25전쟁을 겪었으면서도 북한의 침공으로 인한 그날의 비참함을 기억하지 못한 우매한 백성들을 어찌하랴.

> 슬프고 아프다. 내 마음 속이 아프고 내 마음이 답답하여 잠잠
> 할 수 없으니 이는 나의 심령 네가 나팔 소리와 전쟁의 경보를
> 들음이로다. (렘 4:19)

그래도 우리는 예레미야처럼 내 사랑하는 조국 대한민국을 위해 눈물로 기도해야 하는 그 심정을 가져야 할 것이다.

> 내 눈이 눈물에 상하며 내 창자가 끊으며, 내 간이 땅에 쏟아졌
> 으니, 이는 처녀 내 백성이 패망하여 어린 자녀와 젖 먹는 아이
> 들이 성읍 길거리에 혼미함이로다. (렘애 2:11)

오, 하나님이시여, 조국 대한민국을 불쌍히 여기소서. 우매한 백성들을 깨우치시고 그들이 잠잠하지 않게 하소서. 일어나 종북 좌파의 공격을 막게 하소서! 그리하여 주님 오시는 그 날까지 자손 만대로 자녀들에게 말씀을 전수하라는 구약의 지상 명령(창 18:19)과 만방에 복음을 전파하라는 신약의 지상 명령(마 28:19)을 실천하여 영원히 제사장 나라로 남게 하옵소서!

김정일은 생전에 말하기를,
"한반도 적화(赤化)통일 달성 시
(남한의) 1천만 명은 이민 갈 것이고,
2천만 명은 숙청될 것이며,
남은 2천만 명과 북한 2천만 명으로
공산국가를 건설할 것"이라고 했다.
그런데도 목사들이 잠잠한 이유를 알 수 없다

IX
제3장 요약, 결론 및 적용

1. 제3장 요약, 및 결론
2. 본받아야 할 유대인 절기의 장점과 특징
3. 한국인 절기 교육의 문제점과 해결 방안

1. 제3장 요약, 및 결론

제3장에서 고난의 역사교육을 위한 다양한 유대인의 절기 교육을 살펴보았다. 안식일, 로쉬하사나와 욤키푸어, 초막절, 부림절, 유월절, 오순절, 그리고 티샤 바브 등이다. 각 절기마다 절기의 목적과 지키는 방법이 다르다.

유대인은 절기들을 통하여 철을 따라 조상들이 겪었던 희로애락(喜怒哀樂)의 역사를 그대로 재현해서 경험하며 기억한다. 이때 조상들의 다양한 역사와 전통을 학습한다.

먹고 마시고 노래를 부르고 춤을 추며 즐기는 절기가 있는가 하면(부림절), 두렵고 떨리는 마음으로 죄를 회개하는 절기도 있다(로쉬하샤나와 욤키푸어). 그리고 일체의 육의 즐거움을 절제하며 처절했던 과거의 고난을 기억해야 하는 절기도 있다(티샤 바브).

이것은 인간의 희로애락의 감성을 고루 이용하여 유대인 모두를 집단적으로 전인교육을 시키는 거대한 하나님이 만드신 최고의 전인교육 시스템이다. 따라서 절기의 요소요소마다 하나님의 놀라운 지혜가 배어 있다〈이어지는 제2항 참조〉.

하나님은 사랑하시는 유대인이 그들의 감성이 기쁨이나 슬픔, 혹은 평안할 때와 두려워할 때 등, 한 곳에 치우치지 않게 하시기 위하여 철을 따라 희로애락을 표현하도록 균형을 맞추셨다. 즉 인간은 항상 기쁨에 취해서도 안 되고 항상 슬픔에 취해서도 안 된다는 것이다. 균형을 맞추어야 한다는 뜻이다. 심리학적 입장에서 얼마나 훌륭한 하나님의 전인교육 방법인가!

이제 제3장 전체를 마무리하며 결론을 도출해보자. 하나님은 유대인에게 출애굽 이후에 그들이 가나안에 들어가서 반드시 지켜야 할 '여호와의 절기'를 정해주셨다(레 23장). 왜 절기를 제정하셨는가? 하나님께서 쓸 데 없는 것을 만드시고 지키라고 명령하셨겠는가? 아니다. 하나님의 백성에게 반드시 필요한 것이기 때문에 제정하셨다.

하나님이 절기를 정해주신 목적은 크게 두 가지다.

1) 하나님은 구약의 주요 절기마다 오실 메시아(예수님)와 종말에 대한 구속사적 의미와 구속사적 타임스케줄을 예시해 주셨다. 따라서 절기를 통하여 인류를 구속하시려는 구속사적 의미와 스케줄을 알려주시기 위한 목적, 즉 구속사적 목적과 2) 절기를 통한 하나님의 백성을 교육시키실 목적, 즉 교육학적 목적이다.

기독교는 1항에 관한 연구에는 충실했지만, 2항에 관해서는 구약의 절기는 지킬 필요가 없다고 하여 등한시했다. 이것은 무엇을 뜻하나? 구약의 절기를 구속사적 입장에서만 연구하고, 교육학적인 입장에서는 별 관심이 없었다는 것을 뜻한다.

따라서 본서는 고난교육신학적인 입장에서 주로 제2항에 초점을 맞추어 설명했다. 제2항을 인성교육학적인 입장과 영성교육신학적인 입장에서 좀 더 자세히 요약하면 다음과 같다.

첫째, 인성교육학적인 입장에서 절기는 유대 민족의 성경적인 수직문화를 새롭게 형성하게 하기 위함이다. 따라서 절기가 없다는 것은 수직문화가 없다는 것과 동일하다. 설사 절기가 있다고 해도 유대인처럼 철저하게 지키지 않는다면 수직문화가 그만큼 상대적으로 약해질 수밖에 없다. 수직문화는 한 개인이나, 국가 혹은 민족의 정체성과 현저한 상관관계가 있다. 따라서 정체성의 강도는 수직문화에 비례한다. 수직문화는 독수리 자녀교육의 필수 문화다.

〈저자 주: 자세한 것은 저자의 저서 '현용수의 인성교육 노하우'(쉐마, 2015), 제1권 제2부 '인성교육의 본질, 수직문화와 수평문화' 참조〉

유대인과 기독교인의 하나님과 소통 방법 비교

구분	하나님과 소통 방법	유대인의 방법	기독교인의 방법
1항	매일 토라(성경) 읽기 + 기도	있음	있음
2항	절기 지키기	철저함	부실함
3항	신약시대의 성령	안 받음	받음
교훈	1) 신약시대에 유대인이 성령을 받지 않았어도 2000년 동안 토라를 자손 대대로 전수 할 수 있었던 것은 1항과 2항에 모두 충실했기 때문이다. 2) 반면 기독교는 성령을 받았더라도 2000년 동안 세계선교는 성공했지만, 자손 대대로 신앙과 하나님의 말씀을 전수하는 데 실패했던 것은 2항이 결핍되었기 때문이다. 3) 따라서 앞으로 개신교도 성령의 능력을 힘입고 전자와 후자를 힘써 지킨다면 유대인보다 더 나은 신앙생활을 할 수 있을 것이다.		

따라서 유대인은 각 절기마다 지켜야 할 구체적인 율법이 있고, 그 율법에 따라 철저하게 절기를 지키는 것은 유대인의 정체성을 형성하는데 절대적인 역할을 한다. 따라서 절기 없는 유대인의 수직문화와 정체성은 상상할 수가 없다.

둘째, 수직선교적 입장에서 유대인의 모든 절기는 부모가 자녀에게 말씀을 전수하라(창 18:19; 신 6:4-9)는 구약의 지상명령을 실천하기 위한 도구, 즉 그릇이다. 절기 자체가 부모가 구약의 지상명령을 실천하기 위한, 또한 조상들의 고난의 역사를 기억하기 위한 교육의 장(場)이며 형식이며 그릇으로 디자인되었기 때문이다.

셋째, 영성과 성화교육신학적인 입장에서 유대인의 절기는 하나님과 이스라엘 백성과의 관계를 더 단단하게 맺어주는 도구다. 즉 절기는 유대인에게 하나님과 소통의 도구이며, 영성훈련과 성화교육의 도구다.

뿐만 아니라 가족과 타인과의 관계를 단단하게 맺어주는 도구이기도 하다. 하나님은 각 절기를 통하여 유대인에게 매년 하시고자 하시는 말씀을 반복적으로 기억하게 해 주신다.

따라서 절기 없는 유대인의 영성교육은 상상할 수가 없다. 따라서 유대인은 절기를 지킬 때 하나님의 명령에 따라 두렵고 떨리는 마음으로 철저하게 준비하고 지킨다.

어떤 이는 이렇게 질문할 수 있다. "유대인도 매일 읽는 토라와 매일 세 번 드리는 기도로 하나님과 소통하지 않느냐?" 물론 맞는 말이다. 그러나 하나님께서는 이것만으로는 충분하지 않다고 생각하셨다. 그래서 하나님은 각종 절기를 만드시고 철저히 지키라고 명령하셨다.

개신교의 종교교육이 유대인에 비하여 부실할 수밖에 없는 이유도 전자에만 충실하고, 후자에는 매우 부실하기 때문이다. 더구나 기독교인은 성령이 충만할 때는 그나마 전자만으로도 몇 세대만은 하나님과의 관계가 원할 할 수 있었지만, 성령이 충만하지 못했을 때는 하나님과의 관계를 유지하기가 힘들었다.

신약시대에 유대인이 성령을 받지 않았어도 2000년 동안 토라를 자손대대로 전수 할 수 있었던 것은 전자와 후자에 모두 충실했기

유대인 절기가 주는 다양한 유익

인성교육학 측면	- 유대인의 수직문화(정체성)를 형성했음 - 종교적 신념을 표현하는 삶의 틀 형성 - 인성교육을 위한 훈련의 도구(전인교육의 도구) - 고난의 역사를 기억하는 탁월한 도구 - 조상들의 희로애락을 균형 있게 반복 경험(EQ교육)
수직 선교 측면	- 구약의 지상명령을 실천하기 위한 도구(그릇) - 말씀을 자손에게 전달하는 도구이며 수단(vehicles) 　〈다음세대를 잇는 도구〉
영성 및 성화 측면	- 하나님과 수직 소통하고 가족 및 타인과 수평 소통하는 도구 - 하나님의 교훈을 일평생 반복적으로 받는 기능 - 매년 정기적으로 죄를 회개하고 하나님께 감사하는 성화의 도구
결 론	유대인은 절기를 통해 자녀의 인성교육을 시키고, 하나님의 말씀과 전통과 역사(수직문화)를 다음세대에 전수한다. 따라서 유대인의 절기는 영혼과 IQ계발을 위한 전인교육의 장이며 그들의 수직문화를 다음세대에 전수하는 도구다.

〈본 도표의 내용에 대한 자세한 설명은 본서 제4부 제3장 I. 2. '절기의 교육학적 및 신앙적 유익' D항 참조〉

때문이다. 반면 기독교는 성령을 받았더라도 2000년 동안 세계선교는 성공했을 지라도, 자손대대로 신앙과 하나님의 말씀을 전수하는 데 실패했던 것은 후자가 결핍되어 있었기 때문이다.

따라서 앞으로 개신교도 성령의 능력을 힘입고 전자와 후자를 힘써 지킨다면 유대인보다 더 나은 신앙생활을 할 수 있을 것이다.

결론적으로 유대인은 절기를 통해 자녀의 인성교육을 시키고,

하나님의 말씀과 전통과 역사(수직문화)를 다음세대에 전수한다. 따라서 유대인의 절기는 영혼과 IQ계발을 위한 전인교육의 장이며 그들의 강한 수직문화를 다음세대에 전수하는 도구다. 실로 여호와의 절기는 유대인이 하나님으로부터 받은 너무나 값진 보물이다.

하나님께서 쓸 데 없는 것(절기)을 만드시고
지키라고 명령하셨는가? 아니다. 꼭 필요한 것이다.
유대인은 절기를 통해 자녀의 인성교육을 시키고,
하나님의 말씀과 전통과 역사(수직문화)를
다음세대에 전수한다.

2. 본받아야 할 유대인 절기의 장점과 특징

자녀들에게 한국인의 절기 교육을 더 효과적으로 시키기 위해서는 유대인 절기의 장점과 특징을 알아야 한다. 유대인 절기의 특징을 몇 가지로 정리해 보자.

A. 절기들이 매우 많다

유대인의 절기는 앞에서 살펴본 것처럼 양적인 면에서 매우 많다. 특히 종교적인 절기들이 기독교보다 매우 많다. 일 년의 달력에 빼곡하게 표기되어 있다. 그리고 질적인 면에서도 매우 조직적으로 잘 짜여져 있다.

B. 탄탄한 논리와 사상이 있다

유대인은 매사에 성경적인 까다로운 논리가 있다. 그리고 이 논리를 실천할 수 있는 교육의 형식을 구체적으로 만들었다는 데 가장 큰 특징이 있다. 구체적인 형식(방법)은 주로 장로의 유전인 탈무드에 있다.

즉 유대인은 1) 탄탄한 성경적인 논리와 2) 구체적인 형식이 있기에 강한 신본주의 사상을 형성할 수 있다.

C. 대부분 최고의 요리를 푸짐하게 먹는다

유대인 절기의 특징 중 하나는 매 절기마다 가정에서 푸짐하게 먹는다. 가족들이 식탁 예배를 드릴 때 떡을 떼면서 하나님의 말씀을 가르치고 배우기 위함이다. 따라서 가정의 어머니는 평일과 다르게 마음을 다하여 음식을 준비한다. 마치 과거 한국의 어머니들이 제사상에 올릴 음식을 준비하듯 정성을 다한다.

D. 대부분 절기가 화기애애하다

유대인의 절기의 특징 중 하나는 온 가족이 화기애애하다는 것이다. 여호와의 절기를 지키는 잔치날이기 때문이다. 설사 자녀들이 말을 듣지 않아도 가장이든 누구든 화를 내지 않는다. 인내력이 대단하다. 물론 티샤바브나 욤키푸어 같은 절기에는 울기도 하고 슬픈 기색으로 금식을 하기도 한다.

E. 절기 프로그램을 반복한다

유대인의 교육은 끊임없는 반복 교육이다. 절기를 준비하고 지키는 하루의 반복, 안식일을 지키는 일주일의 반복, 그 달의 절기를 지키는 한 달의 반복 그리고 모든 절기를 지키는 일 년의 반복이다. 유대인은 절기 프로그램을 반복함으로 학습효과를 극대화한다.

하나님은 유대인에게 반복 교육을 통하여 그들과 반복적으로 소통하시고 교육시키신다. 반복 교육의 장점은 무엇인가? 하나님은 사랑하시는 유대인에게 하시고자 하시는 말씀을 다양한 절기들의 특징을 통하여 다양하게 반복하여 주셔서 기억하게 하시고 기도하게 하신다.

이런 반복 교육은 요람에서 죽음까지 이어진다. 그들의 이런 '라이프 사이클'(Life Cycle)의 반복은 모든 절기의 내용과 형식이 두뇌에 각인되어 세뇌된다. 이것이 그들의 쥬다이즘이라는 강한 사상과 논리를 만들게 하는 근원이다.

유대인에게 반복 교육의 장점은 매우 많다.
반면 기독교인에게는
반복할 것이 거의 없어 그 장점을 누릴 수 없다.

F. 정성을 다하여 절기를 지킨다

유대인의 절기를 지키는 이들은 여호와 하나님을 사랑하여 마음을 다하고 성품을 다하고 힘을 다하여(신 6:4-5) 절기를 철저하게 지키려고 노력한다. 즉 쉐마를 실천하려는 마음의 자세가 대단히 견고하다.

G. 절기의 형식을 프로그램화 했다

유대인은 각 절기의 형식을 프로그램으로 구체화 시키는 데 성공했다. 그들 절기 프로그램의 장점과 특징은 다음과 같다.

1) 한 가족 3세대 통합 프로그램이다

유대인은 절기 프로그램을 만들 때 (1) 할아버지 할머니(1세대), (2) 아버지 어머니(2세대), 그리고 (3) 손자들(3세대) 등 3대가 함께 지키도록 했다. 이것의 장점은 신본주의 사상이나 교육의 형식에 세대 차이를 없게 해 준다.

2) 다양한 교육의 장(場)에 맞는 프로그램이 있다

하나님께서는 하나님 자녀들의 교육을 위해 다양한 교육의 장(場)을 창조하셨다. 1) 가정, 2) 회당 혹은 공동체 성전, 3) 마을 공동체, 그리고 4) 이스라엘 국가 등이다(창 1:27-28; 출 19:6; 신 24:14; 신 32:7). 이 4가지 교육의 장들은 각각 독특한 정체성을 가지고 건강한 유대민족을 유지시키기 위한 목적과 의미들이 있다. 유대인은 이 4가지 교육의 장에서 다양한 교육을 시킨다.

따라서 유대인은 각 절기의 프로그램을 만들 때 동일한 절기를 1) 가정에서 지키는 방법, 2) 회당에서 지키는 방법, 3) 유대인 공동체에서 지키는 방법, 그리고 4) 이스라엘 국가에서 지키는 방법 등으로 다양하게 만들었다.

가정에서 지키는 프로그램은 가정신학에 근거하고, 회당 혹은 공동체 성전에서 지키는 프로그램은 교회론에 근거하고, 마을 공동체에서 지키는 프로그램은 유대 민족이란 공동체 의식에 근거하고,

유대인 학교에서는 절기를 지키지 않는다. 대신 4개의 교육의 장에서 절기 지키는 방법을 가르친다. 사진: 유치원에서 교사가 절기에 먹는 할라빵 만드는 법을 학생들에게 가르치는 모습.

유치원에서 교사가 어린이들에게 안식일 절기에 남자의 역할과 여자의 역할의 차이를 가르치고 있다.

IX. 제3장 요약, 결론 및 적용

그리고 이스라엘에서, 혹은 이스라엘을 위해 지키는 프로그램은 그들의 성경적 국가관에 근거한다.

이러한 다양한 교육의 장의 특성에 맞는 절기 교육은 자녀들로 하여금 전인적인 인성교육과 바른 신본주의 사상과 바른 유대민족의 민족주의와 국가관을 가지게 한다.

따라서 유대인의 사상과 논리는 어느 한 곳에 편중되지 않고 종합적인 안목을 갖게 해준다. 때문에 유대인의 가정, 회당, 유대민족 공동체 그리고 이스라엘이란 국가는 항상 살아 있다. 그리고 모두 활발하게 기능을 발휘하여 유대민족의 결속력을 극대화하고 있다. 따라서 우리가 기억해야 할 것은 이 4가지 교육의 장들 중 어느 한 곳이라도 죽으면 안 된다는 사실이다.

유대인 학교에서는 절기를 지키기 위해 무엇을 하는가? 대부분 학교에서는 절기를 지키지 않는다. 대신 학교에서는 앞의 4가지 교육의 장에서 무엇을 왜, 어떻게 해야 하는지 절기의 역사적 배경을 설명해주고 절기의 목적과 지키는 방법 등을 가르쳐 준비하도록 도와주는 곳이다. 즉 학교는 학생들에게 4가지 교육의 장에서 절기 지키는 것을 도와주는 보조 기관 역할을 할 뿐, 주체는 아니라는 점에 주목해야 한다.

물론 모든 교육의 장에 3대가 함께 참석한다. 따라서 유대인의 모든 교육의 장(場), 즉 가정교육이나 회당교육 유대 민족 공동체 그리고 이스라엘에 세대 차이가 없다.

3) 전 세계에 흩어진 유대인을 위한 프로그램이다

교육 프로그램을 만들 때는 이스라엘 국내에 거주하는 유대인의 방법과 국외에 거주하는 유대인의 방법을 다르게 하는 경우가 많다. 이로써 전 세계에 흩어진 유대민족 전체의 시오니즘과 국가관을 견고하게 하여 그들 스스로 결속력을 다지게 한다.

결론적으로 이상과 같이 2항에서 살펴본 대로 유대인 절기에는 많은 특징과 장점이 있다. 이런 특징과 장점을 누가 만들었는가? 하나님이시다.

따라서 유대인이 3200년 동안 우수한 민족으로 살아남은 이유는 1) 그들이 다른 민족보다 훌륭해서가 아니라 그런 교육 제도를 만드신 하나님이 위대하시기 때문이다. 2) 물론 하나님의 교육 제도에 순종하고 따른 유대인도 훌륭하다. 따라서 기독교인도 유대인처럼 살아남기 위해 그들의 절기 교육 제도를 본받을 필요가 있다.

유대인 학교는 4가지 교육의 장에서 절기 지키는 것을 도와주는 보조 기관일 뿐, 주체는 아니다.

3. 한국인 절기 교육의 문제점과 해결 방안

A. 한국인 절기 교육의 문제점

1) 문제점 1: 절기 교육이 없어진 대한민국의 참혹한 현실

쉐마목회자클리닉은 3학기로 구성되어 있다. 1차 학기는 인성교육, 2차 학기는 쉐마교육, 그리고 3차 학기는 미국의 유대인 촌 체험 학습이다. 3차 학기 마지막 날에는 졸업식을 한다. 매년 2월 말경 졸업식을 하기 때문에 한국의 3.1절 절기 행사를 겸하여 한다.

그런데 2015년 졸업식 날 헤프닝이 있었다. 식순에 졸업생들이 3.1절 노래를 불러야 하기 때문에 미리 3.1절 노래를 연습해야 했다. 3.1절 노래 악보를 건네받은 피아노 반주자(안소라 사모, 당시 35세)가 놀라며 이렇게 말했다.

"3.1절 노래라는 것이 있었어요?"

그녀는 3.1절 노래가 있는 줄을 몰랐다고 했다. 3.1절 노래를 초등학교 시절부터 고3까지 한 번도 불러보지 못했다고 했다. 50대 이상 나이든 졸업생들은 그 말에 큰 충격을 받았다. 당시 초등학교 교장 출신 한혜숙 교장은 이 사실을 알고 졸업식 내내 자신이 제자들에게 계기 교육을 제대로 가르치지 못했다는 죄책감에 눈물을 흘렸다.

왜 이런 일이 일어났을까? 1953년 6.25전쟁 이후 초, 중, 고등학교에서 한국의 국경일에는 철저하게 절기 교육을 시켰었다. 여름방학 중에도 등교시켜서 행사를 하던 시절이 있었다. 한국인의 고난의 역사를 기억하는 3.1절, 6.25전쟁 기념일, 그리고 광복절 같은 절기들에는 학생들에게 유대인처럼 애국심을 불러일으키는 계기 교육으로 활용했다.

전체 학생들을 운동장에 모아 놓고 교장 선생님이 그 절기에 관한 역사적 사실과 의미를 감동스럽게 설명했다. 담임 선생님들도 자신들이 맡은 반 학생들에게 각 절기에 얽힌 고난에 대해 의미 있는 훈화들을 많이 했었다. 그리고 교사들과 학생들이 절기 노래를 크게 부르며 눈물을 흘리기까지 했다.

학생들이 고난의 역사를 기억하는 절기들을 지킨다는 것은 유대인처럼 그 절기의 기원과 목적, 그리고 의미를 되새기며 조상들의 고난의 역사, 즉 조상들의 희생을 기억한다. 그리고 조상들을 괴롭혔던 주적(主敵)이 누구였는지를 뚜렷이 알게 한다. 그리고 그런 비극의 역사가 되풀이하지 않도록 새로운 다짐을 하게 한다. 이런 절기 교육의 애국 애족심을 고양시키는 효과는 앞에서 설명했듯이 상상을 초월한다.

**그녀는 3.1절 노래가 있는 줄을 몰랐다고 했다.
50대 이상 나이든 졸업생들은 그 말에 큰 충격을 받았다.**

2) 문제점 2: 한국인 개신교의 절기 교육의 문제점

개신교는 유대인에 비하여 절기도 많지 않거니와 그나마도 철저하게 지키지도 않는다. 부활절이나 크리스마스 절기는 있지만 그것도 대부분 교회 행사로 그친다. 유대인이 가지고 있는 4가지 교육의 장에서 시키는 절기 교육은 거의 사라졌다. 가정에서 3대가 함께 지킬만 한 절기는 거의 없다.

〈저자 주: 오히려 한국의 전통 명절인 설날과 추석은 가족과 함께 지키는데 기독교 절기는 없다. 따라서 유교의 가정은 살아남는데 기독교 가정은 와해되기 쉽다.〉

너무나 안타까운 실정이다. 개인과 가정에서 반복할만 한 절기가 없는데 어떻게 하나님과 바르고 원활한 소통을 할 수 있겠는가?

그 결과 교회는 성령님이 계실 때는 힘을 받았다가도 세월이 지나 성령님의 역사하심에 세대 차이가 있게 되면 점점 힘을 잃어간다. 이것이 저자가 유대인의 절기 교육과 반복 교육을 본받아야 한다고 주장하는 이유다.

3) 문제점 3: 남북한 절기교육의 차이에서 오는 참혹한 국가관의 차이

한국에는 1980년대 어느 시점부터 계기교육이 서서히 사라졌다고 한다. 교과서에서도 빠지고 교육과정을 학교교육 과정으로 바꾸면서 단위 학교별로 재구성하면서 교원 협의회에서 조회 서는 것도 싫다고 해서 훈화 시간도 없어지게 되었다는 것이다. 그런데 쉐마

북한은 고난의 역사를 기억하는 절기를 국가적인 차원에서 대대적으로 지킨다. 반면 남한은 거의 지키지 않고 놀러가는 경향이 많다. 그런면에서 북한의 고난의 역사교육이 남한보다 훨씬 앞 선다. 따라서 북한 인민이 남한 국민보다 애국심이 더 투철하다. 남한도 잘못된 교육을 고쳐야 한다. 사진은 2013년 9월 '조선민주주의공화국 건국절' 65주년 노농적위군 열병식 및 평양시 군중대회 모습.

전승절 경축 행사에 동원된 북한 주민 모습

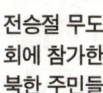

전승절 무도회에 참가한 북한 주민들

교육을 받고 보니 학교장으로써 애국심 교육이 부족했던 자신에게 자책의 눈물이 흘렀다고 한다〈한혜숙 전 교장의 회고, 2017년 10월 8일〉.

현재 한국에서는 대한민국 국민으로서 국가에 대한 애국심을 가질만 한 가장 중요한 절기교육들을 모두 폐지했다. 뿐만 아니라 과거에 초, 중, 고 음악 교과서에 실려 있었던 각 절기에 관한 악보들도 모두 빠져 있다. 그렇다고 가정이나 마을, 혹은 교회나 국가에서 절기 교육을 시키는 것도 아니다.

반면 북한은 계기교육을 철저히 지켜왔다. 태양절(김일성 생일), 광명성절(김정일 생일), 7.27전승 기념일, 9.9절(조선민주주의공화국 건국절), 그리고 조선 노동당 창건일(10월 10일) 등을 너무나 거창하게 국가적인 차원에서 각 가정 및 학생들을 포함한 온 국민을 동원하여 각 인민학교와 공동체에서 지켜왔다〈통일신문, 황인표, 북한의 명절, 2013년 11월 2일〉.

북한 정부는 자신들의 절기 교육을 통하여 미국제국주의와 대한민국은 철천지원수라며 최고의 증오심을 유발시킨다. 그들 때문에 한반도가 통일되지 못했다는 것이다. 그들이 말하는 통일은 북한이 주체가 되는 적화통일(赤化統一)을 말한다. 그리고 북조선의 공산주의 체제가 최고라고 하며 김일성, 김정일, 그리고 김정은을 우상화 시킨다.

그것뿐만이 아니다. 남북한의 이념에 대한 학교교육도 엄청난 차이가 난다. 대부분 남한 학교에서는 좌편향된 많은 교사들이 어린 학생들에게 대한민국을 건국했던 이승만 대통령을 역적으로 몰아가며 그가 1948년 8월 15일 건국했던 대한민국 건국절을 지키지

남북한과 유대인 절기교육의 비교와 참혹한 국가관의 차이

구분	남한	북한	유대인
개론	애국심을 키우는 고난의 절기교육; 3.1절, 6.25전쟁일, 광복절을 가정, 교회, 학교, 마을에서 지키지 않는다. 정부에서 간단히 일부만 지킨다.	애국심을 키우는 고난의 절기교육; 태양절, 광명성절, 전승 기념일, 노동당 창건일 등을 국가 주도로 주민들을 총동원하여 열렬히 지킨다.	애국심을 키우는 고난의 절기교육을 철저히 지킨다. 가정, 회당, 공동체, 이스라엘 국가에 맞는 절기 프로그램이 있다.
자세 (정성)	대부분 국경일은 놀러가는 날로 인식한다.	모든 인민이 의무적으로 정성을 다하여 지킨다.	모든 국민이 자원하여 정성을 다하여 지킨다.
논리와 사상	절기에 대한 탄탄한 논리와 사상 교육이 거의 없다.	절기에 대한 탄탄한 논리와 사상을 강제로 시킨다.	절기에 대한 탄탄한 논리와 사상 교육을 철저히 시킨다.
디아스포라의 교육	코리안 디아스포라가 절기를 거의 지키지 않는다.	전 세계에 흩어진 북조선인은 절기를 강제로 지킨다.	유대인 디아스포라는 절기를 기쁨으로 철저히 지킨다.
반복 교육	반복할 절기 프로그램이 거의 없다.	모든 절기 프로그램을 계속 반복한다.	모든 절기 프로그램을 계속 반복한다.
가정 교육	가정에서 지키는 절기가 거의 없다. 주로 교회 행사다.	절기를 가정이 아니라 노동당에서 강제로 지킨다.	모든 절기를 가정에서 지키는 것을 매우 강조한다.
학교 교육	한국 학교에서 절기를 가르치지도, 지키지도 않는다. 일부 가르친다고 해도 남한을 비판하고 북한을 찬양하는 좌편향된 역사교과서로 교육한다.	북한 학교는 절기를 가르치고 지키게 한다. 남한과 미국은 악, 원수이며 자신들은 선이라고 가르친다. 남한을 해방해야 한다고 한다.	유대인 학교는 절기를 지키지 않고, 대신 가정, 회당, 마을공동체, 이스라엘 국가에서 지키는 방법을 가르쳐 준다.
세대별 교육	어른이나 학생이나 3대가 절기를 지키지 않는다.	어른이나 학생이나 절기를 철저히 지킨다.	모든 절기에 한 가족 3세대 통합이 원칙이다.
절기 형식	절기 형식이 거의 없다.	절기 형식이 잘 돼 있다.	절기 형식이 잘 돼 있다.
결과	1) 대부분 자녀가 국가관이 없거나 잘못된 국가관 소유 2) 조상들의 고난도 모르고 그들에게 감사하지도 않는다. 3) 대부분 조국 남한을 '헬 조선'이라고 한다.	1) 확실한 국가관을 소유 2) 굶어죽으면서도 김일성 3부자와 공산당에게 감사 3) 북한 조국을 자랑스럽게 천국이라고 한다.	1) 확실한 국가관을 소유 2) 하나님과 조상들과 이스라엘에 감사 3) 그들과 조국을 자랑스럽게 생각한다.

못하게 하고 있다〈MBN, 건국절 논란 재점화… 1919 vs 1948, 2017년 8월 16일〉.

반면 북한에서는 조선민주주의공화국을 건국했던 김일성을 하나님 이상으로 추앙하며 떠받들었다. 6.25전쟁도 남한에서는 남한이 먼저 북한을 공격했다는 날조된 허위사실을 유포해 왔다. 그리고 이승만과 미국을 적화통일(赤化統一)을 방해한 천추의 한을 남긴 역적으로 몰아가며 증오에 증오를 더해갔다〈이동호, 좌파의 불편한 진실, 촛불 주동 세력의 전략과 전술 그리고 실체, 제1차 서울대 트루스 포럼, 2017년 10월 7일〉.

반면 북한은 소련과 중공의 도움으로 전쟁에 승리했다는 것이다〈연합뉴스, 북한 '전승절' 자축모드… "미사일 성공으로 영원한 승리", 2017년 7월 26일〉. 이런 모든 절기에 대한 구체적인 논리를 학교에서 교사들이 학생들에게 철저하게 가르친다.

그 결과 계기교육을 받고 자라지 못했던 한국의 젊은이들 사이에서는 풍요로운 자랑스러운 대한민국을 스스로 '헬 조선'이라고 비아냥거리며 조소하고, 북한 젊은이들은 굶어 죽어가면서도 미제국주의를 욕하면서 북조선 인민공화국을 한 없이 자랑스러워하며 독재자요, 악한 김일성과 김정일 및 김정은을 위대한 수령이라고 추앙한다. 그 이유는 한국 젊은이들은 한국인의 정체성 중 하나인 대한민국 국가관을 잃어버렸기 때문이고, 북한 젊은이들은 그들의 정체성인 강한 국가관을 가졌기 때문이다.

한국인의 일반적인 절기의 모습도 초라하다. 기쁜 절기에 기뻐하지도 않고 슬픈 절기에 슬퍼하지도 않는다. 국경일은 공휴일로 정해서 놀러가기에 바쁘다. 자라나는 세대들 대부분은 조상들의 고난의 역사를 전혀 기억하지 못한다.

따라서 고난을 겪어보지 못했던, 대부분 젊은이들은 대한민국을 위대하게 건설한 조상들의 노고에 감사하지도 않는다. 어른들과 자녀들 사이에 역사의 단절과 함께 심한 이념적 갈등만 커 가고 있다. 과거 고난의 역사를 잊은 민족은 매래가 암담하다.

B. 한국의 바른 절기 교육의 방안

1) 대한민국은 기독교 정신으로 건국되었다

대한민국 현대사의 배경을 보자. 약 1백30여 년 전(2015년 기준) 미국과 캐나다의 선교사들이 한반도에 복음을 들고 들어왔다. 그 당시 한반도는 마귀가 들끓던 어두움의 땅, 동토의 땅, 그리고 가난의 땅이었다. 소망이이란 전혀 없었던 절망의 땅이었다. 그러나 이 척박한 땅에도 때가 차매 강한 성령님의 역사로 말미암아 새로운 빛의 시대가 열렸다.

대한민국을 건국한 초대 대통령이 신앙의 영웅 이승만 박사다. 그리고 1948년 5월 31일, 제헌국회의 출발은 다음과 같은 하나님께 감사하는 기도로 시작되었다. 당시 제헌국회 속기록 처음 부분을 보자(위키백과, 대한민국 제헌 국회).

임시 의장(이승만)

대한민국 독립민주국 제1차 회의를 여기서 열게 된 것을 우리가 하나님에게 감사해야 할 것입니다. 종교, 사상, 무엇을 가지고 있든지, 누구나 오늘을 당해가지고 사람의 힘으로만 된 것이라고 우리가 자랑할 수 없을 것입니다. 그러므로 하나님에게 감사를 드리지 않을 수 없습니다. 나는 먼저 우리가 다 성심으로 일어서서 하나님에게 우리가 감사를 드릴 터인데 이윤영 의원 나오셔서 간단한 말씀으로 하나님에게 기도를 올려주시기를 바랍니다.

이윤영 의원 기도(일동 기립)

이 우주와 만물을 창조하시고
인간의 역사를 섭리하시는 하나님이시여
이 민족을 돌아보시고 이 땅에 축복하셔서
감사에 넘치는 오늘이 있게 하심을
주님께 저희들은 성심으로 감사하나이다.

오랜 시일 동안 이 민족의 고통과 호소를 들으시사
정의의 칼을 빼서 일제의 폭력을 굽히시사 하나님은
이제 세계 만방의 양심을 움직이시고
또한 우리 민족의 염원을 들으심으로
이 기쁜 역사적 환희의 날을 이 시간에 우리에게 오게 하심은
하나님의 섭리가 세계 만방에 현시하신 것으로 믿나이다. (이하 생략)

대한민국은 20세기 후반부터 하나님의 은혜로 세계 무대에 우뚝 서게 되었다. 한국은 여호와로 자기 하나님을 삼은 나라가 됨으로 하나님의 복을 받은 것이다.

> 여호와로 자기 하나님을 삼은 나라 곧 하나님의 기업으로 빼신 바 된 백성은 복이 있도다. (시 33:12)

하지만 우리는 잘 되었을 때 하나님의 은혜에 감사하기보다는 교만하기 쉽다. 벌써 대한민국의 많은 젊은이들이 교회를 떠나고 있다. 그리고 3D업종 직업을 피하고 퇴폐풍조와 사치, 비리 등이 만연한 가운데 살고 있다. 우리 민족의 아픈 고난의 역사를 거의 잊고 있기 때문이다.

따라서 한국도 앞에서 설명한 대로 대한민국의 고난의 역사를 기억하는 3.1절, 6.25전쟁 기념일, 그리고 광복절 같은 절기들을 기독교식으로 만들어 지킬 필요가 있다. 이를 위하여 한국의 중요한 모든 절기들에 대해 성경적인 해석을 하여 하나님 중심적인 절기들로 만들어야 한다.

만약 그렇게 하지 않을 경우 일반 절기를 너무 강조하다보면 하나님이 싫어하시는 한국의 전통적 우상 숭배로 다시 빠질 염려가 있기 때문이다. 물론 다른 종교인들이 반대할 수도 있을 것이다. 그러나 기독교인만이라도 기독교식 절기들을 만들어야 한다.

한국은 여호와로 자기 하나님을 삼은 나라가 됨으로 하나님의 복을 받았다.

2) 절기를 만들 때 유의 사항

한국인의 절기 교육은 신약시대에 하나님의 선민임을 강하게 나타내는 신약적인 절기를 유대인처럼 구체적으로 마련해야 한다. 예를 들어 신약의 절기들은 신년, 고난 주간, 부활절, 추수감사절 및 성탄절 등이 있다. 〈단 구약의 절기는 앞에서 설명했기 때문에 여기에서는 생략한다.〉

한국인 기독교인이 절기 교육을 효율적으로 하기 위해서는 몇 가지 문제를 염두에 두고 준비해야 한다.

첫째, 각 절기마다 그 절기를 지키라고 명령하신 하나님의 뜻이 무엇인지를 잘 살려 의미 있게 지킬 것인가 하는 문제다.

이것은 절기를 헛되게 보내지 않게 하기 위함이다.

둘째, 이 절기를 통하여 어떻게 1세 신앙의 유산을 2세에게 전수하느냐 하는 문제다.

이것은 절기의 목적과 의미와 및 전통을 대를 이어 전수하기 위함이다.

셋째, 어떻게 한국 기독교인에 맞는 절기를 지키느냐 하는 문제다. 1) 이는 서구식으로 지킬 것인가, 아니면 2) 한국식으로 지킬 것인가, 3) 아니면 서구식과 한국식을 병행할 것인가 하는 문제다.

넷째, 유대인처럼 가정, 교회, 그리고 공동체 및 국가를 교육의 장으로 삼아 각 장의 특성을 살려 다양한 프로그램을 만들어야 한다.

그리고 한국도 유대인처럼 학교는 4가지 교육의 장에서 절기를 잘 지키도록 도와주는 보조 기관일 뿐 주체가 되어서는 안 된다.

다섯째, 어떻게 조국 대한민국의 안위와 번영에 기여하느냐 하는 문제다. 이것은 자손 대대로 바른 민족관과 국가관을 세우기 위함이다.

⟨저자 주: 이 외 한국인이 절기 행사를 위한 프로그램을 어떻게 효율적으로 만드느냐 하는 것은 앞의 2. '본받아야 할 유대인 절기의 특징들'을 참조할 것⟩

요약하면 우리도 절기를 1세의 신앙 성장만을 위하여 지킬 것이 아니라 유대인처럼 1세의 신앙 유산을 2세에게 조직적으로 전수하는 고리로 이용해야 한다. 이를 위해 모든 절기 행사에 유대인처럼 3대가 함께 참석하게 해야 한다. 어른 따로 자녀 따로 하는 절기 행사는 세대 차이를 깊게 할 뿐이다. 다음세대가 빠진 절기로는 다음세대의 미래가 없다.

또한 절기를 지키는 방법도 외국의 절기 방법에만 의존할 것이 아니라 한국 문화에 맞도록 재정립하여야 한다. 예를 들면, 추수감사절에는 흥겨운 '농부가', '보리타작', 그리고 '풍년가' 등을 기독교식으로 작사하여 은혜롭게 부를 수 있어야 한다.

**다음세대가 빠진 절기는
다음세대의 미래가 없다.**

3) 이상적인 한국인의 기독교식 절기 모형

저자는 본서 제3장에서 유대인의 절기를 소개할 때 어떻게 한국인 기독교에 그 절기를 적용할 수 있을까에 대하여도 설명했다. 이제 하나의 모델로서 유대인의 안식일 절기를 어떻게 한국인 기독교에 적용할 수 있을까에 대하여 소개해 보자.

이것은 저자의 저서 '유대인을 모델로 한 한국형 주일가정식탁예배 예식서'로 출판되었다(쉐마, 2013), 따라서 그 저서의 제1부 V. '유대인식 안식일 절기를 한국형 기독교식으로 바꾸는 이유' 항목의 내용을 간단히 요약한다.

유대인식 안식일 절기의 형식에는 중요한 두 가지 요소가 빠졌다. 1) 구원론적 입장에서 영혼 구원을 위한 복음이 빠졌다. 복음은 기독교의 정체성이다. 2) 문화인류학적인 면에서 한국인 기독교인에게 맞는 한국 문화적인 가치와 형식이 빠졌다. 한국문화는 한국인의 정체성을 나타낸다. 따라서 한국인 기독교인에게는 예수님의 복음과 성령님의 능력을 더한 기독교식에 한국 문화를 첨가하여 한국인 기독교의 한국형 주일가정식탁예배로 드려야 한다. 이것이 바로 '신(新) 한국형 기독교인의 밥상머리교육'일 것이다. 〈도표 참조〉 (현용수, 유대인을 모델로 한 한국형 주일가정식탁예배 예식서, 쉐마, 2013, pp. 104-108)

또한 구약의 절기를 신약 성도들에게 적용시키는 방법을 연구할

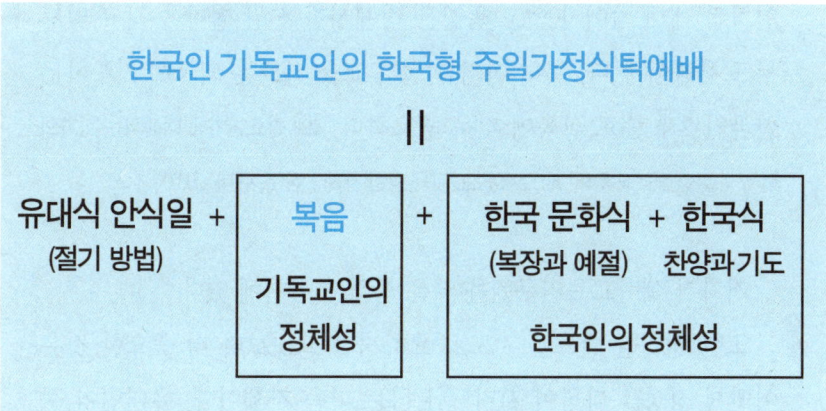

때 예수님을 구주로 영접한 유대인(메시아닉 유대인)의 절기를 참조할 필요가 있다. 그들은 자신들 조상의 절기를 기독교식으로 변형하여 잘 지키고 있다. 물론 우리 이방인 기독교인에게 적합하지 않은 것도 있지만 본받을 만한 교육 내용과 방법이 더 많다.

〈저자 주: 제4부 제3장 Ⅵ. 5. B. 1) '유대인과 메시아닉 유대인의 유월절 방법 차이' 참조.〉

이를 위해 이제부터 이에 뜻을 같이하는 분들이 일어나 한국식 탈무드를 써야 한다. 주님 다시 오실 때까지 변치 않는 확고한 성경적·문화적 탈무드를 써야 한다. 그리하여 한국식 탈무드 사상에 관한 자료를 전 세계 한국인 디아스포라 교회에 보급해야 한다. 그리고 한국식 탈무드 사상에 의하여 전 세계 한민족 교회가 하나가 되어야 한다. 이는 1세뿐만 아니라 2세, 3세, 자손 대대로 국내에서나 해외에서나 마찬가지여야 한다.

그러므로 한국인 기독교인이 세계 어디서 어떻게 만나든 유대인처럼 세대 차이가 없고 똑같은 정체성과 신앙 철학을 갖고 있도록 교육해야 한다. 특히 이러한 절기 교육 자료는 외국에 거주하는 한국인 2세 종교 교육에 더욱 필요하다. 〈왜 필요한가에 대해서는 저자의 저서 '문화와 종교 교육'(부제: '2세 종교 교육 방향 제시') 참조, 쉐마, 2007〉.

저자가 쉐마교육연구원을 세운 목적도 여기에 있다.

또한 절기를 만드는 것도 중요하지만 그것보다 더 중요한 것은 어떻게 정성을 다하여 지키느냐 하는 마음 자세이다. 유대인이 절기를 지키는 방법에는 엄격함과 정성스러움과 기쁨이 있다.

오늘날 기독교인들이 절기나 예배에 임하는 자세가 너무 무성의하지 않나 한번 반성해 볼만 하다. 과거 우리가 기독교로 개종하기 전 조상 귀신들에게 제사 지낼 때의 정성보다도 못하지는 않은가?

> 이스라엘아 들으라. 우리 하나님 여호와는 오직 하나인 여호와시니 너는 마음을 다하고 성품을 다하고 힘을 다하여 네 하나님 여호와를 사랑하라. (신 6:4-5)

충효를 무시한 결과 얻은 인성교육의 재앙

〈충효는 인성교육의 본질인 수직문화에 속한다는 점에서
절기교육과 관련이 있다.〉

1. 효에 대한 칼럼; 인성교육에서 '효'를 빼면 무엇이 남는가
   A. 진보 국회의원들이 인성교육서 충효를 빼자는 이유
      한국의 전통가치가 싫으면, 일본의 전통가치를 가져야 하는가
   B. 효는 수직문화(인성교육)의 핵심 가치다
   C. 효는 가정을 세우고 지켜주고 행복을 찾게 해주는 근원이다
      효가 없으면 예절도 없어지는 이유
   D. 왜 효가 없으면 가정은 해체되나
   E. 학생인권 높여주고 무상급식 했는데 왜 학생들은 행복해 하지 않는가

2. 충에 대한 칼럼; '헬 조선'이란 비아냥의 근본 원인
   A. 한복 입고 국악을 불렀던 여대생을
      학교에 고발했던 미국의 한국 유학생들, 왜?
   B. 내 부모를 공경하고 나라에 충성하라는 충효가 전통문화라서
      싫다면, 남의 부모를 공경하고 다른 나라에 충성해야 하는가
   C. 왜 충효가 정체성의 기본인가
      효가 가정을 세우는 행복의 근원이라면, 충은 나라를 세우는
      애국심의 근원이다
   D. 왜 한국인의 행복지수가 세계에서 가장 낮은데, 부탄은 1위인가
   E. 왜 유대인은 아무리 힘들어도 '헬 이스라엘'이라고 하지 않는데,
      한국 청소년들은 '헬 조선'이라고 하는가?
   F. 이것이 근본 원인이다
   G. 북한 주민들은 굶어 죽으면서도 김일성 3부자와 북한을 찬양하는데,
      왜 한국 청년들은 이승만을 대적하며 한국을 '헬 조선'이라고 하는가

효가 가정을 세우는 행복의 근원이라면,
충은 나라를 세우는 애국심의 근원이다

〈저자 주: 다음은 조선일보에 저자가 쓴 칼럼 "인성 교육에서 '孝'를 빼면 뭐가 남는가"(2017년 8월 11일)와 SNS에 올린 "'헬 조선'이란 비아냥의 근본 원인"을 약간 개정하여 싣는다.〉

1. 효에 대한 칼럼

인성교육에서 '孝'를 빼면 무엇이 남는가

현용수
〈한국쉐마인성교육운동본부 본부장〉

A. 진보 국회의원들이 인성교육서 충효를 빼자는 이유
한국의 전통가치가 싫으면, 일본의 전통가치를 가져야 하는가

더불어민주당 박경미 의원 등 14인은 지난 6월 인성교육신흥법 개정안을 발의했다. 요점은 기존 인성 교육의 핵심 가치 가운데 '효'를 빼자는 것이다. 대신 개인, 대인 관계, 공동체 차원에서 요구되는 예(禮), 정직, 책임, 존중과 배려, 소통과 협동, 정의와 참여, 그리고 생명 존중과 평화 등을 핵심 가치로 삼자고 했다. 이유는 "효가 충효 교육을 연상하게 할 정도로 지나치게 전통 가치를 우선하기 때문"이라고 했다.

전통 가치는 그 나라와 국민의 정체성을 나타낸다. 한국인이 한국의 전통가치를 싫다면 미국이나 일본의 전통가치를 가져야 하는가. 자신의 부모를 공경하고 대한민국(혹은 그 지도자)을 사랑하라는 충효교육이 잘못되었다면, 남의 부모를 더 공경하고 다른 나라나 그 지도자를 더 사랑하라는 말인가.

보통 효를 부모공경 정도로만 알고 있으나 그 이상이다. 필자는 노벨상 수상 30%의 비밀을 지닌 유대인 교육을 25년 동안 연구하면서 그들은 자신들의 수직문화가 매우 강하고 수평문화를 차단한다는 것을 발견했다.

B. 효는 수직문화(인성교육)의 핵심 가치다

인성교육의 본질은 한국의 수직문화에 근거한다. 수직문화는 전통, 역사, 철학, 사상, 고전, 효, 그리고 애국심(충) 및 고난으로 이루어진 문화다. 이것은 조상대대로 내려오는 인간 내면의 정신세계를 살찌우는 눈에 보이지 않는 가치들이다.

이것은 인간의 눈에 보이는 외면적 수평문화와 대조된다. 수평문화는 물질, 권력, 명예, 유행, 그리고 IQ교육 등으로 이루어진 문화다. 전자가 정신세계를 살찌우는 인생의 의미를 찾는 문화라면, 후자는 인생의 본능적 재미(쾌락)를 찾는 문화다. 전자가 지혜라면 후자는 지식(IQ)이다. 전자가 변하지 않는 정신적 형이상학적 가치들이라면, 후자는 시대마다 자주 변하는 세속의 형이하학적 가치들이다. 전자는 깊이 있는 심연문화 혹은 뿌리문화지만, 후자는 얕은 표면문화다. 따라서 전자는 고전적인 책을 좋아하지만 후자는 자극적이고 퇴폐적인 영상문화를 좋아한다.

전자가 컴퓨터의 하드웨어라면 후자는 소프트웨어다. 하드웨어는 한 인간의 그릇 크기에 비유한다면, 소프트웨어는 잔재주꾼(IQ)에 비유할 수 있다. 현대에 왜 컴퓨터를 잘하는 잔재주꾼들은 많을지라도, 과거처럼 정주영이나 안창호 같은 중량급 큰 인물들을 많이 배출하지 못하는가. 가정이나 학교에서 수직문화를 배우지 못했고 IQ교육만 받았기 때문이다.

효는 수직문화의 최고 핵심 가치다. 자신의 뿌리를 알고 조상들의 지혜와 전통 및 역사를 전수해주는, 즉 전 세대와 후세대를 이어주는 도구(기능)다. 정신세계와 삶의 실천에 자손대대로 세대 차이를 없게 해준다. 유대인이 수천 년 동안 나라 없이 세계를 떠돌면서도 생존해온 비밀도 자신들의 수직문화를 세대 차이 없이 자녀들에게 전수했기 때문이다.

뿌리 깊은 나무가 외풍에 잘 견디듯, 깊이 있는 수직문화의 사람은 구시대 어른들처럼 의지가 강해 세상의 수평문화에 초연할 수 있다. 은근과 끈기가 강해 큰 고통도 잘 참는다. 힘든 3D업종도 마다하지 않는다.

반면 수직문화가 약하고 수평문화에 물들면 자신의 철학(개념)이

약하여 자존감과 의지가 약하고 마음이 공허해진다. 은근과 끈기가 약해 작은 고통도 참지 못한다. 유혹에 약해 죄를 짓기 쉽다. 봉급 많은 기술직 3D업종보다는 봉급은 적지만 근사하게 보이는 사무직을 선호한다. 이것이 청년 실업율의 근본 원인이다.

수직문화가 강한 이들은 가정, 학교 및 사회에서 건전한 모범생들이 많다. 사회 질서와 어른들의 권위에 순종할 줄 알기 때문이다. 반면 수평문화가 강한 이들은 수직문화가 강한 이들을 싫어해 부모, 교사, 또는 어른들에게 반항하기 쉽다. 전자는 교육하기 쉽지만 후자는 교육하기 힘들다.

특히 폭력이나 음란성 퇴폐 영상문화 같은 수평문화에 물들 경우 정신세계는 쓰레기 문화로 꽉 차 사이코패스가 되기 쉽다. 마음이 부패해 삶의 의욕을 잃어 무력증을 보이기 쉽다. 심할 경우 교육을 포기해야 한다. 이것이 온갖 사회 병리현상의 원인이 된다.

효는 "나는 누구인가?"라는, 자신의 정체성을 형성하는 데 필수 덕목이다. 인간에게는 자신의 혈통적, 민족적, 및 국가적인 정체성이 필요하다. 개인적으로는 족보와 가문에 대한, 그리고 조국 대한민국에 대한 자부심이 있어야 한다. 이런 사람은 심리적인 내면적 자신감이 강해진다. 따라서 교육심리학자 에릭슨(1902-1994)은 '인성교육'을 '자아 정체성'(ego identity)의 개념을 계발하여 사람들의 내면적 자아 센스를 강화하는 것이라고 했다.

C. 효는 가정을 세우고 지켜주고 행복을 찾게 해주는 근원이다. 효가 없으면 예절도 없어지는 이유

효는 가정을 세우고 지켜주고 번성시키는 행복의 근원이다. 1970년대 이전에 그렇게 참혹한 시대에도 힘들다고 자살하지 않았던 것은 3대가 어울려 사는 따뜻한 가정이란 희망이 있었기 때문이다. 효교육을 시키면 부부의 삶의 철학과 목적이 뚜렷하여 이혼율도 줄어든다. 자신의 가문을 세우고 번성하게 하기 위하여 최선을 다하고 자녀도 많이 낳는다.

효는 가정에서 좋은 시민의 소양을 배우게 한다. 대가족 사회에서 조부모와 부모, 그리고 손자들의 질서뿐만 아니라 3촌, 4촌, 6촌들, 그리고 외가 식구들과의 관계를 결속시키며 화목을 돕는 사회성을 키워준다.

가정에서 효를 실천한 결과 "개인, 대인관계, 그리고 공동체가 요구하는 예, 정직, 책임, 존중과 배려, 소통과 협동, 정의와 참여, 인내, 그리고 생명존중과 평화 등 사람됨과 시민됨의 가치"라는 인성의 기본 열매들을 얻는다. 효와 예절은 다르다. 예절은 내면적 효심(교육의 내용)을 외면적으로 표현하는 방법(교육의 형식)이다. 따라서 효가 없으면 예절도 없어진다.

어려서부터 이런 인성교육을 받은 자녀들이 학교와 사회에 나가서도 남과 더불어 살 수 있는 좋은 학생과 좋은 시민이 될 수 있다. 따라서 효는 백 가지 행위의 기본(孝爲百行之本)이다. 유대인의 인성이 학교가 아니라 가정에서 키워지는 이유가 여기에 있다. 한국은 모든 교육을 학교에 맡기는 것이 큰 잘못이다.

효는 자녀가 부모의 은혜에 감사하고 그 은혜를 갚게 한다. 이것이 짐승과의 차이다. 따라서 효는 인간다운 인간을 만드는 가장 기본 덕목이다. 효교육을 강화하면 노후의 모든 문제들이 근본적으로 해결된다. 부모들이 자녀의 사랑과 존경, 그리고 보살핌을 받으면 노인 자살율도 줄어들 것이다.

D. 왜 효가 없으면 가정은 해체되나

반면 효가 없으면 가정은 해체된다. 개인주의와 이기주의가 팽배하여 핵가족이 번성한다. 어른들에 대한 감사 대신 불평불만이 많아진다. 행복지수가 내려간다. 부모를 공경하기보다는 자신의 유익을 위해 이용하려 한다. 노인의 것들은 모두 잘못된 전통으로 치부하기 쉽다. 반인륜적인 사건이 줄을 잇게 된다.

효가 없으면 가정과 가문 번성의 가치를 몰라 결혼을 피하거나, 자녀를 안 낳으려한다. 이것이 저출산율의 근본 원인이다. 1960년 출산율은 6.0명이었으나 2015년은 1.17명〈울산제일일보, 인구의 날에 생각해 본다, 2017.7.20.〉이다.

유대인은 가정을 매우 중요하게 여겨 3대가 가정에서 행복을 찾도록 가르친다. 정통파 유대인은 가문의 번성을 위해 자녀도 많이 낳는다. 출산율이 8.3명이다. 그리고 조상들에 대한 존경과 감사가 넘쳐 행복지수가 올라간다. 따라서 효는 인류 보편적 도덕과 윤리 가치다. 성경이 제5계명 부모공경을 실천하지 않을 경우 죽이라고 강하게 명령하신 이유가 여기에 있다.

열매를 보고 그 나무가 좋은지 악한지를 알 수 있다. 조상들의 충효를 포함한 수직문화를 업신여긴 우리의 20여 년의 학교교육의 결과(열매)는 참담하다. 자살률〈청소년 및 노인 자살률 포함〉, 이혼율, 그리고 낙태율이 세계 최고 수준이고, 행복지수와 출산율은 세계 최하위 수준이다.

그렇게 학생인권을 높여주고 무상급식을 했는데 왜 학생들은 불행하다고 생각하는가. 왜 가정이나 학교에서 패륜범죄와 사회병리 현상들이 넘치는가. 왜 매 맞는 교사수가 매 맞는 학생수보다 많아졌는가. 이것은 1970년대 이전에 충효를 강조했던 수직문화를 업신여기는 진보교육으로 인해 한국의 전통적 도덕과 윤리적 가치관이 사라졌기 때문이다.

그리고 본능을 자극하는 한국의 수평문화가 다른 나라들보다 양적으로 그만큼 더 만연하고 질적으로도 심각하다는 증거다.

E. 학생인권 높여주고 무상급식 했는데 왜 학생들은 행복해하지 않는가

물론 가르치는 방법 면에서 일부 어른들이 자녀들에게 충효를 유대인처럼 논리적으로 부드럽게 설득하여 이해시킨 것이 아니라, 강압적으로 하게 하여 많은 상처를 준 과오는 인정한다. 따라서 과거 일부 가정과 국가에서 독재자로 군림했던 이들은 회개해야 한다. 이런 과오를 극복하기 위해 유대인 교육을 본받을 필요가 있다. 그렇다고 그 내용이 잘못된 것은 아니다.

미래 4차산업혁명이 더욱 상승기를 탈수록 인성은 더욱 피폐해질 것이다. 아무리 첨단 기기로 편안함을 누린다고 하더라도 마음의 고향인 따뜻한 가정이 없다면 인생에 무슨 의미와 행복이 있겠는가.

앞으로 온갖 기이한 비정상적인 것들이 정상을 핍박할 것이다. '양성평등'이란 용어를 '성평등'이라는 교묘한 용어로 법을 바꾸어 동성애자들이 정상인들의 진리를 말할 권리를 박탈하거나, 충효가 전통을 우선하는 듯하니 '효'를 인성의 가치에서 빼자는 법을 만들자는 것 등이다. 보수는 이에 무관심하거나 속지 말아야 한다.

전통과 충효를 없앤 후유증은 다음세대에 더 심각한 고통으로 나타날 것이다. 현자는 고통을 당하기 전에 깨닫고 우둔한 자는 고통을 당한 후에 깨닫는다. 국회는 가정을 해체하고 나라를 망치는 '효'를 뺀 인성교육진흥법 개정안 발의를 즉각 취소해야 한다.

2. 충에 대한 칼럼

'헬 조선'이란 비아냥의 근본 원인

현용수 박사
〈한국쉐마인성교육운동본부 본부장, 재미 유대인 교육학자〉

A. 한복 입고 국악을 불렀던 여대생을 학교 당국에 고발했던 미국의 한국 유학생들, 왜?

미국 명문대에 유학을 간 한 여대생의 고백이다. 그녀는 학교 당국으로부터 '국제의 날'에 한국을 대표해 한국의 전통문화를 소개해 달라는 부탁을 받았다(2015년). 그러나 아는 것이 없어 거절했다고 한다.

방학 때 반강제로 부모와 함께 필자에게 유대인을 모델로 한 한국인의 인성교육 강의를 들었다. 그 후 자신이 한국의 전통문화를 업신여기고 미국 것만 좋아했던 것을 매우 후회했다. 그리고 난생 처음 한국인의 정체성을 표현하는 한복을 사 입고 한국의 전통 문화를 공부하며 국악을 배우기 시작했다. 학교 당국에는 내년에 제가 하겠다고 했다.

원래 음악에 끼가 있는 그녀는 수많은 외국인 학생들과 교직원들 앞에서 예쁜 한복을 입고 장구를 치며 국악을 신나게 불렀다.

그리고 한국의 아름다운 충효를 비롯한 다른 전통문화를 소개했다. 우뢰와 같은 박수가 터져나왔다.

한국의 전통문화, 학생들은 얼마나 싫어하나?

문제는 공연 이후에 터졌다. 그 광경을 지켜보았던 한국 학생들 일부가 학교 당국에 자신들은 그런 한국의 전통문화를 수치스럽게 생각하니 다음부터 그녀를 세우지 말라고 항의했다. 그녀에게는 "한국의 전통문화가 무엇이 자랑스럽다고 외국 학생들에게 소개했느냐?"고 비아냥거렸다. 이것이 대부분 한국 청소년들 의식의 현주소다.

B. 내 부모를 공경하고 나라에 충성하라는 충효가 전통문화라서 싫다면, 남의 부모를 공경하고 다른 나라에 충성해야 하는가

엘리트라고 자처하는 국회의원들도 '충효(忠孝)'같은 한국의 전통 가치에 거부 반응을 느끼기는 마찬가지다. 더불어민주당 박경미 의원 등 14인은 그런 이유로 인성교육진흥법에서 기존의 인성교육의 핵심 가치들에서 '효'를 뺀 개정안을 발의했다.

그래서 조선일보 칼럼(2017. 8.11.)에서 "인성교육에 '효'가 빠지면 무엇이 남는가"를 썼다. 이번에는 인성교육에 '충'이 빠지면 왜 '헬조선'이 되는지 알아보자. 한국인이 자신의 부모를 공경하고 대한민국에 충성하라는 충효교육이 전통문화라서 잘못되었다면, 남의 부모를 공경하고 다른 나라에 충성하라는 말인가.

C. 왜 충효가 정체성의 기본인가
효가 가정을 세우는 행복의 근원이라면,
충은 나라를 세우는 애국심의 근원이다

충효는 "나는 어디에 소속된 누구인가?"라는 자신의 혈통과 국가의 정체성을 형성하는 데 필수 덕목이다. 개인적으로는 족보와 가문에 대한 자부심과 조국 대한민국에 대한 자랑스러움이 있어야 한다. 이런 사람은 자존감이 높고 내면적 자신감이 강해진다. 따라서 교육심리학자 에릭슨(1902-1994)은 '인성교육'을 '자아 정체성'(ego identity)의 개념을 개발하여 사람들의 내면적 자아 센스를 강화하는 것이라고 했다.

D. 왜 한국인의 행복지수가 세계에서 가장 낮은데, 부탄은 1위인가

효가 가정을 세우고 지켜주고 번성시키는 행복의 근원이라면, 충은 나라를 세우고 지켜주고 번영시키는 애국심의 근원이다. 대한민국은 불과 30년 만에 세계인이 부러워하는 경제대국과 민주화라는 두 가지 목표를 이룬 자랑스러운 성공한 국가다. 반면 부탄은 최빈국 중 하나다. 그런데 왜 한국의 청소년들은 행복지수가 세계에서 가장 낮은 반면, 부탄은 세계 1위인가. 전자는 효가 사라졌고 후자는 효가 있기 때문이다.

E. 왜 유대인은 아무리 힘들어도 '헬 이스라엘'이라고 하지 않는데, 한국 청소년들은 '헬 조선'이라고 하는가?

왜 이스라엘의 유대인은 아무리 힘들어도 '헬 이스라엘'이라고 하지 않는데, 한국의 청소년들은 현 시대를 '헬 조선'이라고 하는가. 전자는 충이 있고 후자는 충이 사라졌기 때문이다. 충이 없으면 대한민국은 망한다.

한국은 일자리가 많아 외국인 노동자들이 몰려오는데
왜 한국 청년들은 일자리가 없다고 하는가?

많은 청년들이 아무리 노력해도 일자리가 부족하기 때문이라고 한다. 이것은 설득력이 약하다. 기술직 3D 업종은 일자리가 넘쳐난다. 한국 청년들이 그것을 거부하여 외국인 노동자 120만 명을 고용하고 있다. 현재 청년 실업률이 높은 이유는 일자리가 없어서가 아니라 그들이 기술직 3D업종을 꺼리기 때문이다. 대졸 출신이 무려 82%인 것도 한 원인이다.

F. 이것이 근본 원인이다

한국 인성교육 문제의 근본 원인은 큰 틀에서 유대인은 충효를 포함한 수직문화를 가르쳐 전수했고, 한국인은 그렇지 못했기 때문이다. 한국 교육은 두 가지 오류를 범했다. 1) 한국의 '전통은 옛 것=나쁜 것'이라 비난하며 버리고 서양 것만 모방했다. 충효를 가르쳤다면 조상들의 전통문화도 사랑했을 것이다. 2) 대한민국 국가관(충)을 학교에서 잘못 가르쳤다. 대한민국은 이승만이 건국했다하여 태어나지 말았어야 할 나라라고 비난했다. 오히려 김일성이 수립한 북한을 더 정통성 있는 국가라고 가르친다고 한다. 한국 근대화의 영웅들을 노동자 농민의 노동력을 착취했다는 파렴치범으로 몰아붙였다. 90%의 장점은 보지 않고 10%의 단점만 100%처럼 부각시켰다. 전자가 문화적 정체성의 상실 원인이라면, 후자는 잘못된 국가관 정체성 형성의 원인이다.

그 결과는 참담하다. 대부분 자녀들은 족보와 가문을 무시하고 살아계신 조부모와 부모에 대한 존경과 감사 대신 분노와 반항심이 커졌다. 자랑스런 건국의 아버지 이승만을 통일을 방해한 역적으로 몰며, 대한민국의 국민됨에 수치심을 느낀다.

이런 상황에서 어떻게 자신의 가문과 조국 대한민국에 자부심과 충성심을 가질 수 있겠는가. 행복해질 수 있는가. 그야말로 '헬 조선'이다.

G. 북한 주민들은 굶어 죽으면서도 김일성 3부자와 북한을 찬양하는데, 왜 한국 청년들은 이승만을 대적하며 한국을 '헬 조선'이라고 하는가

이것은 북한 주민들이 1990년대 3백만이 굶어죽는 고난의 행군 시대에도 미국제국주의를 저주하며 김일성과 김정일 수령을 찬양했던 것과 너무나 대조된다. 원인은 북한 지도자가 효는 빼고 충만 지나치게 강요했기 때문이다. 자식이 아버지의 불충을 공산당에 고발하고, 당의 명령에 따라 죽이면 그를 영웅시했다. 따라서 가정을 살리는 효와 국가를 살리는 충은 함께 가야 한다.

그런데 남한에 살면서 북한을 지지하는 종북 좌파들도 애국자라고 한다. 그들은 북한 입장에서는 애국자이지만 대한민국 입장에서는 가짜 애국자다. 보수는 가짜에 속으면 안 된다. 그들은 보수의 적이다. 진짜 애국자는 이승만을 존경하며 대한민국을 사랑하는 이들이다.

한국 젊은이들이 '헬 조선'이라고 하는 것은 대한민국 근현대 국가관 교육의 실패를 증명한다. 잘못 가르쳤거나 방관했던 교육자들에게 책임을 묻지 않을 수 없다. 따라서 '헬 조선'이란 비아냥은 한국이 처한 고난에 비례하는 것이 아니고, 자신의 가문과 조국 대한민국을 업신여기는 것(충효의 결핍)에 비례한다.

충효를 최고의 가치로 여겼던 일제 강점기의 독립군들은 나라를 잃은 상태에서도 조선의 아들임을 자랑스러워했었다. 1960-1970년대 청년들은 대한민국의 혜택을 전혀 받지 못했지만 투철한 효와 애국심을 가졌다. 가족과 나라를 위해 무엇이든 돈이 되는 것은 아무리 힘든 일이라 해도 몸을 사리지 않고 일했다. 그것이 오늘날 자랑스런 대한민국을 만들게 했다. 위대한 충효의 파워다. 그런데 그 파워가 사라지고 있다.

서양의 IQ교육에 함몰된 자녀들의 한심한 정체성 교육

물론 충효를 가르치는 방법 면에서 일부 어른들이 자녀들에게 유대인처럼 논리적으로 부드럽게 설득하여 이해시킨 것이 아니라, 강압적으로 하여 상처를 준 과오는 인정한다. 따라서 과거 일부 가정과 국가에서 독재자로 군림했던 이들은 회개해야 한다. 이런 과오를 극복하기 위해 유대인 교육을 본받을 필요가 있다. 그렇다고 그 내용이 잘못된 것은 아니다.

한국의 전통문화를 무시하고 서양문화에 심취했던 사대주의적 진보교육과 종북 좌파의 왜곡된 국가 정체성 교육의 악한 열매들이 독버섯처럼 피어나고 있다. 온갖 기이한 비정상적인 것들이 정상을 핍박한다. '양성평등'이란 용어를 '성평등'이라는 용어로 교묘히 법을 바꾸어, 동성애자들이 역으로 정상인들이 진리를 말할 권리를 박탈하거나, 충효가 전통을 우선하는 듯하니 '효'를 인성의 가치에서 빼자는 법을 만들자고 한다. 보수는 이에 무관심하거나 속지 말아야 한다.

전통과 충효를 없앤 후유증은 다음세대에 더 심각한 고통으로 나타날 것이다. 최악의 경우 대한민국이 사라질 수도 있다. 현자는 고통을 당하기 전에 깨닫고 우둔한 자는 고통을 당한 후에 깨닫는다.

쉐마지도자클리닉 체험의 증언

편집자 주_ 쉐마클리닉을 수료하신 분들의 간증문들이 대부분 탁월하나, 부득이 몇 분만을 고르게 되어 나머지 분들께 죄송한 마음을 전합니다. 쉐마교육연구원 홈페이지(www.shemaiqeq.org)에 더 많은 간증문이 실려 있으니 참고하시기 바랍니다.

구약의 지상명령 발견은 다윈의 진화론보다 더 탁월하다
- **윤용주** 교수(Washington Reformed University, International Student Director)

남편의 기를 팍팍 죽였던 전형적인 IQ아내와 어머니였는데…
- **이정하** 교수 (김해대학교 교수)

미국식 홈스쿨링과 품성교육의 문제를 극복했습니다
- **권창규** 목사(목사)

유대인은 자신의 삶에 '왜?'를 설명했지만, 나는 못해 답답했는데…
- **조하은** 청년(미국 NYU 유학생, 동상제일교회)

무엇을 할까 이전에 나의 바른 인성(정체성)을 세워야겠습니다
- **백하림** 학생(13세, 일산쉐마예시바학교)

참석자들의 증언

구약의 지상명령 발견은 다윈의 진화론보다 더 탁월하다

윤용주 교수
(Washington Reformed University, International Student Director)

Trinity Evangelical Divinity (Ph.D. 신약학)
Covenant Theological Seminary (D.Min.)
Dallas Theological Seminary (MA, Th.M.)
서울대 (BA)

시작부터가 다른 강의였다

시작부터가 다른 강의였다. 귀납적 질문으로 시작하는 강의는 나로 하여금 정신과 영혼을 흔들어 놓는 시작이었다. 그 질문 자체가 어렵거나 생소하거나 보통 사람이 전혀 생각해 보지 않은 특별한 것이 아니었기 때문에 더욱 충격이었다. 그와 같은 질문은 보통 목사나 교육학을 가르치거나 하는 사람들은 고민하는 질문들이었기 때문이다.

그런데 현 교수님은 질문을 질문으로 끝나지 않고, 떠오른 질문의 답과 해법을 찾기 위해 길고도 먼 외로운 외길을 걸어오면서 나그네가 광야의 길을 갈 때 자신의 갈증을 해결하기 위하여 오아시스를 헤매고 찾을 때까지 걷고 걸어가듯, 문제의 해답을 찾기 위해 고뇌의 외길을 외롭게 걸어온 것을 느낄 수 있었다.

그리하여 나그네가 찾은 생수를 맛보고 큰 기쁨을 얻듯, 현 교수님은 자신이 찾은 답, 즉 구약의 지상 명령(창18:19) 때문에 유대인들이 왜 위대한 민족이 되었는가를 깨닫고, 구체적, 체계적, 그리고 논리적으로 정리하여 "쉐마"의 내용을 불호령 같은 메세지로 쏟아 놓았다.

깊은 샘에서 생수를 길어 올리듯, 교수님의 입에서 쏟아지는 용어 하나 하나는 생소하면서도, 나에게는 도전이요, 충격이요, 또한 채근이었다. 출애굽을 한 하나님의 백성들이 엘림에서 물샘 열둘과 종려 칠십주를 만남과 같은 기쁨이 나에게 흐르는 것을 보면서, 그리고 나와 나의 자손과 사역의 앞날을 생각해 보면서 나는 시종 강의에 몰입하고 있었다.

눈물을 흘리고, 한없는 부끄러움을 느끼며
영혼은 통곡함을 보았다

강의를 듣는 나의 가슴은 눈물을 흘리고, 정신은 한없는 부끄러움을 느끼며, 그리고 영혼은 통곡함을 보았다. 그 어떤 교수가 유대인의 교육이 천재 교육이라는 것을 모른단 말인가? 그 어떤 교역자가 유대인의 교육이 성공적인 교육이라는 것을 몰랐단 말인가? 나는 일찌기 들었고, 보았고, 또 알았었다.

그러나 나는 같은 학자이면서도 유대인의 교육이 왜 그렇게도 위대한 교육이며, 그 교육을 받은 사람들이 어떻게 온 인류에 크게 공헌하게 되었는지를 역사 속에서 찾으려 하지 않았단 말인가? 왜 나는 유대인의 현장에 들어가서 그들의 생각과 삶과 생활과 문화에 대해서 총체적이며 체계적으로 분석하며 뿌리를 해부하려 시도하지 않았단 말인가?

그 어떤 기독교 학자가 "왜 초대 교회는 초대 교회로서 흔적을 감추게 되었는지" 물어보고 그 답을 성경적으로 연구하고 역사적으로 분석해 해답을 찾으려 노력했단 말인가? 한국 교회가 성장이 멈춘 것을 알고 고백하면서도 왜 한국 교회는 갑작스럽게 사양길에 들어서게 되었는가? 교회사적으로 문화적으로 성경적으로 누가 조명하여 보았단 말인가?

기독교 2천 역사를 새롭게 쓰는 획을 긋는 발견이다

본인은 지난 20년 동안 대학 강단과 신학교에서 강의해 왔다. 교육에 대한 뚜렷한 목적과 신념을 가지고 좀더 보람되고 유익한 강사가 되기 위해서 노력하고 노력해 보았다. 더욱 전인적인 학생들을 배출하여 각자의 주어진 환경 속에서 하나님 나라를 확장해 나가기를 원하여 수고하였건만 이론은 있으나 검증된 자료나 구체적인 방향을 제시할 수가 없어 추상적인 지식만 전달할 뿐이었다. 그래서 나는 종종 자신과 확신을 잊어버릴 때가 많았었다.

  그러나 금번 쉐마 인성교육을 통해서 가능성을 보게 되었다. 막혔던 귀가 열리고 닫혔던 눈과 마음이 열리는 것을 나는 느낄 수 있었다. 수직문화와 수평문화의 차이를 논리적으로 들으면서 바로 이것이구나 깨닫게 되었다. 수직문화 중심적인 삶과 생활과 교육을 통해 인간은 비로서 깊은 생각과 바른 행동의 열매를 맺게 됨을 깨닫게 되었다.

  현 교수님의 인성교육과 구약의 지상명령의 발견은 찰스 다윈이 진화론의 체계를 세운 것보다 더 월등하고 탁월하며, 기독교 2천년의 역사를 새롭게 쓰는, 획을 긋는 발견이라 믿으면서, 나는 금번에 배운 내용을 내 자신과 자녀들과 그리고 사역의 현장에 적용할 것을 생각하니 벌써부터 가슴이 두근거리기 시작한다.

참석자들의 증언

남편의 기를 팍팍 죽였던 전형적인 IQ아내와 어머니였는데…

이정하 박사
(김해대학교 교수)

김해대학교 안경광학과 교수
부경대 박사
부산대 미생물학 학사
우리품교회 집사

외적 조건이 완벽한 우리 가정, 왜 늘 지옥일까

저는 어릴 때부터 공부만 하고 자라, 결혼하고 또 석사공부하고, 아이를 낳고 또 박사공부하며, 교수로서의 인생을 살아왔습니다. 공부 외에 다른 것을 잘하는 것은 인생의 가치를 크게 두지 않았습니다. 그랬기에 더욱 더 성경적 아내, 어머니, 딸과 며느리로서의 역할은 저에게 먼 나라 얘기였습니다. 그러나 어느 누구도 나의 잘못을 지적하는 사람이 없었을 뿐더러, 제 주위는 고생이 많다고 응원하며 칭찬 일색이었습니다.

저의 외가는 4대째 모태신앙을 이어 저에게 이르렀고, 신랑의 가정은 목사님이 10명 이상 배출된 신앙명가를 자랑하며, 장로님 권사님의 뼈대 있는 집안으로, 저희 부부는 신앙생활이라면 누구 못지않게 교회에서 열심히 몸 바쳐 충성했습니다. 그것이 정말 하늘의 상급을 쌓고, 우리 가정에 더 큰 축복을 가져다 줄 것으로 생각하였습니다. 또 자녀들에게는 늘 최고의 교육을 받게 했으며, 시댁과 친정에 최선을 다했다고 생각했습니다.

그런데 왜 우리 가정은 끝도 없는 부부싸움 속에 아이들이 풀이 죽은 모습으로 늘 불행했는지 몰랐습니다. 제가 그리던 이상적인 삶과 반대로 지옥 같은 어두움의 그림자들이 반복되고 있었습니다.

남편의 기를 팍팍 죽이는 아내요
자녀에게 밥 한 끼 해주지 않았던 엄마였습니다

그런데 쉐마를 만나고, 저는 저와 저희 가정의 실체를 바로 볼 수 있는 눈을 떴습니다. 저는 누구보다도 아무것도 모르는 멍청이였고, 제대로 된 신앙은 하나도 없었고, 욕심으로 가득 찬 샤머니즘적인 종교행위에 가속도를 붙여 늘 정죄하고, 원망하여 살아가고 있었다는 것을 깨달았습니다. 그리하여 가정은 이미 파산 직전임을 알게 되었습니다.

남편의 기를 팍팍 죽이는 아내요, 불순종하는 아내요, 집안일에는 관심 없는 아내였고, 자녀들에게는 늘 바쁜 엄마요, 학원만 엄청 보내는 엄마요, 따뜻한 밥 한 끼 해주지 않았던 엄마였습니다. EQ는 전혀 찾아볼 수 없었고, IQ로 꽉 찬 아내요, 엄마였습니다.

현용수 박사님의 저서 '성경이 말하는 어머니 EQ교육'을 읽으며 참 많이 가슴을 치며 눈물로 통회하고 자복했습니다. 제가 바로 모성을 잃은 여학생이 성장한 사회의 일원으로 생명이 자랄 수 없는 토양이었습니다. 생명을 낳고 키우는 기본 못자리가 타들어간다는 현대 여성들을 향한 일침은 현용수 박사님의 탁월한 혜안임을 깨닫고 놀라움을 금치 못합니다.

제 주위에는 저처럼 사는 많은 친구들이 많습니다. 소위 엘리트라고 하는 여성들의 메마른 삶을 너무나 잘 알기에 '위기'라는 단어가 적절합니다. 사망으로 가는 길이라는 걸 말하면 알까요? 저도 책을 읽고 하나님께서 희미하게 보여주시는 믿음의 증거들을 잡으려고 달려가다가 이제야 확신하니 말입니다.

저는 어머니의 자궁에서 나오는 모성애, 어머니의 가슴에서 나오는 젖과 꿀이 흐르는 가나안, 어머니의 눈에서 나오는 눈물이 하나도 없는 메마른 광야였다는 것을 알게 되었습니다. 아~, 이 어찌 통탄하지 않을 수 있겠습니까! 이 시대의 믿음의 어머니들이라 하지만, 잘못된 시대 상황과 IQ교육에 의해 깨닫지 못하며 자식을 우상의 제물로 내어놓고 있지나 않은지요. 남편의 권위를 무너뜨리며, 가정의 선악과를 따 먹기를 반복하고 있지나 않은지요.

기독교 2000년의 역사를 다시 쓰는
현 박사님의 구약의 지상명령과 수평, 수직문화 이론은…

기독교 2000년의 역사를 다시 쓰는 현 박사님의 구약의 지상명령과 수평·수직문화 이론은 이 시대의 무너진 가정과 자녀교육에 믿음의 역사를 이룰 것임을 확신합니다. 짧은 기독교 역사에 급성장을 이룬 한국교회에 뿐만 아니라, 전 세계에 이미 불어 닥쳤고, 현재 불어 닥치고 있으며, 앞으로도 불어 닥칠 수평문화의 거센 파도는 우리의 자녀와 그 자녀 세대까지도 충분히 휩쓸고도 남을 엄청난 파괴력을 가진 사탄의 도구입니다.

이 수평문화의 파도와 정면으로 맞서고 있는 현 박사님의 수직문화 전파는 Pre-Evangelism을 위한 복음적 토양교육의 핵심 대안입니다. 그리고 양적 성장을 위한 전도 4영리만 강조한 나머지 구원 받은 후 거룩한 하나님의 백성으로 살아내기에 병약한 이 시대의 그리스도인들에게 구약의 지상명령인 쉐마는 Post-Evangelism에 필수 과제임을 확신합니다.

땅 끝을 외치던 2000년의 기독교 역사에 현 박사님의 저서 '잃어버린 구약의 지상명령 쉐마'는 가정성전 안에서 다음 세대에 말씀을 전수하라는 수직선교의 탁월한 발견입니다. 이 책은 말세에 주님오실 길을 예비하는, 그리고 주의 자녀들에게 믿음으로 환란과 고난을 이겨낼 힘을 준비하게 하시는 하나님의 큰 역사하심임을 짧은 식견으로 읽습니다.

더욱이 저는 효신학에서 보석 같이 놀라운 빛을 발견합니다. 일제 식민시대 이후 그나마 남아있던 마지막 예의지국의 자존심까지 짓밟힌 후, 사상도 논리도 없던 한국에 공산주의와 자본주의의 사상으로만 얼룩져 제대로 된 사상과 학문의 깊이를 찾을 길이 없었던 혼란의 시대를 겪고 있는 이때에, 효신학을 논리적으로 정립함으로 가정과 학교와 나라의 질서를 바로 잡을 유일한 대안임을 확신합니다. 누구에게나 알리고 전파하여 지금이라도 시급히 도입해야 할 학문임을 확신합니다.

쉐마교육을 받고, 이제 이 믿음의 확실함을 가지고, 세상으로 나가기 전에 먼저 가정으로 돌아가야 함을 절실히 깨닫습니다. 가정에서 순종하는 아내, 희생하는 어머니, 그리고 효도하는 딸과 며느리로 살아보고 싶은 마음뿐입니다. 그래서 나 하나의 변화로 정말 어머니의 망가진 못자리가 회복됨으로 아버지의 권위가 회복되고 자녀들의 순종이 회복되어 우리 가정이 믿음의 천국이 될 것을 목도하고 싶습니다.

그리하여, 우리 가정이 무너져가는 하나님의 가정들에게 온전한 쉐마의 모델 터가 되길 소원해 봅니다. 또한 가정에서 예배로 가정성전을 세워가며, 자녀들에게 말씀과 신앙을 전수하여 시대를 읽는 영적 지도자로 성장해 가길 기도합니다. 앞으로 성경말씀과 현용수 박사님의 쉐마와 인성에 관한 책들을 더 읽고 연구하여 내 안에도 현 박사님처럼 성경말씀에 기초한 쉐마인성을 전파할 수 있는 논리가 세워지길 기대해 봅니다.

참석자들의 증언

미국식 홈스쿨링과 품성교육의 문제를 극복했습니다

권창규 목사
(좋은가족교회)

좋은가족교회 담임목사
코헨신학대학교 객원교수
침례신학대학원(M.Div)

저는 캠퍼스 선교단체 간사로 사역을 하다가 건강한 교회를 세우려고 청년들 몇 명과 가정에서 개척했습니다. 그 때 저에게 큰 관심은 셀목회와 홈스쿨이었습니다. 한국의 셀교회 관련 세미나를 다 찾아다니며 연구하고 적용했습니다. 개척과 동시에 시작된 가정에서의 홈스쿨링은 미국의 경건한 홈스쿨의 도움을 받았습니다. 저에게는 성경적 가정과 교회에 대한 꿈이 있었습니다. 그런데 8년 정도의 시간이 흐르면서 교회에 홈스쿨에도 여러 가지 문제들로 고민이 생겼습니다.

첫째, 미국 홈스쿨링에 심각한 문제들이 발생하며 그것이 기울어져가고 있다는 소식을 미국 홈스쿨 지도자들을 통해 들었습니다. 그 때 저는 한국기독교홈스쿨협회 회장을 맡고 있었습니다.

그 때 현용수 박사님의 쉐마교육을 만나 해답을 찾았습니다. 가장 큰 원인은 성경적 및 신학적 뿌리가 약하기 때문임을 깨달았습니다. 성경구절 몇 가지로 정리된 몇 권의 책 정도인 홈스쿨링과 달리, 쉐마는 성경에 기초한 유대인들의 삶에 대한 깊고 광대한 신학적인 논리가 있었습니다.

현 박사님의 '홈스쿨링의 원조는 아브라함'이라는 말씀은 충격 그 자체였습니다. 이에 비해 미국 홈스쿨링은 그 뿌리가 약하다 보니 50년의 세월이 지나면서 기울어가고 있었습니다. 쉐마는 가정신학, 어머니 신학, 아버지 신학, 그리고 효신학 및 고난의 역사교육 등의 신학적 논리와 함께 역사적으로 검증된 유대인의 실제적인 삶의 현장이 있었습니다. 3500년의 귀한 성경적 유산을 연구하여 정리해 30여권의 책으로 펴내신 현 박사님께 다시 한 번 감사드립니다.

하나님이 디자인하신 가정, 교회, 그리고 학교의 원래의 그림을 보고 나니 희망찬 미래가 보였습니다. 구약과 초대교회 성도들이 어떻게 가정에서 자녀를 교육하고 교회와 학교가 각각 어떤 기능을 가지고 어떤 역할을 해야 하는지를 알게 되었습니다.

둘째, 그 동안 미국식 홈스쿨링과 미국식 품성교육으로 자녀들에게 인성교육을 해왔는데, 문제가 발생하며 고민하기 시작했습니다. 그 해결점은 유대인을 모델로 한 '현용수의 인성교육 노하우'에서 찾았습니다. 인성교육의 원리와 공식의 논리가 너무 탄탄했고 깊이가 달랐습니다.

미국식들은 자녀들을 문화적으로 한국인으로 만드는 것이 아니고 미국 사람으로 만들었다는 것을 깨달았습니다. 뿐만 아니라 자녀들이 수평문화에 물들고 은연 중에 미국의 존 듀이 교육의 영향을 받아 개인주의와 이기주의로 바뀌었다는 것도 알게 되었습니다.

현 박사님은 한국인 기독교인은 한국인의 정체성을 가진 기독교인이어야 한다는 것이었습니다. 그래서 홈스쿨 아카데미를 열고 부모교육부터 시작했습니다. 물론 교재는 현 박사님의 저서들이었습니다.

미국식 생활에서 한국의 전통 수직문화식으로 바꾸었습니다. 한복을 입고 국악찬양을 했습니다. 한국인의 민족관과 국가관도 배웠습니다. 뿐만 아니라 유대인식 성경암송과 탈무딕 디베이트, 주일가정식탁예배 등을 성실히 교육하고 실천했습니다. 이렇게 가정과 교회와 학교가 하나 되어 교육하게 되니 성도들과 학부모의 만족도는 매우 높았습니다.

그 이후로 5-6년의 세월이 흐르면서 놀라운 일들이 가정과 교회에서 많이 생겼습니다. 한국인으로 자긍심도 높아지고, 인성뿐 아니라 자녀들의 학업성취도 매우 높게 나왔습니다. 유대인을 모델로 한 초대교회의 가정, 교회, 그리고 학교의 새로운 패러다임은 제게 큰 힘이 되어 제가 꿈꾸었던 성경적인 가정과 목회를 이루게 해주었습니다. 부모도 자녀들도 모두 행복하게 되었습니다.

지도해주신 현용수 박사님께 감사드리며 이 모든 일을 이루시고 이끄시는 하나님 아버지께 감사와 찬양을 올려드립니다.

참석자들의 *증언*

유대인은 자신의 삶에 '왜?'를 설명했지만, 나는 못해 답답했는데…

조하은
〈동상제일교회 자매〉

미국 NYU 유학생
동상제일교회 청년

제2학기 쉐마교육을 마치고

'왜'라는 질문을 던지던 나

현용수 교수님의 쉐마교육이라는 것을 알기 전부터 부모님으로부터 성경 말씀 그대로 살아야한다며 돼지고기 먹는 것조차 꺼리시는 것을 보고 자랐습니다. 부모님께서는 율법에 얽매일 필요는 없지만, 안 해도 되는 것은 하지 말라고 하시며 세상 문화를 접하는 것을 질색하셨습니다.

부모님께서는 제가 그리스도인으로서, 또한 목사님의 자녀로서 구별된 삶을 살아야 한다는 것이었습니다. 특히 '목사님의 자녀로서'라는 부분에, 희생하며 사는 부모님의 삶에, 사춘기 때에는 많은 불만이 생겼지만, 잊을 만하면 "네 부모를 공경하라, 순종해야 네가 땅에서 잘 된다"는 말씀 때문에 무서워서 그냥 따랐습니다.

고등학교를 졸업하고 하나님의 은혜로 미국 NYU를 갔을 때에는 무언가 이상함을 느꼈습니다. 친구들이 너는 종교가 무엇이냐며, 제가 크리스천이라고 얘기하면 자신들이 아는 크리스천과 너의 삶은 전혀 다르다며 의아하게 생각했습니다.

술도 마시지 않고, 주일을 꼭 지키고, 클럽이나 파티에 전혀 가지 않고, 소위 말하는 야한 옷도 입지 않고, 매일 아침 성경을 읽고 기도를 하는 제 모습에 오히려 너는 무슬림이나 유대인 같다는 친구들도 있었습니다.

제 모습을 설명하기 위해 저는 나름대로 단어를 개발해 (신학적으로 맞는지는 모르겠지만) "나는 Puritanic Christian, 청교도적 기독교인이다."라고 말했습니다.

쉐마교육에서 '왜'라는 논리를 배운 후 너무나 기뻤습니다

그런데 문제가 있었습니다. 저와 친했던 유대인 친구는 자기가 왜 머리카락을 가리는지(결혼한 친구였습니다), 왜 자기네 남자들은 항상 정장을 입고 구레나룻을 기르는지 잘 설명을 했지만, 저는 제가 왜 이렇게 사는지에 대해 제대로 설명할 수가 없었습니다.

하지만 이 곳 쉐마교육연구원을 와서 정말로 너무나 기뻤습니다. 1차 인성교육부터 참가를 했는데, 정말로 지혜롭게 성경만을 근거로 왜 이런 삶을 살아야 하는지를 배울 수 있었기 때문입니다. 1차 인성교육을 받고 난 후 이미 폐지한 구약의 명령을 왜 따라야하냐며 교회의 어떤 오빠와 논쟁을 했는데, 현용수 교수님께 배운 것으로 가뿐히 설명하여 이길 수 있었습니다.

　이제는 누가 와서 넌 왜 그렇게 사냐고 할 때, 제게는 확실한 논리가 있습니다. 저는 복음으로 구원 받아 하나님께 제 삶을 드렸고, 이 땅에서 더욱 하나님을 닮아가기 위해 구약의 지상명령을 지키며 산다고 당당하게 얘기할 수 있습니다. 쉐마교육은 성경말씀대로 사는 것이 왜 중요하고, 왜 그리스도인이 그렇게 살아야 하는지 알려 주는 좋은 교육입니다.

　또한 이 땅의 다음 세대를 키우기 위한 유일한 대안입니다. 쉐마교육을 통해 대한민국 땅에 사는 그리스도인으로서 희망을 봅니다. 아이들 교육에 대해서도 많은 생각을 했고, 우리 교회 아이들과 미래 저의 자녀들도 어떻게 하면 잘 가르칠 수 있을까 고민을 했는데 완벽한 대안이 이곳에 있습니다.

왜 여성은 이렇게 살아야 하는지를 알고 나니…
어머니가 아버지 앞에 무릎을 꿇는 것을 목격한 저는…

　쉐마교육은 결혼과 자녀 양육에 대한 가치관도 완전히 바꾸어 주는 교육입니다. 아직 26세기에 결혼은 먼 얘기라고 생각했고, 전에는 결혼을 하고 싶지도 않았습니다. 남편이 되지 않을 사람에게 에너지를 쏟고 싶지 않았기에 많은 대시가 있었지만 대학을 다니며 남자친구를 한 명도 사귀지 않았습니다.

　자신의 기쁨이 하나님의 기쁨이 되지 못한 사람을 만난다면,

바울의 염려처럼 제가 결혼을 해서 "내가 어찌하여야 남편을 기쁘게 할꼬?"하며 남편을 기쁘게 하다가 하나님을 기쁘시게 하지 못할까 두려웠기 때문이기도 합니다(고전 7:33-32).

아버지께서 가능한 빨리 결혼하라고 하시고, 아이는 최소한 5명을 낳아야 정상이라고 입버릇처럼 말씀하실 때에는 정말로 질색을 했습니다. 나도 하나님 나라에서 무언가 충성하고 싶은데, 가정이 생기면 내 가정만 신경 쓰다가 하나님이 원하시는 일을 못하지 않겠냐는 것이 이유였습니다.

나중에는 결혼을 하지 않으면 불효하는 것이 되겠다고 느껴서 결혼은 할 것이지만 자녀를 많이 낳지는 않겠다고 했습니다. 결혼 또한 대학원 졸업 후 서른이 넘어서하려고 했습니다.

하지만 이번 쉐마교육을 통해 생각이 완전히 바뀌었습니다. 현용수 교수님의 성경에 근거한 열정적인 강의를 들으며 제 이론의 오류를 찾았고 정말 복음적인 결혼관이 무엇인지 깨달았습니다.

아이에 관한 생각도 완전히 바뀌었습니다. 혈통적 자녀를 말씀으로 양육해 영적자녀를 삼는 것이 하나님의 명령이라는 것을 배웠습니다. 그리고 하나님을 영화롭게 할 천국의 확장을 위해서는 먼저 제가 아이를 많이 낳고 양육해서 신앙의 명가를 이루어가는 것이 더 중요하다는 것 또한 깨달았습니다.

그래서 가능한 빨리 결혼을 해 자녀 양육을 우선으로 하고 그 후에야 제가 하고 싶은 연구와 일을 하기로 결심했습니다. 좋은 아내로 남편에게 사랑받고, 좋은 어머니로서 눈물로 아이를 키우기로 결심했습니다. 저녁밥을 먹으며 어머니께 이것을 말씀드리

자 정말 기뻐하셨습니다.

　또한 참된 효에 대해서 배웠습니다. 정말 중요한 것이 부모님을 공경하는 것인데 사랑으로 저를 대하시는 아버지와 어머니의 권위를 세우지 못했던 저의 모습이 생각났습니다. 점심시간에는 어머니께서 가족들을 방으로 부르셨습니다.

　그리고 어머니는 아버지 앞에서 무릎을 꿇고 하나님께서 주신 가정의 제사장이신 아버지의 권위를 인정하지 못했던 부분을 사과하셨습니다. 이를 목격한 저와 제 동생도 어머니를 따라 아버지 앞에 무릎을 꿇고 아버지의 권위를 인정하지 못했던 부분, 어머니의 말씀에 순종하지 못했던 것에 대해 용서를 빌었습니다. 또한 효 강의를 듣고 부모님께 돈을 많이 드려야 한다는 것을 깨달았습니다. 그래서 제가 땅에서 잘 되고 복을 많이 받기 위해서라도 부모님을 전심으로 섬겨야겠다고 다짐했습니다.

미국 제3차 체험학습 학기를 마치고

나라와 민족을 위한 새로운 역사관에 눈을 떴습니다

　미국에서 들은 유대인 랍비의 강의는 정말 깊고 특별했습니다. 여러 가지가 기억에 남지만 특히 "거룩은 어떤 행동을 하고 안하고를 떠나서 내가 가진 하나님의 부분이 나에게 있는 세상적인 부분을 이길 때 나온다. 하나님의 완전한 성품 중 하나인 주는 것, 즉 베푸는 삶을 살 때 나는 거룩해진다"라는 것과 "자녀에게는 율법을 짐처럼 강요하는 것이 아니라 율법의 아름다움을 보여야한다는 것"에 깊은 생각을 하게 되었습니다. 제가 가정을 꾸린다면 매일 아침 아이의 손을 씻어주며 식전 기도와 회개기도, 제대로 된 주일 준비를 가르쳐야겠다고 생각했습니다.

베푸는 것의 중요성과 거룩의 개념을 잘 가르쳐야겠다고 생각했고 이를 위해 먼저 현 교수님의 책을 처음부터 끝까지 다시 정독을 하며 자녀 교육의 가이드라인을 잡아야겠다고 느꼈습니다. 또한 감사하게도 저는 랍비 Adlerstein과 개인적으로 질문과 대답을 할 시간이 있었습니다. 그 분께 제가 자녀를 양육할 때 유대인처럼 성경을 공부하고 싶은데 도대체 어떤 식으로 질문을 만들고 debate을 해야 하느냐고 물어보았습니다. 그 분께서는 여러 가지 이야기를 해주셨고 실제로 아브라함과 노아에 관한 debate를 하며 정말로 특별한 것을 배울 수 있었습니다.

마지막으로 고난의 역사 교육에 대해 깊은 생각을 할 수 있었습니다. 저는 이과였고 고등학교 때에는 수학과 과학 공부에 치중하여 단 한 번도 제대로 역사를 배워본 적이 없습니다. 하지만 Museum of Tolerance를 보며, 또한 그곳에서 자원봉사 하시는 가이드를 보며, 우리나라 아이들에게도 역사 교육이 필요하다고 생각했고, 이를 위해 제가 먼저 바른 역사를 공부해 보아야겠다고 생각했습니다.

그리고 제가 가르치는 아이들을 데려다가 일제 강점기 역사, 6.25 전쟁 등 역사박물관을 견학시키고 하나하나 가르치겠다고 결심했습니다. 또한 제가 좋아하는 시인들, 특히 독립을 염원했던 문학가들의 시와 소설을 읽고 나눠보는 것도 하려고 결심했습니다.

현 교수님께서는 무엇보다 세계에 일본의 만행을 알려야한다고 하셨습니다. 독일이 지금 사과를 하는 이유는 유대인들이 전 세계에 그들의 만행을 알렸고, 특히 미국에서 이를 알리고 있기 때문이라고 하셨습니다. 이것을 들으며 제게는 또한 크게 바뀐 생각이 하나 있었습니다.

저는 제가 한국인이기에 한국에서 살아야한다고 생각했었습니다. 미국에서 대학을 졸업하고 여러 가지 길이 있었는데 일단 한국에 가겠다는 생각으로 돌아갔습니다.

하지만 이번 쉐마 강의와 현 교수님의 마지막 강의를 들으며 어쩌면 내가 나라와 민족과 또 하나님을 위해 할 수 있는 것이 미국에 있지 않을까 하는 생각이 들었습니다. 저는 교수가 되어 학생들을 가르치고 틈틈이 의료선교를 나가는 것이 꿈입니다.

하지만 미국에서 교수가 되어 3월 1일에는 수업 외에도 학생들에게 한국의 고난의 역사에 대해 고발하고 광복절에는 한국 독립을 알리는 special class를 만드는 등 한국을 더 알리는 것이 애국이지 않을까 하는 생각을 가지게 되었습니다.

쉐마교육은 제가 가지고 있던 틀과 생각을 많이 깨주었습니다. 하나님께서 제 앞날에 어떤 길을 예비하셨는지 아직은 알지 못하지만, 아마 이를 통해 더 큰 일을 예비하셨으리라 믿습니다. 제한되어 있던 제 생각이 많이 바뀌고 또한 제 자신이 깨어짐을 느낍니다.

쉐마교육은 한 생명이 이 땅에 태어나서부터 어머니, 아버지가 되어 다음 세대를 키울 때까지의 어떻게 살아야하는지, 왜 그렇게 살아야하는 지에 대해, 성경적 삶을 완벽하게 알려주는 교육입니다. 정말 이대로만 산다면 그리스도인이 세상의 빛과 소금이 되어 살 수 있겠다고 느꼈습니다.

그리고 이대로 자녀를 양육한다면 하나님 나라에서 말씀 맡은 자를 양육할 수 있겠다고 느꼈습니다. 쉐마교육을 제 삶에 적용해 하나님께서 기뻐하시는 그리스도인이 되겠습니다.

참석자들의 증언

무엇을 할까 이전에 나의 바른 인성(정체성)을 세워야겠습니다

백하림
(13세, 일산쉐마예시바학교)

역시나 교육은 반복이었습니다

연이어 봉사하시는 아버지(백승철 목사님)를 따라 7번 정도 참여했지만, 이번에는 봉사하러 왔습니다. 강의를 들으면서 먼저 "난 쉐마를 잘 실천하고 있었나?"를 되돌아보았습니다. 역시나 교육은 반복이었습니다. 몇 번 듣고 그 후로 더 듣지 않았더라면, 기억하지도 못했을 것입니다.

이번에는 유대인의 선민교육이 매우 인상적이었습니다. 3대가 새벽예배와 가정, 그리고 길가 어디에서든지 함께 하고 자녀가 부모를 보고 따라 배우는 모습을 보고, 나는 과연 잘하고 있었는가를 회개할 수 있었습니다.

그리고 그들처럼 되기 위해선 "내가 무엇을 하느냐?"도 중요하지만, 그 이전에 나의 바른 인성을 위해 "난 누구인가?", 즉 나의 정체성을 먼저 세우는 것이 중요하다고 생각하게 되었습니다.

그냥 "아, 난 수원 백씨 좌랑공파 32대손이다"만이 아니라, 자랑스러운 한국인의 정체성을 세우기 위해 할아버지 할머니가 좋아하셨던 한복을 더 즐겨 입고, 국악도 즐겨 부르고, 또한 한식도 사랑하도록 반복적으로 내 습관이 되게 해야겠다고 생각할 수 있었습니다.

나는 4000년 동안 수많은 고난 중에도 살아남은 지혜롭고 용감했던 독수리 민족 유대인처럼, 나도 그들처럼 지도력을 배우고, 강해지고, 또 용감해져야겠다고 생각했습니다.

그리고 미래에 우리 한국 민족에게 유대인의 선민교육을 가르쳐 독수리 민족으로 바꿀 수 있는 능력을 키워야겠다고 생각했습니다. 그리고 모세가 애급에서 받은 '왕' 사탄 교육이 왕사탕과 같은 달콤한 유혹이지만 모세처럼 이를 잘 이겨내고 더욱 더 크고 완벽한 그릇이 되어서, 복음을 담아낼 수 있는 인물이 되는 확실한 나의 철학과 고집이 있는 사람이 되어야겠다고 다짐했습니다.

겸손하되 그 큰 그릇을 잃어버리지 않도록 수직문화를 더욱 견고히 해야겠습니다. 또 그런 인물이 되도록 농촌에서 사는 것과 같이 깊은 생각을 어딜 가나 할 수 있는 습관을 만들어야겠습니다. 그리고 바른 자녀가 되도록 노력해야겠다고 다짐했습니다.

이제 가족들과 3대가 새벽예배에 함께 나가고, 큰 그릇을 만들 수 있도록 주님의 교육, 진짜 왕 같은 제사장 교육인 성경적인 선민교육으로 내 마음과 몸을 유대인의 기도복처럼 두르고 늘 기억할 수 있도록, 현 교수님의 책들을 좀 더 열심히 읽고 수직문화로 내 정체성을 내 몸에 배도록 노력하겠습니다.

이 선민교육 쉐마를 이루신 하나님과 인도자이신 현 박사님께 감사드리고 늘 옆에서 힘이 되어주는 가족들과 부모님께 감사드립니다.

- 모두 모두 존경합니다. -

우리의 각오

(쉐마교사대학 졸업생 선언문)

내(하나님)가 아브라함을 선택한 것은
그가 자식들과 자손을 잘 가르쳐서, 나에게 순종하게 하고,
옳고 바른 일을 하도록 가르치라는 뜻에서 한 것이다.
그의 자손이 아브라함에게 배운 대로 하면,
나는 아브라함에게 약속한 대로 다 이루어 주겠다.

(창 18:19 표준새번역)

기독교 역사를 되돌아보면, 2000년간 계속 하나님의 말씀과 성령의 촛대를 간직하고 있는 민족이나 국가는 거의 없다. 많은 복음주의자들이 말한다. "초대교회로 돌아가자!"고. 그러나 초대교회였던 요한계시록에 나타난 터키의 일곱 교회도 모두 죽어 있다.

그렇다면 현재교회가 초대교회로 돌아가 마침내 죽자는 얘기인가? 이것은 교회개척이나 성령운동은 초대교회처럼 해야 하지만, 기독교교육을 초대교회처럼 하면 살아남지 못한다는 것을 뜻한다.

이러한 현상은 이제 남의 일이 아닌 우리의 일이 되었다. 한국은 1885년 4월 5일 하나님의 말씀이 어두움에 쌓였던 한반도에 들어오면서 우리 민족에게 밝은 빛이 보이며 경제성장과 아울러 평화의 시대를 구가해 왔다. 현재 한국 교회는 그 어느 때보다도 세계 선교에 열을 올리고 있지만 통계에 의하면, 한국의 유년주일학교 증가율이 16년 전부터 줄고 있다. 미국에 있는 교포 교회들의 경우도 2세 종교교육이 심각한 위기에 놓여 있다. 미주 교

포 2세들이 대학을 졸업하면 90%가 교회에 안 나간다. 기존 교회 교육과 가정 교육이 실패했다는 증거다.

우리가 명심해야 할 것은 역사적으로나 지정학적으로 중국이나 일본은 하나님 없이도 잘 살 수 있는 민족일지 모르나 한국은 하나님 없이는 또다시 중국이나 일본의 종이 될 수밖에 없다는 사실이다. 이에 대한 대안을 찾기 위하여 우리는 무던히도 고민하며 기도해 왔다.

그런데 그 해답을 드디어 구약의 선민교육인 쉐마에서 찾았다. 이제 우리는 가정과 교회와 민족을 지키기 위하여 분연히 나설 때다. 1세 신앙의 유산을 자손대대로 후세에게 물려주어 우리 민족의 영혼을 구원할 역사적인 사명을 인식해야 한다.

따라서 신약의 복음으로 구원받고 구약의 선민교육인 쉐마를 전수받은 우리는 모두 구약의 모세나 신약의 바울처럼 자기 민족을 먼저 뜨겁게 사랑해야 한다.

그뿐 아니라 전 세계에 흩어진 한국 민족 디아스포라에 복음과 함께 쉐마를 전하여 한국인 기독교인의 동질성을 회복하고, 자녀를 말씀의 제자삼아 사손만내에 하나님의 말씀을 전수해야 한다. 더 나아가서 온 세계에 쉐마를 전파하여 주님의 재림을 준비하는 역군이 되어야 한다.

"너희는 이 일을 너희 자녀에게 고하고 너희 자녀는 자기 자녀에게 고하고 그 자녀는 후시대에 고할 것이니라" (욜 1:3)

"예수 그리스도는 어제나 오늘이나 영원토록 동일하시다" (히 13:8)

부록 3

사진으로 보는
쉐마교사대학
이모저모

한국 및 제3세계에서 제1-2차 학기 이론 강의 장면

이론을 강의하는 제1, 2차 학기는 한국에서 진행하고, 제3차학기는 미국에서 진행한다.
사진은 현용수 박사가 제2차 학기에 강의하고 있다.

강의에 열중하는 김의원 박사 (우)와 이현국 목사(뒷줄 좌)

민족의 2세 교육을 살리기 위한 열띤 토의 광경, 오른쪽에 김제돈 목사와 왼쪽에 소강석 목사가 보인다

워크샵복에 따라 세속의 수평문화에 어떻게 대처할 것인가에 대하여 토론하는 쉐마목회자클리닉에 참석한 지도자들 오른쪽 윤수지 전도사, 왼쪽 "유대인의 밥상머리 자녀교육" 저자 이영희 전도사

쉐마지도자클리닉에 참석한 한국 유일의 기독교인 훈장 송우영 집사가 열띤 논쟁을 벌이는 모습

쉐마목회자클리닉에서 토론하는 김경원 목사, 박보근 목사, 김상범 목사, 김인환 목사(좌로부터)

쉐마목회자클리닉에서 민족의 2세교육을 살리기 위한 열띤 토의 광경.
왼쪽부터 김진섭 박사, 박재영 목사, 이근수 목사, 윤희주 목사,
홍정찬 목사, 김동식 목사, 김경윤 목사, 정지웅 박사

한국 제4기 제2차 충주 쉐마목회자클리닉
참석자들의 뜨거운 열기

미국 제3차 학기
미국 유대인 공동체 체험 학습 장면

강의하는 탈무드 교수 랍비 Adlerstein과 저자

쉐마에 대하여 강의하는 서기관 랍비 Krafts 씨

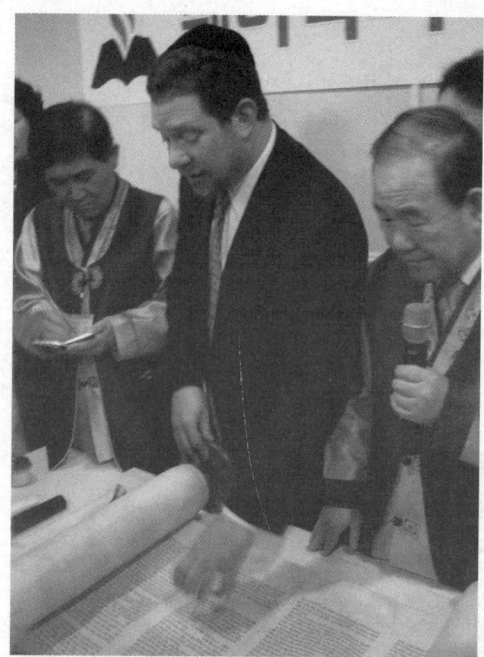

두루마리 성경에 대하여 설명하는 랍비와 필자.
좌는 김진섭 교수

서기관 랍비 Krafts씨가 양피지에 토라를 필사하는 모습을 재현하고 있다

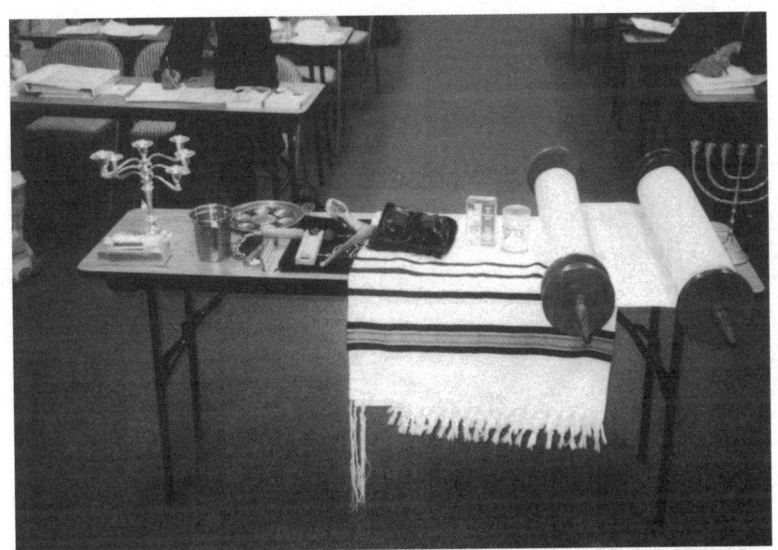

쉐마교사대학에서 사용하는 Judaism에 관한 교육 자료들. 두루마리 성경, 기도복, 경문, 촛대, 양각 나팔, 째다카 박스 등이 보인다

미국에서 소화춘 감독(감리교)이 딸과 사위 목사와 두루 마리 성경을 안고 찍은 사진. 쉐마교육은 가족 전체가 함께 받은 것이 바람직하다

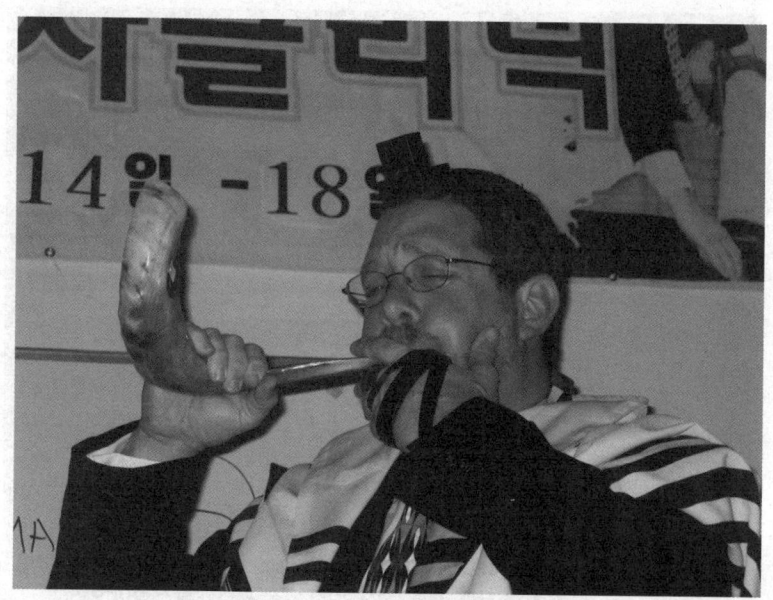

신년절기에 양각 나팔 부는 것을 목회자들 앞에서 재현하는 서기관 랍비

유대인은 하나님에게 기도만 하게 하는 것이 아니라 선행도 강조한다.
유대인이 새벽기도시간에 쉐마지도자들이 참관한 가운데 헌금함에
구제헌금을 넣은 모습.

쉐마목회자클리닉에 참석한 지도자들이 미주 유대인의 역사를 보여주는 박물관을 관람하고 있다

유대인의 대학살 박물관(LA소재) 추모탑 앞에서 찍은 사진. 가운데는 「IQ는 아버지 EQ는 어머니 몫이다」 (부제: 유대인 자녀교육)에 추천서를 써준 Rabbi Marvin Heir(박물관 관장)

부록3: 쉐마교사대학 이모저모

유대인 중·고등학교에서
랍비 교사가 토론식 수업을 하는 장면을
견학하는 쉐마목회자클리닉 참석자들.

「쉐마목회자클리닉」 참석자들이 정통파 유대인 학교
Yeshiva에서 중·고생들의 탈무드식 논쟁을 지켜 보는 모습

유대인 가정의 안식일 절기에 아버지와 아들이 성경 토론하는 모습을 지켜 보는 쉐마목회자클리닉 참석자들. 김의환 교장과 김창주 목사가 보인다

금요일 저녁 안식일 절기에 참석하여 아버지가 자녀들에게 토라를 가르치는 모습.
오른 쪽부터 남후수 교수 설동주 목사

저자가 수학했던 American Jewish University(AJU)랍비 신학교에서 쉐마목 회자클리닉 참석자들이 포즈를 취하는 모습

AJU 랍비 신학교의 탈무드 교수인 Berenbaum 박사가 탈무드 강의를 하고 있다. Berenbaum 박사는 워싱턴 대학살 박물관 기획자로 잘 알려진 인물이다.

미국 제10회 졸업식에서 쉐마 교사 자격증을 받고 있는 전성수 교수

강사로 수고하는
랍비 에들러스테인이
졸업식에서 축사하고
저자가 통역하는 모습

졸업식에서 설교하는
탈봇신대원 원장 Dr. Dirks.

미국 쉐마목회자클리닉 제9회 졸업식에서 졸업생 대표로
선서하는 김진섭 박사(백석대 신학부총장)

부록3: 쉐마교사대학 이모저모 363

쉐마 국악 찬양

왜 국악 찬양이 필요한가!

유대인의 성공은 어디에서 오는가? 그들은 어떻게 자손대대로 하나님의 말씀을 전수하는 데 성공하였는가? 그들은 자녀를 깊이 생각하는 뿌리 깊은 인간으로 양육하기 때문이다. 그들은 어떻게 자녀를 깊이 생각하는 뿌리 깊은 인간으로 양육할 수 있는가?

저자는 유대인 자녀교육 『IQ는 아버지 EQ는 어머니 몫이다』 제1권 제2부에 수직문화와 수평문화에 대한 이론을 개발하였다. 그들은 표면적인 수평문화보다는 깊이 있는 수직문화를 가르치기 때문이다. 수직문화 중 하나가 자기 민족의 역사의식과 전통을 귀하게 여기고 가르치는 것이다. 그런데 한국인 기독교인은 우리의 전통을 무시하고 서양 것에만 너무 익숙해져 있다. 분명 잘못된 것이다.

물론 그만한 이유도 있다. 한국인 기독교인이 한국 민족의 전통을 그대로 이어갈 수 없는 이유는 대부분 한국의 전통들이 그 내용이나 형식을 보면 우상을 섬기는 데서 나왔기 때문이다. 그렇다면, 한국인 기독교가 한국의 전통을 어떻게 사용할 수 있는가? 두 가지로 생각할 수 있다.

<u>첫째</u>, 기독교에서 한국의 전통을 잇기 위해서는 그 전통의 내용을 신본주의 사상으로 바꾸어 일부 형식만 사용하는 방법이다. 예를 들면 조상들에게 추수에 대한 감사를 표시하는 한국의 추석을 하나님에게 추수에 대한 감사를 표시하는 추수 감사절로 바꾸어 사용하는 방법이다.

기도도 마찬가지다. 서양 사람들은 의자에 앉아서 혹은 서서 기도한다. 그러나 한국인은 옛날부터 무릎을 꿇고 조상신들에게 빌었다. 이런 기도하는 방법, 즉 무릎을 꿇고 하나님에게 기도하면 얼마나 하나님에게 정성스런 기도가 될 것인가? 뿐만아니라 찬양도 국악의 형식을 빌어 하나님을 찬양할 수 있다. 우리 민족의 고유 가락을 하나님 섬기는 도구로 사용하는 것이다.

<u>둘째</u>, 보편적 윤리나 도덕적 예의나 지혜는 그대로 사용할 수 있다. 예를 들면, 서양 사람들이 인사할 때는 고개를 그대로 들고 "하이(Hi!)"한다. 그러나 한국인 기독교인은 고개를 많이 숙이면서 "안녕하세요"라고 말한다. 뿐만 아니라 한국의 고사성어에는 동양의 지혜가 많이 배어 있다.

예를 들면, 토사구팽(兎死狗烹), 새옹지마(塞翁之馬), 결자해지(結者解之) 등이다. 식자우환(識字憂患)이란 고사 성어는 전도서에 나오는 말씀이다(전 1:18). 이런 것들은 종교를 떠나 한국인 지식인이라면 마땅히 알고 평상시에 사용하여야 한다.

특히 성경의 잠언이나 전도서 같은 지혜서에 나오는 말씀들도 동양에 얼마든지 있다. 왜냐하면, 하나님께서 이방인에게도 성경이라는 특수계시를 주시기 전 하나님을 알만한 보편적 진리(롬 1:19~20)를 주셨기 때문이다.

'부록 III'에는 부족한 종이 쉐마사역을 위하여 작사한 '쉐마3대찬양', '쉐마효도찬양', '쉐마어머니 노래' 및 '쉐마아버지 노래'를 싣는다. 곡은 모두 국악이다.

곡을 만드신 작곡가 류형선, 정세현 두 선생님에게도 감사를 드린다. 차제에 국악찬양이 많이 보급되어 전 세계에 흩어진 한국인 기독교인들이 우리의 것으로 하나님을 찬양하는 날이 속히 오기를 소원한다.

저자 현용수

쉐마 효도 찬양

작사: 현용수
작곡: 정예현

흥겹게

하나님아버지는 예수님아버지시며 우리의창조주아버지시네
우리의부모님은 날낳아길러주시며 말씀을가르친어버이시네

나의주예수님은 고난의십자가지시고 하나님그분께효자되셨네
나의주예수님은 고난의십자가에서도 어머님노후를책임지셨네

나도예수님처럼 하나님말씀에순종해 주님께효자되게하소서
나도예수님처럼 부모님말씀에순종해 부모께효자되게하소서

효자이신예수님 만왕의왕되신것처럼 내게도천국상받게하소서
효를행한성도들 하나님약속하신대로 이땅의큰축복받게하소서

어 허야어 야디 야 어 허야어 야디 야 할렐루야할렐루―야

할렐루야할렐루야 하나님아버지공경하여 하나님나라확장하――세
할렐루야할렐루야 우리의부모님공경하여 하나님말씀전수하――세

참고자료(References)

외국 자료

Biltz, Mark. (2014). *Blood Moon*. New York, NY: WND Books.

Brown, Driver & Briggs. (1979). *The New Brown–Driver–Briggs–Genesis Hebrew and English Lexicon*. Peabody, Ma: Hendrickson Publishers.

Holy Bible. (NIV, KJV). (1985).

The Jewish Bible, TANAKH, The Holy Scriptures by JPS, 1985.

Derovan & Berliner. (1978). *The Passover Haggadah*. Los Angeles, CA: Jewish Community Enrichment Press.

Donin, Hayim Halevy. (1972). *To Be A Jew: A Guide to Jewish Observance in Contemporary Life*. USA: Basic Books.

_____. (1977). *To Raise A Jewish Child: A Guide for Parents*. USA: Basic Books.

_____. (1980). *To Pray As A Jew: A Guide to the Prayer Book and the Synagogue Service*. USA: Basic Books.

Hirsch, Samson Raphael. (1988). *Collected Writings of Rabbi Samson Raphael Hirsch*. Jerusalem, Israel: Feldheim Publishers Ltd.

_____. (1989a). *Genesis, the Pentateuch, Vol. I*. Gateshead: Judaica Press Ltd.

_____. (1989b). *Exodus, the Pentateuch, Vol. III*. Gateshead: Judaica Press Ltd.

_____. (1989c). *Leviticus, the Pentateuch, Vol. III*. Gateshead: Judaica Press Ltd.

_____. (1989d). *Numbers, the Pentateuch, Vol. IV*. Gateshead: Judaica Press Ltd.

_____. (1989e). *Deuteronomy, the Pentateuch, Vol. V*. Gateshead: Judaica Press Ltd.

_____. (1990). *The Pentateuch*. Edited by Ephraim Oratz, New York, NY: Judaica Press, Inc.

(The) Huffington Post, 왜 '게이 홀로코스트'는 완벽하게 잊혀졌는가, 2017년 04월 18일.

Jensen, I. R. (1981a). *Genesis: A Self-Study Guide*. Translated into Korean by In-Chan

Jung. Seoul: Agape Publishing House.

_____. (1981b). *Exodus: A Self-Study Guide*. Translated into Korean by In-Chan Jung. Seoul: Agape Publishing House.

Kling, Simcha. (1987). *Embracing Judaism*. New York, NY: The Rabbinical Assembly.

Lapin, Daniel. (2002). *Thou Shall Prosper(Ten Commandments for Making Money)*, Hoeoken, NJ: John Wiley & Sons, Inc.

Leri & Kaplan, (1978)

Lipson, Eric-Peter. (1986). *Passover Haggadah*. USA: Thomas Nelson, Inc.

Mishnah, Megillah 30b.

_____. *Sayings of Fathers*, chap.4

Piaget, Jean. (1972). *Biology and Knowledge*. Chicago, IL: The University of Chicago Press and Edinburgh: Edinburgh University Press.

Reuben, Steven. (1992). *Raising Jewish Children in a Contemporary World*, Rocklin, CA: Prima Publishing.

Scherman, Nosson & Zlotowitz, Meir. Editors. (1994). *The Chumash*. Brooklyn, NY: Mesorah.

Solomon, Victor M. (2012). 옷을 팔아 책을 사라. 서울: 쉐마.

(The) *Times of Israel*, June 26, 2013.

Talmud, Babylonian Edition.

_____. Jerusalem Edition.

TANAKH. The Jewish Bible, The Holy Scriptures by JPS, 1985.

Tokayer, (2016). 탈무드 5: 탈무드의 잠언집. 서울: 쉐마.

_____. (2016). 탈무드 2: 탈무드와 모세오경. 서울: 쉐마.

_____. (2017). 탈무드 1: 탈무드의 지혜. 서울: 쉐마.

_____. (2017). 탈무드 3: 탈무드의 처세술, 2009. 서울: 쉐마.

_____. (2017). 탈무드 4: 탈무드의 생명력. 서울: 쉐마.

_____. (2017). 탈무드 6: 탈무드의 웃음. 서울: 쉐마.

Toynbee, Arnold J. (1958a). *A Study of History*. New York, NY: Oxford University Press.

_____. (1958b). *A Study of History*. New York, NY: Oxford University Press.

Vine, W. E. (1985). *An Expository Dictionary of Biblical Words*. Nashville: Thomas Nelson Publishers.

Zlotowitz, Meir. (1989). *Pirkei Avos Ethic of the Fathers*. Brooklyn, NY: Mesorah Publications, Ltd.

한글 자료

EBS 기획특집, special 경술국치100년, 기억 그리고 미래, 2부 대한민국.

MBN, 건국절 논란 재점화… 1919 vs 1948, 2017년 8월 16일.

구한말조약휘찬(상), (1964). 국회도서관 입법조사국.

뉴데일리, 정상회담 도와주진 못할망정…美 대사관 '포위'한 反美 시위대, 2017년 6월 26일.

미주복음신문, 성전 재건축을 기도하는 유대인들, 2006년 8월 13일.

박은식, (1915). 한국통사, 상해 대동편역국.

百科全書/古今資料, 2016년 8월 13일.

山邊健太郎, (1970). 日本の韓國倂合. 太平出版社.

서울신문, 매년 국치일엔 곱으며 치욕 곱씹어, 2015년 8월 15일.

성경, 표준새번역 (2010)

아레츠 시바, 성전 재건축을 기도하는 유대인들, 2006년 8월 6일.

안소라, (2016). 3.1절 노래라는 것이 있었어요? 미국 제3차 쉐마목회자클리닉 졸업식에서.

연합뉴스, 북한 '전승절' 자축모드… "미사일 성공으로 영원한 승리", 2017년 7월 26일.

울산제일일보, 인구의 날에 생각해 본다, 2017.7.20.

위키백과, 대한민국 제헌 국회. https://ko.wikipedia.org/wiki/%EB%8C%80%ED%95%9
	C%EB%AF%BC%EA%B5%AD_%EC%A0%9C%ED%97%8C_%EA%B5%AD%ED%9A
	%8C.

윤병석, (1984). 한국사 19, 일본의 한국주권침탈과정. 서울: 국사편찬위원회.

옥성득, 3.1운동과 기독교, LA중앙일보, 2015년 3월 3일.

이광린. (1981). 한국사강, V. 근대편, 서울: 일조각.

이동호, 좌파의 불편한 진실, 촛불 주동 세력의 전략과 전술 그리고 실체, 제1차 서울대
	트루스 포럼, 2017년 10월 7일.

이상근. (1988).예레미야 주해. 서울: 성등사.

＿＿＿. (1989). 창세기 주석. 서울: 성등사.

＿＿＿. (1990). 출애굽기 주석. 서울: 성등사.

＿＿＿. (1990). 레위기 주석(상). 서울: 성등사.

＿＿＿. (1990). 갈. 히브리 주석(8). 서울: 성등사.

＿＿＿. (1994). 잠언^전도^아가서 주석. 서울: 성등사.

＿＿＿. (1995). 레위기-민수기(상) 주석. 서울: 성등사.

駐韓日本公使館記錄

조갑제, 한반도 赤化와 201X년 '대(大)숙청 시나리오', 조갑제닷컴, 2011년 5월 8일.

조갑제, 간첩을 골키퍼로 세워놓고 전쟁을 하다, 뉴데일리, 조갑제 칼럼, 2017년 9월 13일.

朝鮮の保護及倂合, (1918). 서울: 朝鮮總督府.

조선왕조실록 고종실록, 대한 광무 9년 양력 12월 1일 자 5번째 기사.

조선일보, 현용수 칼럼, 인성 교육에서 '孝'를 빼면 뭐가 남는가, 2017년 8월 11일.

한국민족문화대백과사전.

한혜숙. 계기 교육이 없어진 전 교장의 회고, 2017년 10월 8일.

황인표, 북한의 명절, 통일신문, 2013년 11월 2일.

현용수. (2005). 부모여 자녀를 제자 삼아라. 제1권. 서울: 쉐마.

＿＿＿. (2005). 부모여 자녀를 제자 삼아라. 제2권. 서울: 쉐마.

_____. (2007). 문화와 종교교육. 서울: 쉐마.

_____. (2009). IQ는 아버지 EQ는 어머니 몫이다. 제1권. 서울: 쉐마.

_____. (2009). IQ는 아버지 EQ는 어머니 몫이다. 제2권. 서울: 쉐마.

_____. (2009). IQ는 아버지 EQ는 어머니 몫이다. 제3권. 서울: 쉐마.

_____. (2015). 유대인 아버지의 4차원 영재교육. 서울: 쉐마

_____. (2015). 자녀들아 돈은 이렇게 벌고 이렇게 써라. 서울: 쉐마

_____. (2015). 현용수의 인성교육 노하우. 제1권. 서울: 쉐마

_____. (2015). 현용수의 인성교육 노하우. 제2권. 서울: 쉐마

_____. (2015). 현용수의 인성교육 노하우. 제3권. 서울: 쉐마

_____. (2015). 현용수의 인성교육 노하우. 제4권. 서울: 쉐마

_____. (2009). 잃어버린 구약의 지상명령 쉐마. 제1권. 서울: 쉐마.

_____. (2009). 잃어버린 구약의 지상명령 쉐마. 제2권. 서울: 쉐마.

_____. (2009). 잃어버린 구약의 지상명령 쉐마. 제3권. 서울: 쉐마.

_____. (2010). 자녀들의 효도교육 이렇게 시켜라. 제1권. 서울: 쉐마.

_____. (2010). 자녀들의 효도교육 이렇게 시켜라. 제2권. 서울: 쉐마.

_____. (2010). 자녀들의 효도교육 이렇게 시켜라. 제3권. 서울: 쉐마.

_____. (2011). 신앙명가 이렇게 세워라, 제1권, 서울: 쉐마.

_____. (2011). 신앙명가 이렇게 세워라, 제2권, 서울: 쉐마.

_____. (2012). 성경이 말하는 남과 여, 부부-성신학, 서울: 쉐마.

_____. (2012). IQ-EQ 박사 현용수의 쉐마교육 개척사, 서울: 쉐마.

_____. (2013). 성경이 말하는 어머니의 EQ교육(부제: 현용수의 어머니 신학 노하우), 전2권, 서울: 쉐마.

_____. (2013). 가정해체로 인한 인성교육 실종 대재앙을 막는 길, 서울: 쉐마.

_____. (2013). 한국형 주일가정식탁예배 예식서, 서울: 쉐마.

_____. (2014). 하나님의 독수리 자녀교육. 서울: 쉐마.

_____. (2015). 유대인의 고난의 역사교육. 서울: 쉐마.

_____. (2015). 승리보다 패배를 더 기억하는 유대인. 서울: 쉐마.

_____. (2016). 유대인이라면 박근혜 위기 어떻게 극복할까. 서울: 쉐마.

_____. (2016). 쉐마교육을 아십니까. 서울: 쉐마.

그 외 현용수의 도서들: 쉐마교육연구원 홈페이지, www.shemaiqeq.org 참조.

채널 A(채널 18), 이제 만나러 갑니다, 북한 인권이 거의 전 회에 소개됨.

TV 조선(채널 19), 모란봉 클럽, 북한 인권이 거의 전 회에 소개됨.

인터넷 자료

국가보훈처 http://www.mpva.go.kr 국가보훈처

공식 카페: 이달의 독립운동가 http://cafe.naver.com/bohunstar.cafe

https://ko.wikipedia.org/wiki/국치일

https://ko.wikipedia.org/wiki/을사조약

https://namu.wiki/w/경술국치

대한민국 실체 30종목, http://blog.daum.net/mskim1329/2919, 2015년 8월 15일.

www.chabad.org/holidays/JewishNewYear/template_cdo/aid/609564/jewish/The-Four-Kinds-The-Lulav-and-Etrog.htm

www.chabad.org/holidays/JewishNewYear/template_cdo/aid/609564/jewish/The-Four-Kinds-The-Lulav-and-Etrog.htm

http://www.chabad.org/holidays/purim/article_cdo/aid/1456808/jewish/Why-Do-We-Dress-Up-on-Purim.htm

https://en.wikipedia.org/wiki/Purim

http://www.chogabje.com/board/view.asp?C_IDX=38339&C_CC=AB

www.jewfaq.org/holiday5.htm

http://www.jewfaq.org/holiday5.htm

https://en.wikipedia.org/wiki/Passover_Seder,

http://judaism.about.com/od/holidays/a/What-Is-A-Passover-Seder.htm

http://100.daum.net/encyclopedia/view/14XXE0061926

https://www.youtube.com/watch?v=cZ9fVcxtka0

http://www.triumphpro.com/omer-and-pentecost-awesome-secret.pdf

http://www.hebrew4christians.com/Holidays/Spring_Holidays/Sefirat_HaOmer/Holy_Spirit/holy_spirit.html

http://cafe.daum.net/namjachansa/bosN/6483?q=%B9%DD%B9%CC%20%B5%A5%B8%F0&re=1

http://blog.naver.com/PostView.nhn?blogId=yimychan&logNo=10179915581

http://blog.naver.com/PostList.nhn?blogId=yimychan&categoryNo=1&parentCategoryNo=1&from=postList

http://blog.daum.net/_blog/BlogTypeView.do?blogid=0DCNU&articleno=5243&_bloghome_menu=recenttext

https://en.wikipedia.org/wiki/Rosh_Hashanah

www.jhom.com/calendar/tishrei/rh_basics.html

http://www.jhom.com/calendar/tishrei/rh_basics.html

동영상 자료

김지연 약사, 동성애 바로 알고 바로 돕자, 여의도순복음교회편, GMW연합. https://youtu.be/8oQtplNGyWc

이동호, 좌파의 불편한 진실, 촛불 주동 세력의 전략과 전술 그리고 실체, 제1차 서울대 트루스 포럼. https://m.youtube.com/watch?feature=youtu.be&v=l69RqdapXpE

이정훈 교수(울산대학교 법학과), 동성애와 이데올로기, CTS울산. https://youtu.be/fPWS-MkeqkA

이호 목사, 하나님의 기적, 대한민국 건국. 1강 https://youtu.be/OGBg1IkFGhs

2강 https://youtu.be/O8IugheG1zo 3강 https://youtu.be/YhKxRQr-Q90 4강 https://m.youtube.com/watch?v=fLg7QMazP84

월남 패망 후, 공산화(共産化) 협조자들 공개처형. http://blog.naver.com/PostView.nhn?blogId=rnralsgksmf&logNo=221114741027

황장엽 선생이 경고한 햇볕 정책의 3가지 거짓 가면. https://www.youtube.com/watch?v=XWuI7CxJBXw

EBS 기획특집 - special [경술국치100년, 기억 그리고 미래] 2부 대한민국_#005 https://www.youtube.com/watch?v=cZ9fVcxtka0

본서에 사용한 사진의 출처

Canon Institute 조한용 선생 제공 ⓒ, 미국 Los Angeles, CA. Tel. (213) 382-9229 USA(각 사진에 출처가 표기돼 있음).

Shema Christian Education Institute, ⓒ Yong-Soo Hyun, 3446 Barry Ave Los Angeles, CA 90066 USA. (각 사진에 출처가 표기 안 된 모든 사진들)

Solomon, Victor M. ⓒ (1992). *Secret of Jewish Survival*. Translated into Korean by Myung-ja Kim, Seoul: Jong-ro Books (각 사진에 출처가 표기돼 있음)

Wiesenthal Center Museum of Tolerance, ⓒ Jim Mendenhall, 9786 West Pico Blvd., Los Angeles, CA USA. 90035-4792 Tel. (310)553-8403 제공 (각 사진에 출처가 표기돼 있음)

Yad Vashem, P.O. Box 3477, Jerusalem, Israel. Tel. 751611 (각 사진에 출처가 표기돼 있음)

교육학 교과서(고등학교, 서울시 교육감 인정): 교학사(1998).

참고 사항

1. 본 책자에 사용된 사진의 불법 복사 및 사용을 금합니다.
2. 만약 독자가 본서에 포함된 사진을 사용하기를 원할 때에

는 반드시 사진작가의 허가를 받아야 합니다.

   3. 본 책자의 저자 이외의 사진은 저자가 권한을 갖고 있지 않으므로 직접 연락하시기 바랍니다.

교육 혁명이 시작되었습니다!
- 가정교육 · 교회교육 · 교회성장 위기의 대안 -

자녀교육 + 교회성장 고민하지요?

Q1: 왜 현대 교육은 점점 발달하는 데 인성은 점점 더 파괴되는가?
Q2: 왜 자녀들이 부모와 코드가 맞지 않아 갈등을 빚는가?
Q3: 왜 대학을 졸업하면 10%만 교회에 남는가? 교회학교의 90% 실패 원인은?
Q4: 왜 해외 교포 자녀들이 남은 10%라도 부모교회를 섬기지 않는가?
Q5: 왜 현대인에게 전도하기가 힘든가?

근본 대안은 유대인의 인성교육과 쉐마교육에 있습니다

- 어떻게 유대인은 위의 문제를 4,000년간 지혜롭게 해결하고 세계를 지배하고 있는가?
- 어떻게 유대인은 아브라함 때부터 현재까지 세대차이 없이 자손 대대로 말씀을 전수하는데 성공했는가?

■ 쉐마교육연구원은 무슨 일을 하나?

1. 2세 종교교육 방향제시
혼돈 속에 있는 2세 종교교육의 방향을 성경적이고 과학적인 연구에 의해 옳은 방향으로 제시해 준다.

2. 성경적 기독교교육 재정립
유대인의 자녀교육과 기존 기독교교육 자료를 중심으로 백년대계를 세울 수 있도록 한국인에 맞는 기독교교육 방법을 재정립한다.

3. 한국인에 맞는 기독교교육 자료(내용) 개발
현 한국 및 전 세계 한국인 디아스포라를 위해 한국인의 자녀교육에 맞는 기독교교육 내용을 개발한다.

4. 해외 및 기독교교육 문제 연구
시대와 각 지역 문화의 변화에 대처하기 위해 계속 연구하고 대안을 제시한다.

5. 교회교육 지도자 연수교육
각 지교회에 새로운 교회교육 지도자를 양성 보충하며 기존 지도자의 필요를 충족시켜준다.

6. 청소년 선도 교육 실시
효과적인 청소년 교육 프로그램을 개발하여 선도교육을 실시한다.

7. 효과적 성서 연구 및 보급
성경을 교육학적으로 보다 깊이 연구하고 효과적인 전달 방법을 개발하여 이를 보급한다.

8. 세계 선교 교육
본 연구원의 교육 이념과 자료가 세계 선교로 이어지게 한다.

■ '쉐마지도자클리닉'이란 무엇인가?

쉐마교육연구원은 세계 최초로 현용수 교수에 의해 설립된, 인간의 인성과 성경적 쉐마교육을 가르치는 인성교육 전문 교육기관이다. 본 연구원에서 가르치는 핵심 교육의 내용 역시 현 교수가 하나님이 주신 지혜로 계발한 것들이며, 거의 모두가 세계 최초로 소개된 인성교육의 원리와 실제를 함께 가르치는 성경적 지혜교육이다. 본 연구원은 바른 인성교육 원리와 쉐마교육신학으로 가정교육·교회교육·교회성장 위기의 대안을 제시해 준다.

쉐마교육연구원에서 주관하는 '쉐마지도자클리닉'은 전체 3학기로 구성되어 있다. 1주 집중 강의로 3차에 걸쳐 제1학기는 '유대인을 모델로 한 인성교육 노하우', 제2학기는 '유대인의 쉐마교육'이 국내에서 진행된다. 제3학기는 '유대인의 인성 및 쉐마교육 미국 Field Trip'으로 미국에서 진행되며 현용수 교수의 강의는 물론 L.A에 소재한 유대인 박물관, 정통파 유대인 회당 및 안식일 가정 절기 견학 등 그들의 성경적 삶의 현장을 견학하고, 정통파 유대인 랍비의 강의, 서기관 랍비의 양피지 토라 필사 현장 체험을 한 후 현지에서 졸업식으로 마친다.

3학기를 모두 마친 이수자에게는 졸업 후 쉐마를 가르칠 수 있는 'Teacher's Certificate'를 수여하여 자신이 섬기는 곳에서 쉐마교육을 가르칠 수 있도록 도와준다.

■ 누가 참석해야 하는가?

- 기존 교육에 한계를 느끼고 자녀교육과 교회학교 문제로 고민하시는 분.
- 한국 민족의 후대 교육을 고민하며 그 대안을 간절히 찾고자 하시는 분.
- 하나님의 말씀을 자손에게 물려줄 수 있는 비밀을 알고자 하시는 분.
- 유대인의 효도교육의 비밀과 천재교육+EQ교육의 방법을 알고자 하는 분.

미국 : 3446 Barry Ave. Los Angeles, California 90066 USA
　　　쉐마교육연구원 (310) 397-0067
한국 : 02)3662-6567, 070-4216-6567, Fax. 02)2659-6567
　　　www.shemaiqeq.org　shemaiqeq@naver.com

IQ · EQ 박사 현용수의
유대인 자녀교육 총서

	인성교육론 시리즈	쉐마교육론 시리즈	탈무드 시리즈
1	인성교육론 + 쉐마교육론의 총론: IQ는 아버지 EQ는 어머니 몫이다 전3권		탈무드 1 : 탈무드의 지혜 (원저 마빈 토카이어, 편저 현용수)
2	현용수의 인성교육 노하우 1 - 인성교육이란 무엇인가 -	쉐마교육을 아십니까 - 쉐마목회자클리닉 간증문 -	탈무드 2 : 탈무드와 모세오경 (이하 동)
3	현용수의 인성교육 노하우 2 - 인성교육의 본질과 원리 -	부모여, 자녀를 제자삼아라 전2권 - 유대인 교육이 필요한 이유 -	탈무드 3 : 탈무드의 처세술 (이하 동)
4	현용수의 인성교육 노하우 3 - 인성교육과 EQ + 예절 교육 -	잃어버린 구약의 지상명령 쉐마 전3권 - 교육신학의 본질 -	탈무드 4 : 탈무드의 생명력 (이하 동)
5	현용수의 인성교육 노하우 4 - 다문화 속 인성 · 국가관 -	유대인 아버지의 4차원 영재교육 - 아버지 신학 -	탈무드 5 : 탈무드 잠언집 (이하 동)
6	문화와 종교교육 - 박사 학위 논문을 편집한 책 -	자녀들아, 돈은 이렇게 벌고 이렇게 써라 - 경제 신학 -	탈무드 6 : 탈무드의 웃음 (이하 동)
7	IQ · EQ 박사 현용수의 쉐마교육 개척기 - 자서전 -	자녀의 효도교육 이렇게 시켜라 전3권 - 효신학 -	옷을 팔아 책을 사라 (원저 빅터 솔로몬, 편저 현용수, 쉐마)
8	가정해체로 인한 인성교육 실종 대재앙을 막는 길 - 논문 -	신앙명가 이렇게 시켜라 전2권 - 가정 신학 -	
9	유대인이라면 박근혜의 위기, 어떻게 극복할까 - 논문 -	성경이 말하는 남과 여 한 몸의 비밀 - 부부 · 성 신학 -	
10		성경이 말하는 어머니의 EQ 교육 전2권 - 어머니 신학 -	
11		한국형 주일가정식탁예배 예식서, + 순서지 - 가정예배 -	승리보다 패배를 더 기억하는 유대인 - 고난교육신학 3 -
12		하나님의 독수리 자녀교육 - 고난교육신학 1 -	고난을 기억하는 유대인 절기교육의 파워 - 고난교육신학 4 -
13		유대인의 고난의 역사교육 - 고난교육신학 2 -	

이런 순서로 읽으세요 〈전40권〉

- 인성교육론과 쉐마교육론 -

- 전체 유대인 자녀교육에 대한 총론을 알려면
  - 《IQ는 아버지 EQ는 어머니 몫이다》 (전3권)
- 유대인을 모델로 한 인성교육의 원리를 이해하려면
  - 《현용수의 인성교육 노하우》 (전4권)
- 인성교육론이 나오게 된 학문적 배경을 이해하려면
  - 《문화와 종교교육》 (현용수의 박사 학위 논문)
  - 《IQ·EQ 박사 현용수의 쉐마교육 개척기》 (현용수 박사의 자서전)
- 왜 기독교교육에 유대인의 선민교육이 필요한지를 알려면
  - 《부모여 자녀를 제자 삼아라》 (전2권)
- 쉐마교육론(교육신학)이 나오게 된 성경의 기본 원리를 알려면
  - 《잃어버린 구약의 지상명령 쉐마》 (전3권)
    (쉐마와 자녀신학이 포함됨)
- 가정 해체와 인성교육과의 관계를 알려면
  - 《가정 해체로 인한 인성교육 실종 대재앙을 막는 길》
- 대한민국 자녀의 이념교육 교재
  - 《유대인이라면 박근혜의 위기, 어떻게 극복할까》
- 쉐마교육에 대하여 자세히 알고 싶으시면
  - 《쉐마교육을 아십니까》

각 쉐마교육론을 더 깊이 연구하려면 다음 책들을 읽으세요

- 아버지 신학 《유대인 아버지의 4차원 영재교육》
- 경제 신학 《자녀들아, 돈은 이렇게 벌고 이렇게 써라》
- 효 신학 《자녀의 효도교육 이렇게 시켜라》 (전3권)
- 가정 신학 《신앙명가 이렇게 세워라》 (전2권)
- 부부·성 신학 《성경이 말하는 남과 여 한 몸의 비밀》
- 어머니 신학 《성경이 말하는 어머니의 EQ 교육》 (전2권)
- 가정예배 《한국형 주일가정식탁예배 예식서》 (별책부록: 순서지)
- 고난교육신학 1 《하나님의 독수리 자녀교육》
- 고난교육신학 2 《유대인의 고난의 역사교육》
- 고난교육신학 3 《승리보다 패배를 더 기억하는 유대인》
- 고난교육신학 4 《고난을 기억하는 유대인 절기교육의 파워》

앞으로 더 많은 교육 교재가 발간될 예정입니다. 계속 기도해 주세요.